R 12124

Paris
1759

Roche, Antoine-Martin

Traité de la nature de l'âme et de l'origine de ses connaissances. Contre le système de M. Locke et de ses partisans

1

janvier

R. 2248.
3.

12124

TRAITÉ
DE LA NATURE
DE L'AME,
ET
DE L'ORIGINE
DE
SES CONNOISSANCES.

Contre le Système de M. LOCKE
& de ses Partisans.

TOME PREMIER.

A PARIS,
Chez { La Veuve LOTTIN, & J. H. BUTARD,
Imprimeur - Libraires, rue
S. Jacques, à la Vérité.
ET
DESAINT & SAILLANT, Libraires,
rue S. Jean de Beauvais.

M. DCC. LIX.
Avec Approbation & Privilége du Roi.

AVERTISSEMENT
touchant l'Auteur, l'occasion & l'objet de ce Traité.

LE Traité qu'on donne ici est l'Ouvrage d'un grand Serviteur de Dieu. Ce sçavant & pieux Auteur avoit long-temps professé la Philosophie dans le plus célebre College de l'Oratoire. Quoiqu'il ne fût que simple Confrere, & qu'il n'eût pas même la Tonsure Cléricale, sa rare vertu & son goût extraordinaire pour la mortification l'y faisoient estimer & respecter singulierement. Le desir d'une vie plus cachée, plus intérieure, & plus pénitente, lui ayant fait prendre le parti de quitter l'Oratoire, il se fit une profonde solitude au milieu de Paris, sur la Paroisse de Saint Germain l'Auxerrois. Etroitement logé au haut d'une maison, il n'en sortoit que les Dimanches & les Fêtes pour assister au Service divin. Depuis le grand matin qu'il se levoit, jusqu'au soir, temps où il faisoit son unique repas, & en si petite quantité qu'à peine suffisoit-elle pour l'empêcher de mourir de faim, son entretien étoit uniquement avec Dieu. La priere, la lecture & la méditation des Livres saints, l'étude de la Religion & des matiéres théologiques, & le travail des mains, faisoient toute son occupation. Ce qu'on admiroit particulierement en lui, c'étoit une profonde humilité, qui le représentoit sans cesse à ses propres yeux comme le plus grand des pécheurs : un desir sincere d'être inconnu & oublié des hommes, un amour ardent pour la pauvreté & pour

AVERTISSEMENT. v

la simplicité évangélique, qui paroissoit dans tout son extérieur, une attention ingénieuse à se mortifier en toutes choses, une exacte vigilance sur toutes ses paroles, une paix & une égalité d'ame singulieres.

Plus sa piété étoit tendre & éclairée, & plus il gémissoit sur le progrès de l'impiété & de l'irreligion, qui est en effet le comble des maux. Ce triste objet l'occupoit déjà extrêmement lorsque le scandale de la fameuse Thèse éclata; son cœur en fut pénétré. Entre les diverses réflexions qu'il fit sur cet étrange événement, une pensée surtout le frappa; c'est la liaison du reste de la Thèse avec ce principe qui en est comme le premier anneau, »que toutes nos » connoissances dérivent des » sensations, comme les branches » naissent du tronc: *Ex sensatio-* » *nibus, ut rami ex trunco, omnes*

a iij

vj *AVERTISSEMENT.*

« ejus (*hominis*) *cognitiones pullu-* « *lant* ». Il découvrit tout d'abord la fausseté & le danger de ce principe ; mais pour en mieux pénétrer les conséquences, il se détermina à lire les Ecrits de M. Locke, Philosophe Anglois, & de ses principaux Disciples. Les différens écarts qu'il remarqua dans ces Ouvrages, tant sur la nature de l'Ame, que sur l'origine & la source de ses connoissances, lui firent naître la pensée de combattre un systême si contraire à la saine Métaphysique, & d'une si dangereuse conséquence pour la Religion.

Mais comme il se défioit beaucoup de lui-même, & que d'ailleurs il ne redoutoit rien tant que la qualité d'Auteur, il crut devoir avant toutes choses communiquer à un Ami qu'il voyoit quelquefois, les idées qui lui étoient venues à l'esprit.

AVERTISSEMENT.

Cet Ami connoissoit ses talens; il ne douta pas que Dieu ne fût l'Auteur d'un dessein si louable en lui-même, & si opposé au caractere du saint Solitaire. Il l'exhorta donc à exécuter ce que Dieu lui mettoit dans le cœur; il s'offrit même à le seconder dans son travail, & l'assura surtout d'un secret inviolable.

Pleinement décidé par ce conseil, dans lequel il crut appercevoir une marque sensible de la volonté de Dieu, l'Auteur se livra avec zèle à arranger ses idées, & à les mettre par écrit, mais sans rien diminuer de l'austérité de sa vie, ni de ses exercices ordinaires. Dès que l'Ouvrage fut achevé, il le déposa entre les mains de son Ami, en le priant de l'examiner sévérement, & de lui faire part de ses réflexions : celui-ci non content d'y joindre ses propres remarques, communiqua le Manuscrit à deux autres personnes très-capables d'en juger, & de fournir des vues ; elles voulurent bien s'y prêter, quoiqu'elles ignorassent de qui étoit l'Ouvrage. Elles firent de leur côté plusieurs observations, & témoignerent en même temps combien elles étoient satisfaites.

On ne peut exprimer avec quelle reconnoissance l'humble Auteur reçut ces différentes notes, ni avec quelle docilité il consentit sans disputer à faire tous les changemens, les retranchemens, & les additions qui lui furent proposés. Il retoucha donc son Manuscrit à plusieurs reprises ; &, après l'avoir fait passer de nouveau entre les mains de l'Ami avec lequel seul il étoit sur cela en relation, il s'appliqua à le mettre au net.

Depuis long-temps sa santé dépérissoit à vue d'œil, sans qu'on eût pu le résoudre à re-

AVERTISSEMENT. ix

lâcher quelque chose de son genre de vie, ni à s'accorder le moindre soulagement. Son extrême foiblesse ne l'empêcha pas néanmoins de continuer son Œuvre avec un courage héroïque, jusqu'à ce qu'enfin ses forces étant totalement épuisées, il fut contraint de se mettre au lit : il n'y vécut que très-peu d'heures, & s'endormit ainsi paisiblement dans le Seigneur le 22 Janvier 1755, âgé de près de 50 ans. Cette mort précieuse aux yeux de la Foi, ne lui a pas permis d'achever la Copie à laquelle il travailloit actuellement, & dont les dernieres pages tracées par une main mourante, annoncent sensiblement les derniers efforts d'un homme qui faisoit plus qu'il ne pouvoit. Il a été facile de suppléer à ce qui restoit à transcrire ; on l'a tiré du premier Manuscrit original, que l'Au-

AVERTISSEMENT.

teur avoit revu & corrigé tout entier.

Nous nous croirions coupables d'une injustice criminelle envers le Public, si, la Providence nous ayant rendu Dépositaires d'un Ouvrage si utile, & composé avec tant de soin, nous négligions de lui en faire part : ce que nous pourrions ajouter pour en relever le mérite, seroit assez inutile. Les louanges que les Editeurs ont coutume de prodiguer aux Livres qu'ils publient, sont presque toujours suspectes ou d'intérêt, ou de partialité : la meilleure recommendation d'un Livre est celle qu'il s'acquiert à lui-même par l'importance du sujet qui y est traité, & par la maniere de le traiter.

Le titre seul de celui-ci fait sentir combien l'objet en est intéressant : il s'y agit de faire connoître la nature & l'excellence de l'Ame humaine; de prouver sa spiritualité contre les Matérialistes; de développer les différentes sortes d'opérations qui lui sont propres, soit en la considérant en elle-même, soit en considérant son union avec le corps. Il s'agit en second lieu de réfuter le faux système malheureusement trop commun aujourd'hui, qui attribue à l'impression des sens la gloire d'être la source primitive de tout ce qu'il y a de connoissances dans l'homme; d'examiner ce système sous les différentes formes que ses Défenseurs lui ont données; d'y opposer la lumiere des vrais principes, & de fixer la vraie origine de nos idées & de toutes nos connoissances. Il s'agit enfin de montrer l'étroite liaison de ces questions avec les principaux points de la Religion & de la Morale. Quoi de plus important, de plus utile, & même de plus nécessaire dans le Siécle où nous vivons, que d'éclaircir une pareille matiere?

Quant à la maniere dont ce Plan est exécuté, on ose se flatter que tous les Auteurs judicieux & amateurs du vrai auront lieu d'en être contens; la multitude & la diversité des points que l'Auteur a embrassés, l'ordre simple & naturel qui regne dans leur distribution, la clarté des expressions, la précision & la netteté du stylé, la solidité des raisonnemens, la justesse des conséquences, & par-dessus tout une onction de piété répandue sur les questions même les plus séches & les plus abstraites, ne peuvent manquer de rendre la lecture de cet Ouvrage aussi agréable qu'utile. Daigne le Seigneur, qui a inspiré à l'Auteur le dessein de l'entreprendre uniquement pour sa gloire, y répandre ses plus précieuses bénédictions.

TABLE
DES SECTIONS,
CHAPITRES ET ARTICLES
du Premier Volume.

PREMIERE PARTIE.

DE la nature de l'Ame, & de ses principales opérations, Page 9

PREM. SECT. De l'Ame considérée en elle-même comme substance spirituelle, 11

CHAP. I. De la spiritualité de l'Ame : que cette perfection lui est essentielle, ibid.

CHAP. II. Preuves Métaphysiques de l'immatérialité de l'Ame, 14

CHAP. III. Preuves tirées de l'Anatomie, qui confirment la même vérité, 28

Art. I. Impossibilité d'admettre une Ame matérielle, démontrée par le système des nerfs, 30

Art. II. Même vérité établie par les Observations sur les mouvemens des muscles, 47

Art. III. L'immortalité de l'Ame prouvée par l'impossibilité de trouver dans l'homme un centre de réunion pour toutes les sensations & les actions volontaires de l'Ame, 71

Art. IV. Réflexions sur les Principes exposés dans les Articles précédens : Conséquences qu'on en doit tirer, 77

CHAP. IV. *Examen de quelques raisons employées par M. Locke, & d'autres Auteurs, pour prouver la possibilité du matérialisme de l'Ame*, page 84
CHAP. V. *Suite du même Sujet*, 101
CHAP. VI. *Du sentiment de quelques Auteurs qui admettent une étendue spirituelle pour tous les esprits*, 106
CHAP. VII. *De ce qui constitue proprement la substance de l'Ame*, 118
CHAP. VIII. *Analogie entre l'Ame & la matiere, malgré la diversité de leur être*, 129
CHAP. IX. *Conséquence qui résulte du principe touchant l'être de l'Ame; elle n'est jamais un instant sans penser*, 134
CHAP. X. *Discussion des raisons par lesquelles M. Locke attaque la perpétuité de la pensée dans l'Ame*, 141
CHAP. XI. *De la simplicité de l'Ame*, 152
SEC. SECT. *De l'Ame considérée en tant qu'unie au corps*, 162
CHAP. I. *De la maniere dont l'Ame & le Corps agissent dans les opérations qui résultent de leur union réciproque*, 163
CHAP. II. *De l'empire que l'Ame a sur le corps*, 172
CHAP. III. *Des Sensations*, 177
Art. I. *Sentiment de quelques Auteurs qui admettent de vraies sensations dans la matiere*, 179
Art. II. *Que la sensation ne peut être que dans une substance immatérielle*, 184
Art. III. *Les sensations supposent-elles dans l'Ame une faculté particuliere, qu'on nomme faculté de sentir ?* 190
Art. IV. *De la maniere dont les sensations nous font appercevoir les choses étendues*, 200

CHAP. IV. *De l'Imagination*, page 207
CHAP. V. *De la Mémoire*, 215
Art. I. *De la Mémoire corporelle*, 216
Art. II. *De la Mémoire mixte*, 220
Art. III. *De la Mémoire intellectuelle*, 224
CHAP. VI. *Des Passions*, 230
CHAP. VII. *De ce qu'on appelle ordinairement la partie supérieure, & la partie inférieure de l'Ame*, 238
CHAP. VIII. *Examen de ce qui différencie les Ames : l'inégalité de leurs perfections vient-elle uniquement de l'organisation du corps ; ou faut-il admettre entr'elles quelque différence interne ?* 246
Art. I. *Des actions de l'Ame auxquelles l'organisation du corps contribue*, 248
Art. II. *Que les différences qui sont entre les Ames, au moins depuis leur création, sont internes, & qu'elles ne consistent point dans la seule organisation*, 252
Art. III. *Où l'on examine si les différences internes qui sont entre les Ames, viennent, au moins occasionnellement, de la seule organisation*, 262
CHAP. IX. *Des actions purement intellectuelles de l'Ame*, 271
CHAP. X. *Digression sur la nature de l'Ame immatérielle & destructible, que des Auteurs Modernes admettent dans les bêtes*, 276
CHAP. XI. *Vérités qui naissent des principes établis touchant la nature de l'Ame. Premiere Vérité : Elle est la vive image de Dieu*, 290
CHAP. XII. *Seconde Vérité : L'Ame, en quelque état que ce soit, est infiniment supérieure à tous les corps*, 300
CHAP. XIII. *Troisieme Vérité : Selon l'ordre primitif, l'Ame n'est unie à un corps*

que pour y servir Dieu, y mériter la bienheureuse Eternité, & la procurer à son propre corps, page 304
Chap. XIV. *Quatrieme Vérité: Dans quelque état que l'homme soit en mourant, juste ou pécheur, son Ame est immortelle*, 309
Art. I. *Raisons qui font voir que l'Ame doit nécessairement survivre au corps*, 312
Art. II. *Raisons qui font voir que l'Ame non-seulement survit au corps, mais qu'elle est réellement immortelle*, 318
Art. III. *Réflexions sur les principes qui viennent d'être établis*, 326
Chap. XV. *Notice abrégée des principales opérations de l'Ame, relativement à sa spiritualité & à sa simplicité*, 329
Chap. XVI. *Corollaires qui naissent des principes établis dans cette Premiere Partie*, 335

SECONDE PARTIE.

DE l'origine des Connoissances humaines, Page 339
Prem. Sect. *Où l'on examine le Système de M. Locke sur les idées, tel qu'il l'expose lui-même dans ses Ouvrages*, 343
Chap. I. *Exposé du Système*, 344
Chap. II. *Premier défaut de l'hypothèse de M. Locke: L'Ame seroit créée dans un état purement animal; & même elle seroit beaucoup au dessous des animaux*, 350
Chap. III. *Second Vice: Les enfans n'arriveroient à la personnalité qu'au temps où ils seroient en état de réfléchir*, 359
Chap. IV. *De l'essence de la personnalité, selon M. Locke*, 365
Chap. V. *Conséquences qui naissent des prin-*

cipes de M. Locke touchant l'essence de la personnalité, page 368

CHAP. VI. Troisieme Vice : L'Ame ne pourroit être que matérielle, 375

CHAP. VII. Eclaircissement de quelques endroits de M. Locke qui semblent favorables à la pure immatérialité de l'Ame, 386

CHAP. VIII. Quatrieme Vice : Les Corps seroient le principe immédiat de la pensée, 392

CHAP. IX. Cinquieme Vice : L'Ame seroit incapable de réfléchir, 399

CHAP. X. Sixieme Vice : L'idée de Dieu ne seroit que factice, 406

CHAP. XI. De quelques brouilleries de l'Auteur touchant l'idée de l'infini, 414

CHAP. XII. Où l'on montre que l'infini, tel que l'admet M. Locke, n'est qu'un infini en puissance, 420

CHAP. XIII. Source des écarts de M. Locke touchant l'origine des idées, 431

CHAP. XIV. Contradictions de l'Auteur sur quelques points importans de son système, 446

SEC. SECT. Du système de M. Locke, tel qu'il a été réformé par quelques-uns de ses Disciples, 455

CHAP. I. Des principaux points qui différencient ou qui rapprochent le système réformé du système de M. Locke, 456

CHAP. II. Dans le nouveau Système il ne seroit gueres possible de concevoir ce qu'est l'Ame avant l'action des sens, 464

CHAP. III. Selon la même hypothèse l'Ame, dans les premiers momens de son existence, ne seroit pas même une faculté, 468

CHAP. IV. Autre inconvénient du système : L'Ame pendant plusieurs années seroit purement sensitive, 477

CHAP. V. *Selon les mêmes principes, les idées les plus claires viendroient des sensations*, page 484
CHAP. VI. *Différences plus détaillées entre les opérations des sens & celles de l'entendement pur*, 489
CHAP. VII. *Autre Vice : Les connoissances les plus importantes de la Morale auroient les sensations pour principe*, 495
CHAP. VIII. *L'idée de Dieu dans le nouveau système, ainsi que dans le système littéral de M. Locke, seroit le pur ouvrage de l'esprit humain*, 500
CHAP. IX. *Preuve plus détaillée de la même doctrine expressément enseignée par un nouvel Auteur*, 504
CHAP. X. *Suite de la même matiere*, 511
CHAP. XI. *Doctrine du même Auteur par rapport à la Loi naturelle*, 523
CHAP. XII. *Suite du même sujet*, 530
CHAP. XIII. *Conclusion*, 539

Fin de la Table des Chap. du Tome I.

TABLE
DES SECT. CHAP. ET ART.
du Second Volume.

SUITE DE LA IIe. PARTIE.

TROIS. SECT. *De la vraie origine des connoissances humaines ; & 1°. des idées innées, ou des idées que Dieu donne à l'Ame antérieurement à toute action des sens*, Page 1

CHAP. I. *Des idées innées en général : Principes qui démontrent leur réalité*, page 6

CHAP. II. *Preuve plus détaillée de la même doctrine, tirée de l'idée de l'infini : Tous les hommes, & les enfans même, l'apportent en naissant*, 10

CHAP. III. *L'infini, dont tous les hommes, sans en excepter les enfans, ont l'idée, ne peut être que Dieu seul*, 19

CHAP. IV. *On doit aussi admettre des idées innées par rapport aux premiers principes de la Loi naturelle, & d'autres verités importantes*, 23

CHAP. V. *Idées innées prouvées par les notions immuables qui se trouvent dans tous les hommes, même les plus sauvages & les plus stupides*, 31

CHAP. VI. *Aux idées que l'Ame a reçues en sortant des mains de Dieu, on doit joindre certains sentimens conformes à l'ordre, & qui s'élevent en nous indépendamment de toute réflexion*, 43

CHAP. VII. *De l'état où sont les idées innées dans ceux qui n'en font point usage par des pensées réfléchies*, 57

Art. I. *Observations préliminaires sur la nature de la connoissance en général, & premierement de la connoissance actuelle*, 59

Art. II. *De la connoissance habituelle*, 62

Art. III. *Application des principes exposés à l'état des idées innées dans les enfans*, 66

Art. IV. *Eclaircissement de quelques difficultés qu'on forme sur ce sujet*, 75

CHAP. VIII. *Preuve des idées innées par divers Auteurs célebres de l'Antiquité, tant profanes qu'ecclésiastiques*, 80

Art. I. *Des Auteurs payens*, 81

Art. II. *Des Auteurs ecclésiastiques*, 84

Art. III. S. Augustin, S. Thomas, page 87
Art. IV. Messieurs Bossuet, de Fenelon, de Polignac, 95
Art. V. Observations à ce sujet sur M. Locke, 100
QUATRIEM. SECT. Des idées innées que Dieu donne à l'Ame par le moyen des sens, 104
CHAP. I. Des idées que l'Ame acquiert par les sens, indépendamment de l'institution des hommes, 105
CHAP. II. Remarques sur les progrès de ces premieres connoissances dans les enfans, 114
CHAP. III. Des idées que l'Ame acquiert par le moyen des signes qui dépendent de l'institution des hommes, 117
CHAP. IV. Où l'on montre que les sensations ne fournissent à l'Ame aucune connoissance claire & lumineuse, 123
CHAP. V. Application du principe exposé à diverses connoissances qui semblent naître des sensations, 128
CHAP. VI. La doctrine exposée, expressément enseignée par M. Bossuet, 133
CHAP. VII. Discussion du fameux fait de Chartres, 139
CHAP. VIII. Fait merveilleux & tout contraire, rapporté par S. Augustin, 147
CHAP. IX. Conséquences qui naissent de ce qui a été dit sur l'action des sens, 153
CINQUIEM. SECT. Des idées que Dieu donne à l'Ame postérieurement à l'action des sens, 157
CHAP. I. Des vérités révélées, 158
CHAP. II. Des idées nouvelles touchant les choses de la nature, 164
CHAP. III. Suite du même sujet, 174
CHAP. IV. Des connoissances immuables que

DES CHAPITRES.

l'Ame acquiert par le moyen de la réflexion, page 178

CHAP. V. Du développement de l'idée de Dieu, 182

CHAP. VI. Eclaircissement de quelques difficultés sur cette matiere, 188

CHAP. VII. De la connoissance developpée de l'homme entier, 194

CHAP. VIII. De la connoissance des vérités Mathématiques, 199

CHAP. IX. De la connoissance des principes fondamentaux des Arts en général, 206

CHAP. X. De la connoissance des Arts libéraux, 212

CHAP. XI. Observations particulieres sur la maniere dont l'Ame acquiert une connoissance distincte des principes fondamentaux des beaux Arts, 216

CHAP. XII. De la connoissance du Beau, 220

Art. I. Du Beau en général, 223

Art. II. La forme sous laquelle le vrai se fait voir dans le Beau, n'est pas toujours la même, 229

Art. III. Des différentes especes de Beau, 235

Art. IV. La connoissance du Beau, soit incréé, soit créé, vient immédiatement de Dieu seul, 241

Art. V. Accord des principes exposés avec la doctrine de S. Augustin touchant l'essence du Beau, 250

Art. VI. Preuve du même principe à l'égard du Beau créé, 254

Art. VII. La connoissance du Beau, selon la notion qu'en donne S. Augustin, ne peut venir que de Dieu seul, 261

Art. VIII. Conséquences essentielles qui naiss-

sent des principes exposés dans ce Chapitre, page 264
CHAP. XIII. De la réunion & de la liaison des connoissances que l'Ame acquiert par le moyen de la réflexion, 273
CHAP. XIV. Suite de la même matiere, 281
CHAP. XV. Vérités qui naissent du principe établi touchant la réunion de nos connoissances en Dieu, 287
SIXIEM. SECT. Réponses aux difficultés, 295
CHAP. I. Observations préliminaires sur la nature des difficultés qu'on oppose au sentiment exposé dans cet Ouvrage, 296
CHAP. II. Des Idées innées : Réponses aux raisons par lesquelles M. Locke les attaque, 299
CHAP. III. Du prétendu axiome cité par quelques Auteurs : NIHIL EST IN INTELLECTU, QUOD NON FUERIT IN SENSU, 321
CHAP. IV. De quelques raisons du même Auteur contre les idées innées en particulier, 336
CHAP. V. De quelques autres difficultés différentes touchant les idées innées, 349
CHAP. VI. D'un autre systême également contraire aux idées innées, 360
CHAP. VII. Difficultés qui concernent la nature des idées, 367
Art. I. L'Ame ne voit point en elle les objets que Dieu crée, 369
Art. II. L'Ame ne voit pas ce qu'elle connoît dans les rapports de Dieu à elle, ou d'elle à Dieu, 370
Art. III. C'est en Dieu même que l'Ame voit tout ce qu'elle connoît de clair, de distinct & d'évident, 383
Art. IV. Quoique l'Ame ne voie pas en Dieu

DES CHAPITRES. xxiij

les qualités sensibles des corps, on peut néanmoins dire que c'est dans ce divin Etre qu'elle apperçoit les corps, page 390

Art. V. Réponses à quelques difficultés touchans la maniere dont l'Ame apperçoit les objets en Dieu, 399

Art. VI. Difficultés particulieres de M. Locke sur le systême des idées archétypes, 412

Art VII. De la maniere dont l'Ame se connoît elle-même, 422

Art. VIII. Conformité des principes établis avec ceux de S. Augustin & de M. Bossuet, 430

Art. IX. Observations sur le sentiment de l'Abréviateur de M. Locke, 438

Chap. VIII. Quoique Dieu soit le principe immédiat de toutes nos connoissances, il n'est pourtant pas le principe de nos erreurs, 441

Chap. IX. Des idées extravagantes, factices & autres semblables, 453

Chap. X. Suite de la même matiere, 459

Chap. XI. Difficulté touchant la nature du Beau, 465

Chap. XII. Des idées abstraites & générales, 479

Chap. XIII. Remarques sur la maniere dont M. Locke parle de l'essence des choses, 490

TROISIEME PARTIE.

DE l'étroite liaison que les questions qui concernent la nature de l'Ame & l'origine de ses connoissances, ont avec la Religion, Page 495

Chap. I. Du péché originel : Il est incompatible avec le systême littéral de M. Locke, 497

TABLE DES CHAPITRES.

Chap. II. *Le péché originel également incompatible avec le système réformé par quelques Modernes,* page 504

Chap. III. *Conséquence qui naît des principes exposés : Il faudroit regarder le Baptême comme une vaine cérémonie qui ne produit aucun effet dans l'Ame,* 509

Chap. IV. *Dans les principes du système, l'homme n'auroit pas l'idée de Dieu,* 518

Chap. V. *L'idée de Dieu est également détruite dans le système réformé,* 529

Chap. VI. *Selon les mêmes principes, l'homme n'auroit point une vraie connoissance de la Loi naturelle,* 531

Chap. VII. *Même défaut dans le système réformé,* 534

Chap. VIII. *De la Société civile : Selon les principes du système, la cupidité en seroit le seul lien,* 540

Chap. IX. *Eclaircissement d'une difficulté qui concerne le sujet qu'on vient de traiter,* 553

Chap. X. *De la Vérité : Posé le système, elle seroit purement factice ; l'homme en seroit le créateur,* 558

Chap. XI. *Même défaut touchant la Vérité dans la nouvelle hypothèse,* 575

Chap. XII. *Récapitulation de tout ce qui a été dit dans cet Ouvrage : Conclusion,* 581

Fin de la Table des Chap. du Tome II.

TRAITÉ

TRAITÉ
DE LA NATURE
DE L'AME,
ET DE L'ORIGINE
DE
SES CONNOISSANCES.

Contre le Systême de M. LOCKE
& de ses Partisans.

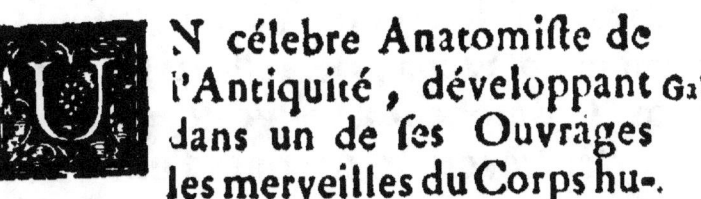N célebre Anatomiste de l'Antiquité, développant Gallien. dans un de ses Ouvrages les merveilles du Corps humain, s'écrie qu'en le faisant, il chante une hymne véritable en l'honneur de l'Etre Suprême. A combien plus forte raison, Théodore, ayant à traiter le sublime sujet

Tome I.   A

que vous me proposez, pourrois-je employer ce même langage ! Vous souhaitez que je parle de la nature de l'Ame, & de l'origine de ses idées. Si ce dessein étoit bien rempli, ne seroit-ce pas une hymne excellente chantée à la louange du Très-Haut ?

Il est vrai que dans tout le Monde visible il n'est point d'être créé où l'on voie éclater plus de perfections que dans le corps humain. Le simple Curieux, dès qu'il l'envisage, y voit une beauté qui le charme. L'habile Anatomiste y découvre chaque jour de nouveaux miracles : ces millions de nerfs, de fibres, de tendons ; ce nombre infini de vaisseaux si merveilleusement travaillés, si admirables dans la variété de leurs usages ; l'harmonie qu'il voit regner dans tout leur ensemble ; cette foule même d'agens, de ressorts secrets, qui se dérobent à ses yeux, ou dont il n'entrevoit le jeu que d'une maniere confuse ; ce spectacle lui fournit un fonds intarissable d'admiration. Ce que l'œil, d'une simple vue, dit-il, apperçoit dans cette machine, est plein d'éclat. Ce qu'une attentive reflexion y découvre, est ravissant; & ce qui y est encore voilé, est divin. *Pulchra sunt quæ videntur, pulchriora quæ sciuntur, pulcherrima quæ ignorantur.* Stenon.

Cependant, Théodore, ce chef-d'œuvre, quelqu'éclatant qu'il soit, qu'est-il dans le fond, en comparaison de l'Ame humaine? Il n'offre à nos regards qu'un champ matériel, un assemblage de diverses parties, ou plutôt de divers tous, entiérement différens les uns des autres. Otez au corps humain cette variété de piéces & d'organes qui le composent, la belle symétrie qui vous ravissoit, disparoît. Comme c'est l'étendue qui en fait le fond, c'est l'étendue aussi, avec tous ses rapports, qui en fait tout le prix.

Que le spectacle de l'Ame est différent! Sublime image du Dieu vivant qui l'a créée, elle est comme une nuée lumineuse où ce divin Soleil daigne se peindre. Ses trésors sont immenses, inépuisables; mais ce qui fait leur grandeur, c'est d'être invisibles. Cette substance seroit moins être, que dis-je? elle ne seroit plus, si elle pouvoit tomber tous les sens. L'Ame n'est nulle part, & cependant il n'est point d'endroit de l'Univers où elle ne pénétre. Elle s'éleve jusqu'au plus haut des Cieux; elle s'élance dans le sein de la Divinité même, contemple ses grandeurs, & parcourt, pour ainsi dire, cet océan infini de perfections. Tantôt, d'un vol rapide, elle passe d'un pole du Monde à l'autre; elle examine la situation des astres: tantôt elle fait comparoître devant elle les siécles les plus reculés; elle remonte jusqu'à la naissance de l'Univers. Ici elle voit tous les êtres sortir du néant: là elle voit le ciel, la terre & tous les élémens se dissoudre. L'Ame embrasse tous ces vastes objets, sans occuper le moindre espace. Quelle grandeur ! Quelles perfections ! La maniere avec laquelle le corps humain publie les louanges du Créateur, quoique pleine d'éclat, approche-t-elle de l'harmonie qui résulte de tant d'admirables accords ?

Il n'y a donc aucune comparaison à faire entre ces deux êtres. Mais d'un autre côté, Théodore, si la carriere de ceux qui voudroient développer les grandeurs de l'Ame, est la plus noble, il s'en faut bien qu'elle soit la plus facile. Un excellent Anatomiste qui ne parle que de ce qu'il a bien vu, ne craint point d'être démenti. Si du temps d'Hervée quelque vieux Médecin, entêté des opinions antiques, eût révoqué en doute la circulation du sang, le premier, pourvu que son adversaire n'eût point été aveuglé, en lui montrant les vaisseaux sanguins qui servent à ce divin méchanisme, l'eût réduit au silence. Nos *Senacs* en feroient autant par rapport à la structure & l'usage des fibres du cœur : la raison en est sensible. L'Anatomie commence par parler aux yeux ; c'est par le canal des sens que ses connoissances vont à l'esprit. Quand ce témoignage est clair, on regarde comme insensé quiconque ne s'y rend pas.

Mais celui qui veut, pour ainsi dire, anatomiser l'Ame, se trouve dans une position bien différente : à chaque instant il rencontre une foule de gens qui lui nient les vérités les plus constantes. Soutient-il, démontre-t-il même que l'Ame est

A iij

essentiellement spirituelle? ses meilleures preuves seront sifflées, non-seulement par des extravagants, mais par des personnes même qu'on décore du titre de beaux esprits. Entreprend-il d'exposer la vraie origine des connoissances humaines? autre procès qu'il lui faut essuyer. A peine se trouvera-t-il quelques personnes qui l'écoutent : un Auteur qui ne débite que des songes, ou de pompeuses chimeres, aura l'avantage sur lui.

De plus, Théodore, cette substance spirituelle, qui fait la plus riche, la plus intime partie de nous-mêmes, la connoissons-nous parfaitement? Je l'avoue, son essence, sa nature, ses principales propriétés, nous sont assez clairement connues ; cependant combien de profondeur dans ce petit monde, où l'œil de l'homme ne peut percer ! Que de replis cachés ! Que d'opérations inexplicables ! L'Etre suprême agit sans cesse sur notre Ame ; son opération ne s'étend pas moins aux opérations de la volonté, qu'à celles de l'entendement. Qui de nous néanmoins peut se flatter de bien connoître la maniere dont cette divine action s'opère ? quels ressorts, quelles touches ce souverain Moteur y emploie ? Chose incroyable ! l'Ame est continuellement sous la main de Dieu, & elle n'en sent rien : c'est ce qui montre combien nos lumieres sur quantité d'opérations de l'Ame sont encore imparfaites. De sorte qu'on peut parfaitement bien appliquer à ce sujet ce que j'ai déjà cité touchant la connoissance du corps humain : *Pulchra sunt quæ videntur, pulchriora quæ sciuntur, pulcherrima quæ ignorantur.*

Quelqu'épineuse néanmoins que soit cette carriere, puisque vous souhaitez, Théodore, que j'y entre, je me rends à vos vœux : mais ce sera, s'il vous plaît, à une condition ; c'est que l'Ecrit que vous demandez de moi, ne sera pas un Traité complet de l'Ame. 1°. Il nous manque, ainsi que je viens de le marquer, une foule de précieuses connoissances sur ce sujet. 2°. Je n'ai pas même dessein d'y faire entrer toutes les connoissances que nous en avons : si je les embrassois toutes, ce seroit un ouvrage trop au-dessus de mes forces. Donner quelque idée de l'Ame, de sa nature, de ses principales opérations; découvrir, s'il est possible, la source de toutes ses connoissances, c'est l'unique but que je me propose.

Pour mettre quelque ordre dans cet Écrit, je réduirai les reflexions que je vous adresse à trois chefs. La premiere Partie sera destinée à examiner ce qui concerne l'essence de l'Ame & ses principales opérations. La seconde aura pour objet la source ou l'origine de nos idées; ce qui renfermera des Points de quelque étendue: car d'un côté il faudra discuter les systêmes auxquels quelques Philosophes ont recours pour expliquer ce phénomene metaphysique; de l'autre, il faudra établir le vrai sentiment auquel il paroît qu'on doit s'en tenir sur cette matiere. Enfin, je crois devoir en ajouter une troisieme, qui traitera de l'étroite liaison qu'a cette question avec les principes les plus essentiels de la Religion.

PREMIERE PARTIE.

De la Nature de l'Ame, & de ses principales Opérations.

COMME cette Partie n'est qu'une espece d'introduction aux suivantes, je voudrois, Théodore, ne la traiter que d'une maniere sommaire.... Les perfections de l'Ame, pour n'être exposées que comme en raccourci, n'en paroîtroient peut-être pas avec moins d'éclat. Mais il semble que dans le temps où nous sommes, un simple Abrégé ne suffiroit pas. Sous prétexte d'éclaircir ce qui fait l'essence de l'Ame, on avance chaque jour des principes qui la détruisent. Les uns tendent au matérialisme; les autres même conduisent directement au Spinosisme. Ces malheureux sophismes, quoique cent fois pulvérisés, se reproduisent sans cesse avec autant d'audace, que si on les avoit laissés sans réponse. Vous ne trouverez donc pas mauvais que j'en dise quelque chose : c'est ce qui rendra cette premiere Partie un peu plus étendue que je n'avois d'abord compté la faire.

L'Ame pouvant être envisagée, ou en elle-même, ou par rapport au corps, je la considérerai sous ces deux points de vue.

PREMIERE SECTION.

De l'Ame considérée en elle-même comme substance spirituelle.

AYANT dessein d'examiner l'Ame en elle-même, & simplement comme intelligence, je ferai abstraction de l'être corporel auquel elle est substantiellement unie : en la fixant ainsi, nous la connoîtrons mieux. D'ailleurs, cette méthode me mettra plus en état d'expliquer les opérations dont l'union de l'Ame avec le corps est l'occasion.

CHAPITRE PREMIER.

De la spiritualité de l'Ame : que cette perfection lui est essentielle.

ON ne peut traiter avec quelque soin de la spiritualité de l'Ame, sans parler en même-temps des systêmes qui l'attaquent : mais vous n'exigez pas, Théodore, que je passe en revue les différentes classes de Matérialistes. Pour abréger, je les réduirai à deux : l'une qui fait l'ame coétendue à tout le corps ; l'autre qui prétend à la vérité que cette substance est matérielle, mais qui ne lui donne pas à beaucoup près un volume aussi étendu que celui du corps. Il en est même qui la subtilisent encore davantage ; les uns se la figurent comme un feu imperceptible ; les autres veulent que ce soit un petit atome plus exigu que la matiere la plus subtile.

Premiere Classe Des Partisans de la Matérialité.

La premiere de ces opinions n'a pas, ce me semble, besoin d'être réfutée : elle est trop grossiere pour être dangereuse. Selon cette bisarre hypothèse, il faudroit dire que l'ame d'un enfant est matériellement moindre que celle d'un géant ; qu'elle croît & grandit en même-temps que son corps. Un homme est-il gros & gras ? il aura une ame d'un volume assez ample. Est-il maigre & décharné ? le diametre de son ame sera moindre. Il s'ensuivra aussi que quand on coupe une jambe à quelqu'un, cette amputation lui enleve une partie de son ame; ou que cette pauvre ame, pour éviter le malheureux sort de la partie coupée, se rencogne vers les autres parties du corps : mais brisons sur ces extravagances ; elles sautent aux yeux.

La seconde classe des partisans de la Matérialité a quelque chose de moins hideux ; elle évite les travers palpables de la précédente : mais dès qu'on y fait quelque attention, il est impossible qu'on n'en sente aussi l'absurdité : car dans le fond cette ame, quoique non-coétendue au corps, seroit toujours matérielle. N'eût-elle que la millieme partie d'un point physique, elle n'auroit pas moins l'essence de l'étendue : de même qu'un grain d'or réduit à un volume inperceptible, conserve toujours l'essence de l'or ; de même aussi cette ame matérielle, infiniment subtilisée, retiendroit immanquablement la nature de la matiere.

Seconde Classe.

Comme cet article a déja été manié diverses fois, & par d'habiles mains, j'avois d'abord dessein de n'en parler que d'une maniere succinte : mais après y avoir réfléchi, j'ai senti que je ne pouvois me dispenser de donner quelque étendue à cette importante question. Si je ne puis donner du neuf, du moins on ne me reprochera pas d'avoir tronqué un point capital, qui touche de si près au plan de mon sujet.

Entre les preuves qu'on peut donner en faveur de l'immatérialité de l'Ame, les unes sont metaphysiques, les autres sont physiques, ou, pour parler plus exactement, tirées de l'Anatomie : j'en rapporterai de l'un & l'autre genre.

CHAPITRE SECOND.
Preuves métaphysiques de l'immatérialité de l'Ame.

Première Preuve. *Impossibilité absolue de mettre la pensée dans un être matériel.*

QU'EST-CE que la matiere la plus déliée & la plus imperceptible ? L'idée constante que nous en avons nous la représente comme un tissu de diverses parties réellement distinguées les unes des autres, & qui par leur assemblage composent um être étendu ; cette idée est distincte & invariable. Etre étendu, & être matériel, ce sont deux cotions identiques; nous devons donc indubitablement assurer de la matiere, qu'elle est étendue. Ce principe a lieu pour la plus légere parcelle de matiere qui soit dans le monde ; car cette parcelle, surpassât-elle en petitesse tout ce qu'il y a de plus délié dans l'*éther* des nouveaux Philosophes, précisément parce qu'elle est matiere, elle est étendue ; la longueur, la largeur & la profondeur s'y trouvent nécessairement. D'un autre côté, Théodore, qu'est-ce qu'une Ame ? Nous ne la pouvons concevoir que comme un être pensant, qui *apperçoit*, qui *connoît*, qui *veut*, qui *aime*, &c. Cette idée n'est pas moins immuable que celle que nous avons de la matiere : Par conséquent, comme je dois imperturbablement soutenir que l'étendue, ou la multitude des parties, est essentielle à la matiere, je dois dire avec la même assurance que la pensée est essentielle à l'Ame.

Mais l'être dans lequel la pensée réside, de quelle nature est-il ? Dois-je le concevoir comme étendu ? Tout me crie que ce seroit une pensée extravagante. Un être étendu, quelqu'exigu qu'il soit, ne sauroit jamais devenir le sujet où la pensée réside : car c'est un principe certain que la pensée est simple & indivisible. Je dis que ce principe est certain : En effet, Théodore, qui seroit assez dépourvu de bon sens, pour prétendre qu'une perception peut être coupée en deux, qu'on peut hacher un *oui*, un *non*, pour distinguer deux bouts, ou deux surfaces, dans une affirmation ? Il n'en est pas de même d'un être matériel ; fût-il le plus petit de tous les atomes, fût-il insécable à toutes les forces humaines, j'y conçois un dessus, un dessous, une face à l'orient, une autre vers l'occident.

Or, cela posé, il est impossible que la pensée y réside : ou le Matérialiste la met toute entiere dans chaque partie de l'atome, ou il la dissèque en autant de parties que ce petit individu a de points physiques, ou enfin il la confine dans un seul & unique point, sans faire la même grace aux autres : mais de quelque côté qu'il se tourne, il se jette dans un précipice inévitable. Prend-il le premier parti ? Comme toutes les particules de son atome pensant sont distinguées les unes des autres, il aura autant de pensées différentes que de parties individuelles; ainsi, au lieu d'une seule pensée que le Matérialiste croit avoir, quand il pense à son individu personnel, il en aura des milliers & des millions. Que de biens! Que de richesses! Disons mieux, que de chimeres!

Peut-être embrassera-t-il la seconde supposition; il disséquera la pensée en autant de particules qu'il y a de points physiques dans son atome. Mais en ce cas, Théodore, on verroit dans ce petit être la merveille la plus inouïe qui fût jamais : comme chaque parcelle est réellement distinguée de sa voisine, elle aura sa petite dose de pensée; chacune étant isolée d'avec les autres, il n'y aura aucune communication entr'elles, & néanmoins ces petits grumeaux de pensée, quoiqu'entiérement distingués, tous ensemble ne feront qu'une seule & unique pensée. N'est-ce pas là le miracle des miracles?

Poussons notre Matérialiste dans

son dernier retranchement. Se rabbat-il à loger la pensée toute entiere dans une seule partie de l'atome? c'est le parti le moins choquant qu'il puisse embrasser : mais il est aisé de le chasser de ce poste. S'il confine la pensée toute entiere dans un coin de son être matériel, que deviennent les parties contigues, qui n'ont point de part à cette sublime opération ? Par un prodige sans exemple, elles ignorent ce qui se passe dans leur voisinage, & même au milieu d'elles ; quoique de même nature que la partie pensante qu'elles entourent, elles ne sont que matiere brute, *rudis, indigestaque moles*. Du moins le siége de la pensée voltigera-t-il parmi elles. La particule qui n'est maintenant que pure matiere, aura-t-elle son tour ? Deviendra-t-elle pensante ? De pareilles absurdités ne méritent pas une réfutation sérieuse.

Accordons néanmoins au Matérialiste tout ce qu'il pourroit demander : que son atome pensant, s'il le veut, n'ait qu'une seule & unique partie, absolument insécable. Du moins doit-il convenir que la pensée qu'il y cantonne, est tournée en partie vers le *sud*, en partie vers le *nord*. Cette pensée a son *zénith* & son *nadir* ; autrement, son point vertical, & son point inférieur. Cependant, Théodore, malgré cette diversité de faces & d'aspects, elle demeurera parfaitement simple. Avouons-le, ces imaginations, de quelque maniere qu'on les envisage, ont un fond de ridicule contre lequel la gravité la plus stoïque ne pourroit tenir.

Quelqu'enfoncé que l'homme soit dans la matiere pendant cette vie, il y a néanmoins une foule de choses qu'il conçoit d'une maniere purement spirituelle ; il ny a pas jusqu'à la matiere même qu'il ne puisse connoître ainsi : car lorsque se renfermant en lui-même, & écartant toute image sensible, il conçoit les corps en général, il n'apperçoit que leur idée ; il a pour lors une pure perception, & qui ne tient rien des sens.

De même, quand un Géometre conçoit idéalement un point mathématique, c'est encore une perception, où ni les sens, ni la matiere

SECONDE PREUVE.
L'ame a des perceptions purement spirituelles.

n'entrent pour rien : car quel espace réel, quelle étendue pourroit-on assigner dans cette opération ? Puisque ce point mathématique, tel que le Géometre le conçoit, n'a aucune des dimensions de la matiere, qu'il est également sans longueur, sans largeur, & sans épaisseur, il faut nécessairement que la perception du Géometre soit purement intellectuelle ; que ce point mathématique n'existe nulle part ; qu'il ne soit qu'idéal, qu'il ne soit conçu que par abstraction, cela n'y fait rien ; l'essentiel, c'est que le Mathématicien le conçoit, & qu'il le conçoit sans aucune étendue.

Mais élevons-nous à des exemples & plus intéressans & moins litigieux. Vous concevez, Théodore, la sainteté, la justice, la vérité, l'ordre éternel : ces perceptions, en vous & en tous ceux qui les ont, ne sont-elles pas marquées au coin de la pure spiritualité ? Si quelque Matérialiste me soutient que ces idées, qui nous paroissent si simples, ont une étendue réelle, je lui demanderai si la vérité peut être divisée en deux, en quatre, en huit,

&c. ou bien si c'est un petit corpuscule insécable, que l'homme apperçoit quand il aime le vrai ? Il est donc incontestable que les notions dont je parle sont entiérement intellectuelles.

Que dirai-je de la perception de Dieu ? Nous concevons certainement ce divin Etre : l'idée que nous en avons nous le représente comme infiniment parfait : Or Dieu peut-il être bien conçu comme infiniment parfait, sans être en même temps conçu comme pur esprit ? Ce sont deux choses inséparables; car si en concevant Dieu je ne concevois pas un pur esprit, ce ne seroit qu'un être imparfait, étendu, que je connoîtrois ; par conséquent je n'aurois point l'idée d'un être infiniment parfait; ainsi, en derniere analyse, ce ne seroit point Dieu, mais je ne sçais quel phantôme que j'imaginerois. Il est donc manifeste que la perception de Dieu, quand on le conçoit avec attention, est entiérement dégagée de la matiere.

Ces vérités, ce me semble, sont incontestables; recueillons-en les fruits : elles nous mettent sous les yeux une conséquence aussi évidente que le principe même d'où elle naît.

Une substance ne sçauroit être d'une nature différente de son mode; car le mode, dans quelque être que ce soit, n'est autre chose que la substance même, en tant que modifiée d'une telle ou telle façon: ainsi la rondeur dans un cercle n'est réellement que le cercle même, dont tous les points de la circonférence sont également éloignés d'un centre commun. On en doit dire autant des modalités que nous nommons spirituelles; elles ne sont que la substance même de l'ame, en tant que modifiée d'une telle ou telle pensée: Ainsi, Théodore, quand vous concevez Dieu, votre perception n'est rien autre chose que votre ame même, qui conçoit Dieu.

Les modalités, ou les perceptions de l'ame, sont donc essentiellement de la même nature que l'ame même: je ne crois pas qu'on puisse contester cette assertion. Or l'ame, ainsi que je l'ai prouvé, a certainement des perceptions purement immatérielles. On doit donc tenir pour certain que l'ame est une substance immatérielle. Cette conséquence est nécessaire ; il faudroit nier l'évidence même, pour la pouvoir contester.

Au reste, Théodore, quand j'ai dit que l'ame a des perceptions purement spirituelles, je ne prétends nullement soutenir qu'elle en a qui ne sont que matérielles, ou qui tiennent quelque chose de la matiere : ce n'est nullement là ma pensée ; les sensations même les plus brutes, s'il m'est permis de parler ainsi, dans le fond sont réellement spirituelles. Mais ce que j'ai voulu marquer, en disant que nous avons des perceptions totalement spirituelles, c'est que ces sortes de pensées ont pour objet quelque chose d'intellectuel, & qui ne tombe point sous les sens : telle est la perception de la vérité, de la justice, de Dieu, &c.

Ce qui différencie le plus sensiblement l'homme d'avec la brute, c'est la réflexion. A l'aide de cette précieuse opération, l'homme connoît son Créateur ; il se connoît lui-même. D'une part il conçoit quels sont les hommages qu'il doit à ce divin Etre ; de l'autre il voit à

Troisieme Preuve, Tirée de la puissance qu'a l'ame de réfléchir.

quelle fin il est destiné, & ce qu'il doit faire pour être heureux. S'applique-t-il à la recherche de la vérité ? s'il a pour maxime de ne faire aucun pas qu'à la lumiere de la réflexion, ses succès ne pourront guéres manquer d'être heureux. La réflexion est donc, dans l'ordre des choses naturelles, le plus brillant des apanages de l'homme, & le plus riche de ses tréfors : mais cette même réflexion nous fournit une preuve invincible de l'immatérialité de l'Ame.

Qu'est-ce que réfléchir ? A parler exactement, l'esprit n'exerce cette opération que quand, par une espece de repli, il revient sur lui-même, sur sa propre pensée, sur la réflexion même qu'il desire de mieux examiner. L'Ame réfléchit-elle sur quelque objet qui soit hors d'elle ? Il faut que cet objet lui soit intimement joint ; de façon que, quoique très-distingué de l'Ame, celle-ci le trouve en quelque sorte dans le plus intime de son être. Tel est le point de vue précis où l'objet doit être placé, pour que l'Ame le considére exactement. Par l'opération

tion du souverain Moteur l'idée de l'objet est mise, pour ainsi dire, sous les yeux de notre esprit, & en sa disposition. Il l'envisage tantôt sous une face, tantôt sous une autre : quelquefois même, pour être plus sûr de son fait, il reviendra dix fois à la même pensée ; & en la remaniant ainsi, il la fixe sur tous les rapports qu'elle peut avoir.

Mais cette opération est bien plus frappante lorsque l'Ame réfléchit sur elle-même ; alors il faut nécessairement que son être soit entitativement le même que celui qui est l'objet de sa réflexion. Quoi de plus admirable que ce qui se passe en ce tribunal ! La substance qui apperçoit est la même chose que ce qui est apperçu : c'est la même identité d'être. Le juge, les témoins, l'acte jugé, tout cela ne fait qu'un être simple, indivisible, & un. C'est ce qu'on voit d'une maniere éclatante, lorsque l'Ame réfléchit sur sa propre réflexion. On conçoit que dans ces circonstances l'identité de l'être réfléchissant & de l'être réfléchi se montre dans tout son jour.

Pour mieux saisir ces principes,

Tome I. B

Théodore, examinons de quelle maniere la réflexion des corps s'opére. On remarque en quelques-uns d'eux un mouvement réfléchi ; ce qui se fait parce que les parties qui les composent, paroissent se replier les unes sur les autres : mais un homme attentif n'est point la dupe de ce petit méchanisme ; il n'y voit rien de ce qui fait une réflexion proprement dite.

Lorsque la flamme, par exemple, se réfléchit sur elle-même, cela vient de ce que certaines parties de cette flamme sont poussées avec beaucoup d'activité vers d'autres, dont elles s'approchent : mais les parties qui se replient sont très-différentes des autres vers lesquelles elles se portent. De plus, ces parties de la flamme que nous appellons réfléchissantes, n'agissent ainsi que parce qu'elles sont poussées par un autre fluide, qui les met en mouvement : leur état est purement passif. On ne trouve donc point dans ces parties de la flamme, ni en général dans quelque corps que ce soit, une réflexion réelle.

Ces principes nous démontrent

qu'une si admirable opération ne peut jamais être de la compétence de la matiere ; il n'y a qu'une substance proprement une & simple, qui puisse réunir tant de perfections, qui soit en même temps & l'être réfléchissant, & l'objet réfléchi.

Mais, dira-t-on, l'Ame, bien que matérielle, ne pourroit-elle pas être extrêmement déliée, ne former qu'un atome indivisible ? En ce cas, il n'y auroit aucun inconvénient à soutenir que l'être réfléchissant & l'être réfléchi peuvent être le même.

C'est un petit subterfuge que quelques Matérialistes emploient sérieusement ; mais le foible en est palpable. Je veux bien, Théodore, que cet atome soit en même temps infiniment délié, & indivisible ; mais avec tout cela il ne seroit pas totalement simple : il y auroit dans cette petite Ame plusieurs surfaces tournées vers divers endroits du monde. Or, dans cette position, les parties réfléchissantes, & celles qui seroient l'objet de la réflexion, seroient-elles le même être individuel ? Il y auroit autant d'êtres numériques, que de parties dans chaque surface : & le moyen qu'en ce cas il pût y avoir une vraie réflexion ? Ainsi ce faux-fuyant ne donne pas la moindre atteinte aux principes que j'ai exposés. Il est donc certain que la réflexion proprement dite ne sçauroit jamais être que dans une substance simple, une & immatérielle. Par conséquent, puisque l'Ame, de l'aveu de tout le monde, a le pouvoir de réfléchir, il faut nécessairement qu'elle ait la pure immatérialité en partage.

CHAPITRE TROISIÉME.

Preuves tirées de l'Anatomie, qui confirment la même vérité.

LEs goûts des hommes ne sont pas tous les mêmes. Quelques-uns trouvent insipides certains mets qui paroissent à d'autres délicieux : il en est à peu près de même de l'impression que les raisonnemens philosophiques font sur les esprits. Tel trouve des charmes infinis dans un raisonnement métaphysique, pendant que les faits les plus constans de la bonne Physique n'auront rien que d'insipide pour lui. Tel au contraire n'écoute qu'avec dégoût les argumens les plus invincibles de la Métaphysique, qui sera charmé d'entendre un détail de faits anatomiques, qui tendent à lui prouver la même vérité.

C'est pour m'accommoder à cette diversité de goûts, que je joints ici quelques preuves anatomiques, qui déposent en faveur de l'immatérialité de l'ame. Entre ceux qui daigneront lire cet Ouvrage, peut-être s'en trouvera-t-il pour qui ces dernieres preuves auront plus d'attraits que les précédentes. Au reste il ne faut pas croire que les vérités anatomiques, avec les conséquences qui en dérivent, soient inférieures à celles que nous tirons de la Métaphysique : au contraire, elles ont un avantage marqué sur elles. Plus sensibles, plus frappantes, elles nous conduisent également à l'immatérialité de l'Ame ; & elles sont d'ailleurs beaucoup moins sujettes à la chicane.

ARTICLE PREMIER.

Impossibilité d'admettre une Ame matérielle, démontrée par le système des nerfs.

Le fameux *Fernel* a cru que le siége immédiat des sensations réside dans la *Pie-mere* ; sa raison, c'est que cette membrane, quand elle est mal affectée, cause des douleurs extrêmement aiguës : mais cette opinion est aujourd'hui universellement abandonnée. On convient que ce sont les nerfs qu'on doit regarder comme les organes de nos sensations. Il y a plusieurs Matérialistes qui vont plus loin ; ils prétendent que la cause physique de nos sensations réside dans les nerfs ; & que c'est leur ame matérielle qui y produit ce brillant méchanisme. Il ne sera pas difficile, je pense, de montrer combien cette hypothèse est absurde : mais avant de le faire, je crois devoir exposer touchant les nerfs quelques vérités de fait, fondées sur les observations les plus incontestables.

C'étoit un sentiment très-commun dans le siécle passé, que tous les nerfs généralement tirent immédiatement leur origine du cerveau : mais des observations plus exactes ont démontré le contraire. De quarante ou quarante-une paires de nerfs qu'on compte aujourd'hui, il n'y en a que dix qui sortent du cerveau, ou de la moëlle allongée ; les trente-une autres paires viennent de la moëlle épiniere, c'est-à-dire de la moëlle répandue dans le grand canal de l'épine, laquelle moëlle n'est pourtant qu'une extension de celle du cerveau. Les nerfs de la tête passent par des trous que l'Auteur de la Nature leur a préparés dans le crâne ; ceux de la moëlle épiniere sortent des vertebres par diverses ouvertures qu'ils y trouvent.

<small>PREMIERE VERITÉ. Tous les nerfs viennent, tant de la moëlle allongée du cerveau, que de la moëlle épiniere.</small>

Les nerfs ne sont point des corps simples & insécables ; chacun d'eux est un faisceau de petits filaments médullaires, distingués les uns des autres : c'est ce que le célébre Boerhaave assure en propres termes: *Quòd prima hæc filamenta separata & distincta à se mutuò sint, licet*

<small>SECONDE VERITÉ. Chaque nerf est un tissu de filets médullaires, couverts d'une double enveloppe.</small>

adunata unum compactum corpus efficere videantur, claré patet consideranti horum ortum, elementa, progressum, dum adhuc solitaria, &c.
Tous les nerfs sont couverts d'une double enveloppe ; la plus interne leur est fournie par la pie-mere, qui tapisse immédiatement le cerveau ; la seconde leur vient de la dure-mere, qui les saisit lorsqu'ils sont sur le point de sortir du crâne, & les accompagne ainsi dans leurs différentes routes.

TROISIEME VERITE'. *Les nerfs, par leurs petites fibrilles, aboutissent à toutes les extrémités du corps.*

Chaque nerf, à mesure qu'il s'éloigne de son origine, ou dans le cerveau, ou dans la moëlle épiniere, se subdivise en diverses façons, jette des branches dans toutes les régions de son département. Il en est même quelques-uns dont les ramifications se multiplient extrêmement ; de maniere qu'il n'y a aucune contrée du corps, quelqu'éloignée qu'elle soit, où il n'y ait quelque fibrille nerveuse. Ainsi par ce moyen toute la machine dans son étendue, & dans toute sa surface, est revêtue de ces ramules de nerfs ; & c'est ce qui rend presque toutes les extrémités du corps sensibles.

On voit des nerfs dont l'origine est dans des cantons très-éloignés les uns des autres; cependant dans leur route ils s'approchent, ils s'associent, ils s'incorporent même; de façon qu'en apparence ce n'est plus qu'un seul nerf. C'est ce que nous démontrent les nerfs accessoires de la huitieme paire : ils naissent par plusieurs filets des deux côtés de la moëlle de l'épine du col : après être monté au crâne, & avoir communiqué avec la naissance de la dixieme & de la neuvieme paire, ils sortent avec la huitieme hors du crâne. Ces nerfs donnent chacun un rameau considérable, qui se divise en deux branches ; l'une s'incorpore avec le tronc de la huitieme paire, tandis que l'autre s'associe avec le petit rameau de cette même paire, qui va à la langue ; & comme le grand tronc de cette huitieme paire, qu'on nomme autrement *la paire vague*, répand ensuite ses ramifications par tout le corps, il porte partout des filamens du nerf accessoire, qui s'est intimement associé avec lui.

QUATRIEME VERITÉ.
Il y a des nerfs qui, quoique très-éloignés les uns des autres dans leur origine, viennent ensuite à s'incorporer, comme s'ils ne faisoient qu'un seul & même nerf.

M. Vinslou.

Quoique l'on sçache que les nerfs

CINQUIEME

VÉRITÉ.
Le méchanisme intrinsèque des nerfs ne nous est point connu.

sont composés de petits filaments extrêmement fins, cependant on ne connoît encore ni leur forme intérieure, ni la maniere dont leur méchanisme s'opére. Il y a deux opinions différentes parmi les Anatomistes touchant le méchanisme des nerfs. Les uns, & c'est le plus grand nombre, croient que les nerfs sont de petits tuyaux creux, & remplis d'un fluide fort délié, qu'ils nomment *Esprits Animaux*: dans leur systême, ce sont ces petits agents qui occasionnent nôs sensations. Quand l'extrémité d'une fibrille nerveuse est vivement ébranlée, ces agiles couriers refluent avec une vitesse incroyable vers l'origine du nerf, & vont en quelque sorte avertir l'Ame de ce qui se passe dans son corps, ou dans les corps voisins. Ce sentiment est assez probable, mais il n'est fondé que sur de simples conjectures : les expériences les plus exactes n'en apprennent rien de certain.

Aussi se trouve-t-il d'autres Anatomistes qui nient toute cette fabrique : ils rayent & les nerfs creux, & les esprits animaux qu'on y fait couler. Dans leur système, c'est la substance même du nerf qui est l'organe de la sensation. Eprouvai-je le sentiment d'une douce & agréable chaleur? Selon ces Physiciens, cela vient de ce que les petites parties du feu font prendre à l'extrémité de mes fibrilles nerveuses un certain mouvement d'oscillation qui est comme à l'unisson de ces fibrilles ; l'ébranlement se communique à l'origine du nerf, d'où, selon les loix de l'Agent suprême, s'ensuit dans mon ame la sensation d'une agréable chaleur.

Ces deux sentimens, comme vous le voyez, Théodore, sont fort opposés : ce qu'il en faut conclure, c'est que la structure intrinsèque des nerfs, la vraie maniere dont ils exercent leur jeu dans les sensations, nous est entiérement inconnue.

Les cinq vérités que je viens d'exposer sont constantes; elles ont pour appui des observations exactes & mille fois répétées : je vous prie de ne les point perdre de vue ; vous en sentirez bientôt l'extrême importance.

Parmi les Matérialistes il en est

En cas que

l'ame fût matérielle, on ne pourroit la mettre ni à l'extrémité des nerfs, ni à leur origine.

PREMIERE PREUVE.

plusieurs qui, comme je l'ai marqué, placent l'Ame dans les nerfs. Ces Auteurs n'ont que deux partis à prendre, ou de mettre l'Ame à l'extrémité des fibrilles nerveuses de la peau, ou de la loger au centre de la moëlle allongée, soit au dedans, soit au dehors du cerveau. La premiere opinion est visiblement insoutenable: 1°. elle est démentie par l'expérience. Qu'un homme ait reçu quelque dangereuse plaie au bras, si l'on y fait une forte ligature, le sentiment de douleur ne se fera plus sentir entre cette ligature & l'extrémité du nerf. D'ailleurs, il y a des personnes qui ont quelques extrémités du corps entiérement insensibles.

2°. Je suppose un homme qui ressent un froid aigu : si l'Ame que nos Matérialistes identifient avec le méchanisme des nerfs, est à l'extrémité des houpes nerveuses, comme ces fibrilles s'étendent par toute la surface du corps, depuis les pieds jusqu'à la tête, voilà donc tous les tégumens du corps parsemés de sensations: hypothèse grossiere, & qu'un homme de bon sens ne soutiendra jamais.

Il seroit beaucoup moins révoltant de mettre l'Ame matérielle à l'origine des nerfs : mais il ne sera pas difficile de la déloger de ce poste. C'est un fait constant que l'Ame peut avoir plusieurs sensations à la fois : ainsi les sentimens de la vue, de l'ouie, de l'odorat, &c. se trouvent assez souvent & dans la même Ame, & au même instant. Si donc cette petite substance réside à l'origine des nerfs, il faut que les trois paires dont je viens de parler, c'est-à-dire le nerf de la vue, de l'ouie, & de l'odorat, se rencontrent au même point, ou du moins dans une très-légere distance.

Mais c'est ce que tous les Matérialistes de la terre n'oseront jamais avancer : ils combattroient de front les observations les plus exactes de l'Anatomie. Il est démontré que les régions où ces nerfs ont leur origine, sont assez éloignées ; car le nerf optique naît de la partie supérieure de la substance médullaire qui est dans les corps cannelés ; au lieu que les deux autres, & surtout le nerf auditif, naissent dans un quarrier bien plus bas. L'espace contenu en-

Boerhave.

tre les berceaux de ces deux nerfs est assez grand ; il faudroit donc que l'Ame matérielle, qui éprouveroit en même temps la sensation de la vue & la sensation de l'ouie, occupât tout le terrein d'entre-deux. Or en ce cas cette substance pourroit-elle n'être pas grossiérement matérielle ?

SECONDE PREUVE. J'en dis trop peu, Théodore, les départemens que l'Ame occuperoit selon cette hypothèse, seroient infiniment plus vastes. Rappellez-vous, s'il vous plaît, la premiere vérité de fait que j'ai rapportée : tous les nerfs ne viennent point de la tête, il y en a trente-une paires qui naissent de la moëlle épiniere, laquelle s'étend dans le canal osseux de l'épine du dos, jusqu'à la seconde vertebre des lombes. Entre tous ces nerfs sont ceux qui donnent naissance aux muscles intercostaux, au diaphragme, au bas-ventre, au thorax, &c. L'Ame matérielle sera donc à l'origine de ces quarante-une paires de nerfs ; car pourroit-elle y sentir, si elle n'y résidoit pas localement ?

Mais, dans cette position, que

les états de l'Ame seront vastes, & que son propre volume sera grand! Depuis le berceau des nerfs optiques, jusqu'à la seconde vertebre des lombes, tout cet espace sera réellement occupé par l'Ame, pendant qu'elle sera localement au haut de la région médullaire du cerveau, pour y mettre en mouvement le nerf de la vision : elle sera de la même maniere, & au même moment, dans la partie inférieure de l'épine du dos, pour y faire exercer le méchanisme des nerfs, qu'elle fait sortir de ces quartiers-là. Telles sont les belles visions qu'on nous débite, en plaçant cette Ame chimérique à l'origine des nerfs.

*Oublions néanmoins ce vaste champ de l'Ame ; ne considérons cette substance que dans un seul nerf, ou plutôt à l'origine de ce nerf. Y sera-t-elle meilleure contenance ? Selon la seconde Vérité de fait exposée plus haut, un nerf pris même dans son origine n'est pas un être simple ; c'est un amas de petites fibrilles médullaires, distinguées les unes des autres. Si donc la sensation d'une piquure, par exem-

TROISIEME PREUVE.

ple, réside dans ce nerf naissant ; chaque filet médullaire y aura part.

Mais ici dans quel défilé le Matérialiste se trouve-t-il réduit ? Comme chacune de ces fibrilles nerveuses fait un individu particulier, & non-seulement chaque fibrille, mais même chacune de ses parties, il faut donc admettre ici une infinité d'individus, une infinité de *moi*, où la sensation de *piquure* se trouve. Peut-être, pour éviter cette absurdité, voudra-t-on éparpiller la sensation dans cette foule innombrable d'individus différens ; on ajoutera que l'Ame rassemble toutes ces piéces, & qu'elle en fait comme une seule masse, une seule sensation : mais répondre ainsi, c'est joindre l'extravagance à l'absurdité.

Quatrième Preuve. Les Auteurs que je réfute identifient le méchanisme qui se passe dans leurs nerfs avec les sensations qu'ils croient y éprouver. Ainsi, quand un Matérialiste, en mangeant un fruit délicieux, ressent une modalité de plaisir, à l'entendre, la sensation réside dans ses nerfs même ; elle consiste en ce que les petites particules du corps savoureux affectent agréablement les houpes nerveuses de sa langue. De-là cette impression se communique jusqu'à l'origine du nerf olfactif : ainsi la sensation de plaisir dans cet homme n'est autre chose que son organe corporel, en tant qu'il est frappé sur le ton qui lui convient. Par conséquent, selon ce système, la sensation de plaisir & le méchanisme du nerf où elle est sentie sont précisément la même chose.

Ici, Théodore, les absurdités pleuvent par millions : car posée l'identité du méchanisme du nerf & de la sensation qui s'y passe, sentir la sensation, & connoître le méchanisme du nerf, ce devroit être une même & seule opération ; l'un est inséparable de l'autre. Mais connoissons-nous ce méchanisme ? Au contraire, selon la cinquième Vérité de fait, n'est-il pas constant que ce phénomene anatomique est jusqu'ici demeuré inconnu ?

En effet, répondrai-je à notre Matérialiste, ce paysan auquel vous donnez quelque friand morceau, sent aussi-bien que vous ce qu'il y a d'agréable & de vif dans cette sensation : il n'a garde de la confondre avec une sensation désagréable. Cependant connoît-il quelque chose dans la structure intérieure de ses nerfs ? Chez lui la connoissance de ce méchanisme devroit être aussi claire, que le sentiment de plaisir qu'il goûte a de vivacité : & néanmoins ce paysan non-seulement ignore si les nerfs sont creux, ou non, mais à peine sçait-il même s'il a des nerfs.

Cinquième Preuve. Je vous ai fait voir (quatrieme Vérité) qu'il y a certains nerfs qui, quoique d'origine fort différente, s'insérent dans d'autres, pour ne faire qu'un seul tronc. Il ne faudroit que cet article seul pour mettre en déroute toutes les imaginations des Matérialistes. Vous vous rappellez sans doute ce que j'ai marqué sur l'incorporation des nerfs accessoires avec la huitieme paire ; leurs différentes circonvolutions ont assurément de quoi piquer la curiosité d'un Observateur.

Mais en ce genre il n'est rien de pareil au personnage singulier du grand nerf sympathique : ce nerf qu'on croyoit autrefois venir de la tête, & qu'on prenoit pour la sixieme branche de la cinquieme paire, tire très-certainement son origine de la moëlle épiniere; mais, comme s'il dédaignoit le lieu de sa naissance, il monte de la base du crâne avec la carotide interne, & va se joindre à la sixieme & à la cinquieme paires des nerfs de la moëlle allongée : après cette association il jette dans le crâne divers filets ; puis il descend, & à travers mille sinuosités se rend jusqu'aux extrémités du bas-ventre : mais dans ce long trajet il n'est presque point de parties du corps où il ne fasse passer quelque ramification. Ici il coule légérement sur un nerf de la paire vague ; là il en embrasse étroitement un autre : aussi cette fréquente communication avec la plupart des autres nerfs l'a-t-elle fait nommer sympathique. Rien donc de plus généreux que ce nerf ; il étend par-tout ses largesses : il fournit des branches nerveuses au pharinx, à l'œsophage, à la trachée-artere, au poumon, au cœur, au diaphragme. Enfin ce grand nerf, depuis son association avec la cinquieme & la sixieme paires, qu'il a été chercher dans le crâne, jusqu'aux lombes, & aux vaisseaux renfermés dans le bas-ventre, ne cesse point de distribuer une foule prodigieuse de filets nerveux.

Que le Matérialiste nous explique, s'il le peut, ce merveilleux phénomene. Est-ce son Ame, qui logée à l'origine des nerfs sympathiques régle toute cette longue marche, leur prescrit les divers détours, les différentes sinuosités qu'ils pratiquent ? Est-ce son Ame, qui toujours rencoignée dans son petit réduit, leur commande de se joindre avec la cinquieme & la sixieme paires, ou les incorpore avec la plupart des autres nerfs de la machine ? Est-ce son Ame qui préside à ces soudivisions presqu'innombrables de branches, de rameaux, de ramules, qui s'étendent depuis l'intérieur du crâne jusqu'aux extrémités du bas-ventre ? La demande que je fais ici est toute naturelle ; car, puisque dans ce système l'Ame & ses sensations sont identifiées avec le méchanisme des nerfs, il faut nécessairement qu'une telle Ame préside à toutes ces étonnantes opérations; qu'elle les régle, qu'elle les gouverne, & qu'elle en connoisse parfaitement le jeu. Il est vrai qu'avant M. Vinslou peut-être personne au monde n'avoit observé nos grands nerfs sympathiques, soit dans leur berceau, soit dans leurs longs voyages; & il y a encore aujourd'hui des millions d'hommes qui ignorent entiérement ces particularités. Mais n'importe, des gens que rien n'embarrasse ne laisseront pas de répondre que c'est toujours l'Ame qui préside à cet admirable méchanisme; quoiqu'elle n'en sçache rien, ainsi qu'on est contraint de l'avouer, elle le fera pourtant parfaitement bien. Oui, je l'ai dit, Théodore, & je le répéte encore, il ne faut que le nerf sympathique avec tous ses ricochets, pour démonter tout l'édifice du matérialisme.

SIXIEME PREUVE

L'Ame n'est pas bornée à n'avoir que des sensations : elle a des idées, & parmi celles-ci il y en a qui sont nobles, claires, lumineuses. Un Mathématicien pénétre les sublimes profondeurs du calcul différentiel; il creuse dans les infinimens petits, & en dévoile les mystères à ceux qui peuvent l'entendre. Un Astronome connoît tous les recoins du Ciel comme s'il y étoit né; il n'y a point d'étoile qu'il n'y aille fureter. Il prédit les révolutions de Saturne & de ses Satellites, mille ans avant qu'elles arrivent. L'Ame d'un juste s'éleve jusques dans le Sanctuaire du Dieu vivant ; elle contemple ses divines perfections, voit d'avance les biens infinis qu'il prépare à ceux qui le servent. Qui pourroit nier que l'homme ait ces riches notions, & mille autres semblables ?

Cependant, Théodore, si vous en croyez un Matérialiste, l'Ame humaine, qui se donne de si sublimes connoissances, (car il n'a garde de remonter jusqu'à Dieu,) cette Ame, dis-je, ne voit pas les choses qui sont le plus sous ses yeux. La sensation d'odeur qui l'affecte, quand il s'approche d'un corps odorant, & le jeu secret qui s'opére alors dans son nerf, sont exactement la même modalité ; cependant il sent parfaitement l'un, & il n'a pas la moindre connoissance de l'autre. Quoi qu'il fasse, il ignorera toute sa vie le vrai méchanisme de cette opération.

Ce même homme arme-t-il son œil d'un excellent microscope ? il découvre plusieurs milliers de cryſtallins à une mouche ; & néanmoins, quoi qu'il diſe, il ignore quels ſont les agens phyſiques qui procurent à ſon nerf optique le ſentiment de la viſion : ainſi l'on veut que l'Ame ſe donne le plus, tandis qu'elle n'a pas la force de ſe donner le moins. Il eſt donc abſurde de vouloir identifier l'Ame & ſes ſenſations avec le méchaniſme des nerfs : en quelqu'endroit de ces petits corps qu'on la mette, ou à leur extrémité, ou à leur origine, les moindres faits de l'Anatomie démontrent qu'elle ne s'y peut maintenir. Il eſt donc prouvé par le ſyſtême des nerfs, que l'Ame ne ſçauroit être autre qu'une ſubſtance immatérielle.

ARTICLE SECOND.

Même vérité établie par les Obſervations ſur le mouvement des Muſcles.

Pour ne rien confondre, j'ai omis

à dessein ce qui concerne le mouvement des muscles : je suivrai ici la même méthode que j'ai suivie à l'égard des nerfs. Je vais d'abord exposer quelques faits incontestables, qui serviront à nous guider dans cette nouvelle carriere.

Première Vérité. *Un muscle est un assemblage de fibres charnues, tendineuses, accompagnées de veines & de nerfs.* Les muscles en général sont des masses fibreuses, pour la plupart distinguées chacune en deux différentes portions ; l'une est épaisse, molle, plus ou moins rouge ; elle en forme la substance charnue, & c'est ce qu'on appelle communément le ventre du muscle. L'autre portion est menue, serrée, & très-blanche : on l'appelle *tendon*. Ces fibres sont parsemées d'arteres, de veines & de nerfs. Elles sont toutes renfermées dans une enveloppe membraneuse, qu'on nomme la membrane propre du muscle.

Seconde Vérité. *Les fibres musculaires ne sont pas configurées de la même maniere.* Les fibres musculaires ne sont ni figurées de la même maniere, ni placées sur la même ligne. Les tendineuses font des angles opposés avec les charnues : celles-ci ont la figure d'un parallelipipede obliquangle, tandis que les fibres tendineuses se présentent comme un prisme tétragone.

tetragone. C'est la figure sous laquelle le célebre M. *Stenon* les a vues.

Quand plusieurs muscles concourent à peu près au même mouvement, on les nomme *congénérés* ; quand ils agissent en sens contraire, on les appelle *antagonistes*. Ceux, par exemple, qui fléchissent ensemble l'avant-bras, sont du premier genre ; ceux qui l'étendent appartiennent au second : de même les muscles fléchisseurs sont réciproquement les antagonistes des extenseurs. Mais il faut bien remarquer que les fibres de ces muscles antagonistes sont toutes tournées en sens contraire.

Troisieme Verité. On distingue deux sortes de muscles, les congénérés, & leurs antagonistes.

Le méchanisme de l'action des muscles consiste principalement dans le raccourcissement ou la contraction de leur partie charnue ; par cette contraction les extrémités du muscle s'approchent, & comme ce muscle, par une de ses extrémités, est attaché à une partie solide du corps, à tel ou tel os, cette partie solide est attirée. Tel est le méchanisme qui fait mouvoir la tête, le col, les bras, les jambes, & le corps entier.

Quatrieme Verité. L'action du muscle consiste dans son raccourcissement.

Tome I. C

CINQUIEME VERITÉ.
Trois Phénomenes principaux qu'on remarque dans l'action des muscles.

Les Observateurs ont remarqué trois phénomenes principaux dans l'action musculaire. 1°. La portion charnue paroît plus gonflée & plus dure dans l'action, que dans l'inaction : Il est aisé de s'en convaincre en touchant le muscle dans ces deux états. 2°. Pendant la contraction du muscle, ses fibres charnues sont froncées & plissées depuis un bout jusqu'à l'autre ; de maniere qu'elles forment des zigzags extrêmement fins. 3°. Il est des muscles dont le mouvement est soumis à notre volonté : nous pouvons donner à leur action tel degré de vîtesse & d'espace que nous voulons ; c'est ce qu'on voit sensiblement dans le mouvement du bras. On peut augmenter cette action, la diminuer, l'accélérer, la rallentir, la faire entiérement cesser dans un instant, & la reproduire dans un autre.

SIXIEME VERITÉ.
Le même muscle peut servir à des usages très-différens.

Il y a des muscles qui, quoique destinés à certains usages, ne laissent pas de servir à d'autres : c'est ce qu'on voit dans le *scalene* ; c'est un muscle d'une figure triangulaire, à côtés inégaux : par un côté il tient aux clavicules, par l'autre à la premiere côte, & par le troisieme il est attaché aux productions transverses des vertebres du col. Quand les muscles fléchisseurs du col agissent, il contribue avec eux à fléchir cette partie ; mais ce même muscle sert aussi à la respiration : car lorsque les muscles extenseurs du col sont en action, le scalene pour lors éleve la premiere côte, & par-là contribue à augmenter la capacité du thorax, & à faciliter la respiration : mais ce phénomene est encore plus sensible dans le petit *densilé* ; ce muscle tient d'une part à l'omoplate, & de l'autre à la partie osseuse de la seconde, de la troisieme, de la quatrieme, & de la cinquieme côte. Il a deux usages très-différens, car il sert en même temps & au mouvement de l'épaule, & à l'élévation des côtes, & par conséquent à la respiration.

Quoique l'on connoisse jusqu'à un certain point la structure & le méchanisme des muscles, quand ils agissent, cependant on ne sçait pas encore quels sont les agens physiques qui produisent leur mouvement. *Levenok* a remarqué que cha-

SEPTIEME VERITÉ.
On ne connoît point encore la vraie cause naturelle du méchanisme des muscles.

que fibre charnue est composée de petites vésicules très-déliées, remplies d'une liqueur claire & transparente. M. Besnard de Jussieu les a vues comme des tubes creux : mais pour ce qui est de la cause créée qui les met en action, sçavoir si ce sont les esprits animaux, qui couleroient dans les nerfs, ou quelqu'autre agent, c'est ce qu'on n'a pas encore découvert. Le célebre Boerhaaye n'hésite point à attribuer tout ce méchanisme aux esprits animaux ; mais il le suppose plutôt qu'il ne le prouve.

Ces verités, Théodore, ne sont pas moins constantes que celles qui concernent le systême des nerfs ; tâchons maintenant d'en faire usage. Dans l'Article précédent j'ai prouvé qu'une Ame matérielle ne pouvoit en aucune façon produire le méchanisme des nerfs ; je ferai la même chose à l'égard des muscles. Un Matérialiste n'a ici que deux routes à choisir : ou il prétend que la volonté qu'a l'Ame de remuer un muscle, est identifiée avec le mouvement de ce muscle même ; ou il soutient que cette Ame au moins, dans quelque endroit qu'elle soit placée, par l'efficace de son vouloir, met en action tel ou tel muscle, selon qu'elle veut remuer telle ou telle partie de son corps : ces deux hypothèses fourmillent d'absurdités.

Si la volonté de mouvoir une des parties de mon corps, ma main, par exemple, & le mouvement de ma main étoient la même chose, ma main non-seulement se sentiroit existante, mais même elle se sentiroit agir. Je n'en dis pas assez : comme ce mouvement est libre, que j'agis avec choix & discernement, ma main auroit part à ces glorieux privileges ; elle agiroit avec choix, avec discernement, avec liberté ; en un mot, elle seroit libre. Ne regarderoit-on pas comme insensé quiconque soutiendroit de telles chimeres ?

Il est absurde & extravagant de vouloir identifier la volonté de remuer un muscle, avec le mouvement de ce muscle même.

PREMIERE PREUVE.

Cette prétendue volonté de remuer les muscles de ma main, identifiée avec le mouvement de ma main, n'agiroit point à l'aveugle : car quand je veux élever cette partie de mon corps, ma volonté ne s'adresse point au pied. Comme donc elle commanderoit ce mouve-

SECONDE PREUVE.

ment, & qu'elle le produiroit physiquement, il faudroit aussi qu'elle connût parfaitement le méchanisme qu'elle y emploie ; du moins, si elle ne le connoissoit pas précisément comme volonté, son entendement le connoîtroit pour elle. Or c'est un fait palpable que ni la volonté, ni l'entendement de l'homme, ne sçavent point quelle est la cause physique de l'action des muscles : car quoiqu'il y ait tout lieu de croire que ce sont les nerfs qui mettent les muscles en mouvement, cependant la maniere dont ils concourent à cette opération, est encore aujourd'hui un mystere pour les plus habiles Anatomistes. Ce n'est donc point ma volonté identifiée avec le mouvement de ma main qui produit physiquement ce méchanisme.

Quand un homme marche, le mouvement de sa machine se fait parce que les fibres charnues des muscles, qui servent à cet usage, se raccourcissent, se gonflent, & par ce moyen attirent à elles les parties solides du corps auquel leur muscle est attaché. La volonté devroit donc sentir le gonflement de ses muscles : mais le sent-elle ? Quand elle veut que son corps marche, se propose-t-elle le raccourcissement de ses fibres musculaires ? Des deux muscles antagonistes disposés en sens contraires, la volonté met-elle l'un à l'écart, pour concentrer toute son action dans l'autre ? Demandez à cet agile Coureur si, lorsqu'il se met en marche, il se propose pour but tout cet appareil de mouvemens divers; si son Ame a dessein d'accourcir d'abord un muscle, & puis d'étendre l'autre ; cette question lui paroîtroit risible : cependant, Théodore, dans le système de l'Ame matérielle identifiée avec le mouvement des muscles, notre demande seroit très-juste ; & non-seulement ce Coureur, mais le Portefaix le plus hébété seroit en état d'y répondre parfaitement.

Troisieme Preuve.

Tous les mouvemens des muscles ne sont pas libres : s'il en est qui dépendent de la volonté, il en est aussi beaucoup d'autres qui n'en dépendent pas. Or, posée l'hypothèse d'une Ame matérielle identifiée avec le mouvement des muscles, comment expliquer cet ordre de mouvemens involontaires ? Le Roi de tous les muscles, sans contredit, c'est le cœur : son action est perpétuelle ; il se meut, comme tous les autres muscles, en se gonflant, ou en raccourcissant ses fibres charnues: mais ce mouvement n'est nullement libre. Que le Partisan de l'homme-machine mette ici son Ame matérielle en besogne, pour fournir à ce méchanisme : est-ce la volonté qui produit immédiatement cet effet ? En ce cas elle agira comme un véritable Automate : sans doute qu'il faudra supposer dans cette volonté quelque gros lobe, (& ce sera même le principal,) dont l'action sera forcée à faire mouvoir le cœur, tandis que le jeu des autres lobes sera libre : parfaitement maîtresse d'elle-même pour remuer le bout de son doigt, & dominée par je ne sçais quel aveugle méchanisme, pour l'action la plus belle & la plus noble de sa machine. Ces conséquences néanmoins suivent nécessairement du systême dont il s'agit.

Quatrieme Preuve. Je puis exercer plusieurs mouvemens libres à la fois ; élever les yeux, parler, marcher, &c. Dans le système de l'Ame matérielle, quel personnage sera pour lors ma volonté ? Comme elle commande quatre mouvemens divers, & en divers quartiers du corps, & que d'ailleurs on l'identifie avec les mouvemens libres de ses muscles, il faut, de quelque maniere que ce soit, qu'elle réside dans ces quatre cantons. Ainsi, Théodore, depuis le muscle de l'œil appellé le *releveur*, qui est attaché à la partie supérieure de la cornée, jusqu'aux muscles extenseurs des cuisses, ce vaste terrein sera la sphére de ma volonté : cessé-je de marcher, remué-je seulement le petit doigt de mon pied ? ma volonté change de place, elle descend jusqu'au muscle qui préside à ce mouvement.

Ne considérons la volonté matérielle que dans les mouvemens de la voix d'un Musicien : que d'accords harmonieux ! que de tons divers ! Il faut alors que presque tous les muscles du *larinx* se mettent successivement en action ; ils se raccourcissent & s'allongent tour à tour, l'un pour former le ton gra-

CINQUIEME PREUVE.

ve, l'autre pour l'aigu, celui-ci pour donner une Quinte, celui-là pour une Tierce. Tous ces mouvemens sont volontaires : que fera donc l'Ame pour y fournir ? La même volonté matérielle sera-t-elle en même temps dans tous ces muscles ? ou bien, revêtue d'une agilité incroyable, trotera-t-elle sans cesse d'un de ces muscles à l'autre ? Que le Matérialiste opte entre ces deux visions.

SIXIEME PREUVE. Quand je me bornerois à un seul muscle, l'Ame matérielle y trouveroit-elle mieux son compte ? La premiere vérité de fait dont j'ai fait usage nous apprend qu'un muscle est un assemblage de fibres charnues, de petits nerfs, d'arteres & de veines. Chaque fibre musculaire est composée de petites vésicules remplies d'une liqueur transparente : il faut assurément que ces véhicules soient bien déliés. *Levenok*, à qui on doit cette observation, remarque que cinq ou six cent de ces petits vaisseaux ensemble ne faisoient pas la grosseur d'un des cheveux de sa perruque : ce qu'il assure avoir observé avec un fort bon mycroscope.

Selon ce calcul, on peut croire que dans un muscle un peu fort, comme le *delloïde*, il y a des millions de ces minces véficules. Lors donc que ce muscle agit, il faut que la volonté matérielle qu'on suppose être la même chose que le mouvement volontaire de ses muscles, se trouve en même temps dans ces millions de fibres musculaires. Elle sera également & dans les arteres, & dans les veines, & dans les petits nerfs qui composent le corps du muscle. Or, je le demande, la volonté ainsi répandue dans cette infinité de régions différentes, demeure-t-elle simple ? ou chaque muscle en action a-t-il des millions de volontés ?

On abandonnera peut-être tous ces songes : on se rabbattra à dire que l'Ame, sans être identifiée avec le méchanisme de ses muscles, ne laisse pourtant pas de le produire : car, ajoutera-t-on, l'Ame, quoique matérielle, est revêtue d'un assez grand pouvoir ; ainsi de l'endroit du corps où elle réside, elle commande tout ce qui se fait dans la machine : à ses ordres, les musc-

Quand même l'Ame matérielle ne seroit point identifiée avec le mouvement des muscles, elle ne pourroit jamais produire physiquement leur méchanisme.

cles, par l'entremife des nerfs, fe meuvent, & font mouvoir les parties du corps auxquelles ils font attachés.

Premiere Preuve. Nous voyons encore ici une foule d'abfurdités, moins groffieres, il eft vrai, que les précédentes, mais néanmoins très-fenfibles. J'ai déjà démontré, Théodore, combien l'idée de ceux qui font réfider l'Ame matérielle à la naiffance des nerfs, eft chimérique. Cependant accordons pour un moment cette folle prétention : le mouvement phyfique des mufcles s'en expliquera-t-il mieux ? Que cette Ame matérielle loge feulement à l'endroit d'où tous les nerfs tirent leur origine ; que ce foit de-là qu'elle faffe partir fes ordres ; que les efprits animaux qu'elle envoie dans les nerfs, foient fes couriers, je confens à tout : mais pour que ces nerfs, avec le fluide qu'ils renferment, rempliffent leur fonction, il leur faut une continuation d'action & de mouvement non interrompue. De plus, les efprits animaux doivent donner le branle à tout : c'eft par leur miniftere que les arteres & les veines doivent s'enfler : ils doivent agir de façon que le sang afflue dans les premieres, & ne sorte point des secondes. Or l'Ame est-elle derriere ces petits messagers ? les talonne-t-elle pour leur faire remplir leur tâche ? On ne le dira pas, puisqu'on suppose ici qu'elle a son trône à l'origine des nerfs, & qu'elle ne le quitte pas. Il faut donc que cette Ame agisse efficacement où elle n'est point ; ou bien que les esprits, une fois mis en marche, sans guide, sans conducteur, agissent comme s'ils étoient de petits Dieux, & qu'ils opérent d'eux-mêmes cet admirable méchanisme.

Ce n'est pas encore tout : les fi-bres musculaires, comme je l'ai déjà dit, ne sont pas à beaucoup près sur la même ligne : arrangées selon des plans très-différens, la plupart forment des angles fort opposés à ceux de leurs voisines ; toutes sont des zigzags extrêmement fins & variés. Rien de plus savant & de mieux symétrisé que cette méchanique : sont-ce les esprits animaux qui d'eux-mêmes, & comme des Ingénieurs consommés, réglent

Seconde Preuve.

le plan de leurs opérations? ou bien est-ce l'Ame qui, en les envoyant dans les nerfs, leur prescrit l'ordre de leur marche? Elle leur dira sans doute : ici vous ferez un angle droit, là vous en ferez un autre aigu ; plus loin vous tracerez une suite d'angles alternes; & ces mêmes évolutions vous les ferez exercer aux fibres charnues, aux artéres, & aux veines, qui composent le corps de ce muscle. Quels songes ! Quelles extravagances !

Ici, Théodore, revient l'argument péremptoire dont j'ai déjà fait usage, & auquel certainement nul Matérialiste ne répondra. Les hommes du Vulgaire sont-ils instruits de ce divin méchanisme? Leur Ame y a-t-elle jamais pensé? Ceux-mêmes qui le sçavent, les *Vinslou*, les *Senac*, les *Ferrein*, font-ils usage de ces connoissances, quand ils veulent mettre quelqu'un de leurs muscles en mouvement ?

TROISIEME PREUVE. Voici un problême que je propose au Partisan de l'homme-machine : il regarde le muscle de la langue. Quand un Matérialiste parle, ou qu'il mange, il ne doute point que ce ne soit sa volonté qui, comme cause physique, opére cette multitude presqu'infinie de mouvemens divers qu'on remarque dans ce muscle. Mais qu'il daigne faire attention aux faits suivants, qui sont constatés par les Expériences les plus exactes. 1°. La langue est composée de fibres charnues, ou musculaires. 2°. On y trouve en général trois sortes de fibres, les unes longitudinales, les autres transversales, d'autres enfin verticales. Les premieres regardent la base & la pointe de la langue. 3°. Ces trois différens ordres de fibres sont en partie directs, & en partie obliques : elles s'entremêlent de diverses manieres. 4°. Outre ces différens ordres de fibres de la langue, on y trouve encore un plan particulier : ce sont des fibres longitudinales, qui vont à la face supérieure de ce muscle ; & un plan particulier de fibres transversales au-dessous. 5°. Ces fibres s'entrelassent en partie, & se terminent par leurs extrémités, les unes vers les bords de la langue, les autres vers sa base & sa pointe.

M. Vinslow.

On ne peut point douter que ces différens ordres de fibres charnues dans la langue, n'y exercent leur méchanisme comme les autres muscles, en se contractant, & en se gonflant. Quelque variées, quelqu'entrelassées que soient ces fibres, dans le systême de l'Ame matérielle c'est cette substance qui, comme cause efficiente, doit produire tant de contractions différentes, & arrangées selon des plans tous opposés les uns aux autres. Que le Matérialiste daigne m'expliquer comment sa volonté, toute matérielle qu'elle est, exécute ces sçavantes opérations, *& erit mihi magnus Apollo*. A ce Problême j'en joins encore un autre.

QUATRIEME PREUVE. Il est des muscles qui, comme je l'ai dit, (sixiéme Vérité,) servent à des usages fort opposés: le scalene, par exemple, peut être employé & au mouvement du col, & à la respiration. Ce muscle triangulaire a trois attaches différentes: d'une part il tient aux clavicules, de l'autre à la premiere côte, & enfin par un autre côté il se joint aux vertebres du col. On conçoit bien qu'afin que ce grand muscle remplisse deux fonctions aussi opposées que celles de fléchir le col, & de faciliter la respiration, il faut que le jeu des esprits animaux des fibres charnues soit fort différent. S'agit-il de faire baisser le col ? alors la premiere côte doit servir de point d'appui : les esprits animaux répandus dans les petits nerfs du scalene commenceront leur méchanisme dans la tête du tendon qui tient à la premiere côte ; de-là, mettant tout en branle, ils se couleront vers la queue du muscle qui tient aux vertebres du col : ils feront gonfler toutes les fibres charnues qui sont entre-deux ; & par ce moyen le muscle devenant plus court, attirera en bas les vertebres du col : cette partie du corps sera donc fléchie.

Mais s'agit-il d'élever les côtes, & de faciliter l'inspiration ? la marche changera, & par conséquent le ressort des esprits animaux changera aussi. Le point d'appui sera en partie dans les clavicules, & en partie dans les vertebres même du col: Car on sçait que quand on tient le col bien ferme & bien droit, l'inspiration de l'air dans les poumons se fait beaucoup plus facilement. Il faut donc alors quel e méchanisme des esprits animaux commence par les tendons qui tiennent tant aux clavicules, qu'aux vertebres du col; animant tout par leur incroyable agilité, ils procureront le raccourcissement des fibres charnues qui composent le ventre du muscle : à l'aide de cette contraction, la premiere côte sera élevée.

D'une autre part, le petit *dentelé*, qui d'une part tient à l'omoplate, & de l'autre à la seconde, à la troisieme, à la quatrieme, & à la cinquieme côte, en fera autant; d'autres muscles feront le même personnage à l'égard des autres côtes : ainsi ces parties du corps seront élevées par un mouvement volontaire, & l'homme respirera plus aisément. Qu'on me dise maintenant par quelle secrette méchanique le petit *dentelé* tantôt trouve son point d'appui à l'omoplate, pour élever les quatre côtes auxquelles il tient; tantôt il a son point d'appui dans ces quatre côtes, pour tirer l'omoplate en devant. Qu'on m'explique de même les différens jeux du *scalene*, & je serai pleinement satisfait.

Je suis en droit, Théodore, de faire toutes ces demandes ; car puisque dans le système du Matérialisme c'est la volonté qui produit immédiatement tous les mouvemens des muscles, ou du moins, que du haut du trône où elle est assise, elle régle tout comme cause physique ; que par les agiles messagers qu'elle envoie dans les nerfs, elle opére toute l'action musculaire, mes questions ne sont point de trop. L'Ame d'un Matérialiste doit posséder admirablement ce brillant méchanisme : j'ai donc raison de lui proposer mes Problêmes, & de le presser de m'en donner la résolution.

Terminons ce long Article par le plus admirable phénomene qu'on observe dans l'action des muscles. Il y en a quelques-uns (cinquieme Vérité) tellement soumis à notre volonté, que nous pouvons donner à leur mouvement tel degré de vîtesse qu'il nous plaît. Je puis fléchir mon bras entiérement, & en par-

Cinquieme Preuve.

tie : après avoir commencé avec lenteur, je puis continuer avec plus de célérité : dans le fort de cette contraction, je veux que tout s'arrête, & tout cesse dans l'instant. Une tierce après je veux que cette contraction recommence, & elle renaît. Ce phénomene tient assurément du prodige : ce seroit une merveille toujours nouvelle pour nous, si l'accoutumance & l'inattention ne nous y rendoient insensibles.

J'accorde au Partisan de l'homme-machine que ce sont les esprits animaux envoyés par l'Ame matérielle, qui produisent tant d'admirables effets : mais en ce cas il faut les supposer agissans avec intelligence & avec liberté. Un homme veut-il remuer son bras ? les esprits animaux se rendent à ses ordres : il ne demande d'abord qu'une demi-flexion, nos dociles messagers lui obéissent : par leur ministere, les fibres charnues, les arteres & les veines, ne prennent qu'une demi-contraction. Ce même homme ordonne-t-il que ce raccourcissement de fibres musculaires soit suspendu ? prompte obéissance de la part des

DE LA NATURE DE L'AME. 69
mêmes agens. Les fibres charnues, avec tout ce qui les accompagne, demeurent dans le même état. Veut-il que ce raccourcissement augmente ? les esprits animaux donnent plus d'intensité à leur action, & à celle des muscles qu'ils font agir. Lui plaît-il de faire cesser entiérement cette manœuvre ? ses ordres sont exactement suivis ; & nos opérateurs battent la retraite. Quelle souplesse ! quelle liberté dans ces petits êtres ! car il est visible qu'ils ne sont point emportés par un stupide méchanisme : ne seroit-on pas tenté d'en faire des créatures raisonnables ?

C'est l'ame, me dira-t-on, qui de l'endroit où elle a son domicile donne tous les ordres nécessaires à ces diverses opérations : mais quand les esprits animaux sont une fois engagés dans les nerfs du bras, & qu'ils ont mis en œuvre les fibres charnues, avec les vaisseaux sanguins qui les accompagnent, l'Ame leur crie-t-elle de suspendre leur marche, ou de doubler le pas ? Ceux-ci ont-ils des oreilles pour l'entendre ? ont-ils surtout une force intrinsèque & pleine d'efficace pour remplir tous ces différens messages ? Il faut pourtant bien que cela soit, puisque, selon cette seconde position, l'Ame matérielle loge à l'origine des nerfs ; & que d'une autre part ce méchanisme si volontaire, si libre, si admirable, se passe dans les muscles fléchisseurs des bras.

Enfin une réponse tranchante & péremptoire, c'est que nous ne sçavons nullement quels sont les premiers agens qui mettent les muscles en mouvement. Quand on rapporte ce méchanisme aux esprits animaux, c'est une pure supposition ; ou du moins elle n'est appuyée que sur de simples conjectures : en un mot, la cause physique de l'action des muscles nous est encore inconnue. Il y auroit ici diverses conséquences à tirer sur cette matiere ; mais je crois qu'elles seront mieux placées à la fin de l'Article suivant.

Article troisieme.

L'Immatérialité de l'Ame prouvée par l'impossibilité de trouver dans l'homme un centre de réunion pour toutes les sensations, & les actions volontaires de l'Ame.

Ceux qui veulent faire l'Ame matérielle, & qui en même temps ont quelque teinture de la bonne physique, voient bien qu'afin que leur système ait quelque vraisemblance, il ne faut identifier l'Ame ni avec le méchanisme des nerfs, ni avec le mouvement des muscles. Cette substance doit avoir comme un petit quartier, où toutes ses actions & tous ses sentimens se réunissent : c'est ce qu'on appelle ordinairement le *sensorium*.

Willis, suivi de plusieurs *Gassendistes*, prétendoit 1°. que le commencement de la moëlle allongée est le siége du sentiment ; 2°. que si l'impression qui se fait dans la moëlle allongée est assez forte pour pénétrer jusqu'au corps calleux, l'imagination succéde au sentiment : 3°. que quand ces impressions sont en-

Sentiment de Willis.

core plus vives, enforte qu'elles percent jusqu'à l'écorce du cerveau, qu'elles se répandent dans ses anfractuosités, elles y produisent la mémoire.

Mais cette opinion est insoutenable : au lieu d'admettre un seul centre où toutes les actions de l'Ame se réunissent, on en reconnoît trois. Par conséquent il faudra que l'Ame réside en même temps dans ces trois régions différentes, ou quelle se partage en trois; une partie d'elle-même sentira dans les corps cannelés, une autre imaginera dans le corps calleux, & une troisième portion logée dans les anfractuosités du cerveau, constituera la mémoire. Ce système ne respire que le Matérialisme le plus crud.

II. Sentiment de M. Descartes.

M. Descartes, quoique très-convaincu de l'immatérialité de l'Ame, croyoit qu'il y a dans le cerveau un endroit qui, dans l'ordre des causes occasionnelles, est comme le principe de tous les mouvemens de la machine : c'est ce qu'il a cru appercevoir dans la *glande pinéale*. Mais le sentiment de ce grand homme est démenti par des observations

observations authentiques : 1°. il est faux que la glande pinéale soit le centre où tous les nerfs aboutissent : 2°. il pensoit que cette glande étoit très-mobile, & qu'en s'inclinant d'un certain côté, elle déterminoit les esprits animaux à couler dans certains nerfs, plutôt que dans d'autres ; ce qui est encore contraire à la vérité : car la glande pinéale est entierement immobile.

M. de la Perrhonie plaçoit ce centre d'organisation dans la substance du corps calleux : voici une des principales raisons qui l'a porté à embrasser ce sentiment. Le corps calleux, dans un enfant malade, ayant été pressé, par l'épanchement du pus qui en sortoit, la raison, le sentiment, l'usage de la liberté, sembloient être éteints en lui ; il ne falloit même que le poids de la sonde appuyée légérement sur cette partie, pour produire cet effet ; d'où M. de la Perrhonie concluoit que le centre de tous les sentimens de l'Ame, ou le *sensorium*, réside dans le corps calleux.

III. Sentiment de M. de la Perrhonie.

Mais il s'en faut bien que cette expérience soit décisive : car, comme l'a remarqué un célébre Philosophe de nos jours, loin de prouver que le corps calleux est le siége de l'Ame, elle démontre que ce corps est entiérement insensible. Car, s'il étoit susceptible de sentiment, la pression de la sonde, ou du pus épanché, n'auroit-elle pas dû y produire une douleur très-vive, tandis que le reste de la machine eût été sans aucun sentiment?

Lettre à un Matérialiste.

Le célébre M. Boerhaave admet aussi un *sensorium* matériel, qui est comme le correspondant & le centre de toutes les sensations de l'Ame; mais il le place ailleurs: c'est dans la substance médullaire du cerveau qu'il le met, parce que c'est de cette moëlle cervicale que tous les nerfs tirent leur origine (a).

IV. Sentiment de M. Boerhaave.

Cette hypothèse ne paroît pas plus solide que les précédentes: 1°. il n'est pas exactement vrai que tous

(a) Cùm motus musculares ope spirituum à cerebro pulsorum in musculos exerceantur, patet hinc quòd ab omni puncto hujus, usque ad voluntati obnoxios, fit liber motus spirituum à cerebro oriendorum: unde sensorium commune est pars cerebri ubi omnia illa puncta aggregata habentur; adeòque, ut apparet, medulla cerebri in capite. *Institutiones*, p. 287.

les nerfs viennent de la moëlle contenue dans le cerveau ; il y en a trente-une paires qui naissent de la moëlle épiniere, les unes plus haut, les autres plus bas. La région d'où sortent ces trente-une paires n'est pas certainement la même que celle où les nerfs optiques ont leurs couches. Trouve-t-on là de quoi fonder un *sensorium* où tous les mouvemens du corps aboutissent comme à leur centre ?

2°. Pour ne parler ici que des nerfs de la tête, je vous ai déjà fait observer, Théodore, que ces dix paires ne partent pas du même point : les nerfs de la neuvieme & de la dixieme paires, par exemple, ont leur naissance à la base du crâne, fort loin par conséquent de la premiere paire, qui est le nerf optique.

3°. Qu'est-ce que la moëlle allongée du cerveau ? C'est une substance mollasse, pulpeuse, composée d'une multitude infinie de petites fibres différentes les unes des autres. M. Boerhaave en convient assez lui-même : *Quòd prima hæc filamenta separata & distincta à se mutuè fint, licet adunata, unum compactum corpus efficere videantur, patet, &c.* La substance médullaire du cerveau renferme donc une infinité de points différens. Or, ce monde entier de petits individus, distingués les uns des autres, nous présente-t-il bien l'idée d'un centre commun, où tous les mouvemens de la machine retentissent ? On prétend assigner un centre unique de toute l'organisation corporelle ; &, au lieu d'un seul centre, on nous en offre des milliars.

Enfin, est-on bien assuré que la moëlle du cerveau soit sensible ? L'expérience y paroît entiérement contraire. On a trouvé des personnes en qui cette partie du corps étoit entiérement ossifiée. Il y a tout lieu de croire qu'un changement aussi considérable ne s'étoit pas fait tout-à-coup ; cependant ces personnes avoient toutes les sensations ordinaires aux autres hommes. M. de Fontenelle, dans l'Histoire de l'Académie des Sciences, parle d'un bœuf dont le cerveau se trouva pétrifié : cet animal néanmoins buvoit, mangeoit, marchoit, étoit gros & gras. Il paroît donc indubitable que le cerveau, & par conséquent la moëlle allongée qu'il renferme, est insensible. Donc cette partie du corps ne sçauroit être regardée comme le centre où tous les mouvemens de la machine se réunissent: Donc le *sensorium*, tel que plusieurs Auteurs l'admettent, est un être imaginaire.

Article Quatrieme.

Reflexions sur les Principes exposés dans les Articles précédens: Conséquences qu'on en doit tirer.

Telles sont, Théodore, les armes que l'Anatomie nous fournit en faveur de l'immatérialité de l'Ame. Une main plus habile leur eût donné plus de force & plus d'éclat; mais indépendamment du peu d'adresse de celui qui les manie, elles sont toujours très-précieuses: la trempe en est excellente, & le tranchant bien affilé. Messieurs les Matérialistes ne sont donc pas prudens, lorsque, pour nous enroller dans leur corps, ils nous renvoient à l'Anatomie : c'est cette Science, au contraire, qui leur porte les coups les plus assommans. En vain, leur dit-elle, prétendez-vous trouver chez moi quelque appui à vos principes ; vous vous faites illusion : loin d'appuyer vos ridicules chimeres, je présente à chaque instant de quoi les mettre en poudre.

En effet, Théodore, n'est-ce pas ce que les Observations Anatomiques nous ont appris ? Quelques-uns de ceux qui veulent faire l'homme-machine, s'accrochent au système des nerfs ; d'autres ont recours aux mouvemens volontaires des muscles : mais de quelque côté qu'ils se tournent, l'Anatomie les met dans l'impossibilité de réussir ; ils ne peuvent faire un pas qu'elle ne les fasse culbuter.

Je finis par quelques conséquences qui naissent évidemment des principes que j'ai exposés.

Premiere Conséquence.

Il est impossible que les sensations, les actions de l'homme, & les mouvemens de sa machine, aient pour cause physique une Ame matérielle : Car comment un être de cette trempe pourroit-il suffire à cette variété infinie d'actions & de mouvemens de tout genre ? De plus, cette ame agiroit sans connoître en aucune façon le méchanisme qu'elle emploie dans toutes ses opérations. Elle seroit physiquement agir tous les nerfs de sa machine, & elle en ignoreroit totalement la structure intérieure, & le jeu qu'elle y déploie. Elle feroit mouvoir tous les muscles du corps, malgré la variété infinie des plans divers, selon lesquels leurs fibres charnues sont disposées : elle agiroit avec une aisance parfaite dans ce petit monde ; elle feroit tout, elle régleroit tout ; & néanmoins cette espece de divinité n'auroit point la plus sombre connoissance des merveilleux ressorts qu'elle fait jouer. Ces absurdités sont palpables : elles démontrent invinciblement l'impossibilité absolue d'admettre dans l'homme une ame matérielle, & qui soit la cause physique de tout ce qui s'opére ou en elle, ou dans son corps.

Seconde Conséquence.

Le sentiment intérieur ne nous permet pas de douter qu'il n'y ait en nous un principe de pensée : c'est ici un axiome qui n'est contesté de personne. Je sens, je pense, je connois, j'aime, je raisonne : mais en même temps que ce sentiment intérieur m'assure de l'existence du principe de pensée qui est en moi, j'apperçois une lumiere éclatante qui me montre que cet être pensant ne sçauroit jamais être étendu ; qu'il faut qu'il soit simple, un, & par conséquent immatériel. Les Observations Anatomiques, loin de détruire cette importante vérité, la portent à l'évidence la plus entiere. Donc l'Ame qui pense en chacun de nous, qui veut, qui juge, qui commande que le corps se meuve, qui ordonne les divers mouvemens libres de sa machine ; cette Ame, dis-je, ne peut être qu'une substance purement spirituelle.

Troisieme Conséquence.

Mais les faits anatomiques dont

j'ai fait usage, nous mettent sous les yeux une autre vérité aussi indubitable que les précédentes, & qui doit nous être infiniment précieuse. Quoique l'Ame préside à tous les mouvemens libres de son corps, elle n'en est en aucune maniere la cause efficiente, ou la cause physique. 1°. Les mouvemens involontaires, tels que sont ceux qui s'opérent dans le cœur, dans les arteres, dans les veines, dans plusieurs nerfs, dans divers muscles, n'appartiennent certainement point à la volonté : c'est donc un Agent fort supérieur à l'Ame, qui les opére. 2°. La maniere dont les mouvemens volontaires même s'exécutent, nous fait voir que notre Ame n'y a réellement aucune part. En effet, puisque l'homme ignore totalement la secrette manœuvre avec laquelle toutes ces opérations s'exécutent, & que néanmoins ces mouvemens se font dans le paysan le plus stupide, comme dans le plus sçavant Physicien de l'Univers, il est clair que la volonté n'en est nullement la cause efficiente : toute la part qu'elle y a, c'est de vouloir que telle partie de son corps se meuve, mais elle ne fait rien de plus.

Par conséquent il faut admettre une cause supérieure, pleine d'efficace, qui opére physiquement tout cet admirable méchanisme. Notre Ame, quelque libre qu'elle soit pour commander les divers mouvemens qui semblent dépendre d'elle, & qui pour l'ordinaire semble être ponctuellement obéïe en cela; notre Ame n'en est réellement que cause occasionnelle. Le véritable Auteur, c'est l'Agent suprême, c'est le Tout-puissant. Les moindres traits de cette sçavante méchanique nous montrent son action avec la plus parfaite évidence.

C'est ainsi, grand Dieu, que toutes les Sciences, quand nous y sommes attentifs, nous rappellent à vous. L'Anatomie nous apprend à connoître le plus bel ouvrage de vos mains; de-là elle nous conduit à la connoissance réfléchie de l'Etre pensant qui gouverne cette admirable machine : elle nous donne les preuves les plus péremptoires de son immatérialité; mais elle n'en demeure pas là : portant l'Ame à examiner attentivement de quelle maniere tous les mouvemens de son corps s'exécutent, elle lui fait voir que cette opération n'est nullement son ouvrage.

L'Anatomie dès-lors, ô divin Moteur, pourroit elle ne nous pas élever jusqu'à vous ? Elle vous peint comme agissant sans cesse dans le corps auquel notre Ame est intimement unie : c'est vous, c'est votre main invisible, qui met en jeu cette multitude infinie de ressorts dont la variété nous étonne, & dont l'harmonie nous enchante. Qui n'admireroit ici le concert de cette Science avec vos divines Ecritures ?

L'Anatomie qui, pour bien des personnes, n'est qu'un théâtre d'amusement & de vaine curiosité, dans le fond nous tient le même langage que les Livres Saints : Après nous avoir fait admirer la divine structure de notre corps, & nous avoir convaincu de l'immatérialité de notre Ame, elle nous ramene à vous, elle nous dit réellement, avec votre Apôtre, que c'est en vous seul que nous avons la vie, le mouvement & l'être : *In ipso*

vivimus, & movemur, & sumus.
Act. c. 17.

CHAPITRE QUATRIEME.

Examen de quelques raisons employées par M. Locke, & d'autres Auteurs, pour prouver la possibilité du matérialisme de l'Ame.

VOICI, Théodore, un célebre Auteur, dont le nom reviendra souvent dans le cours de cet Ouvrage: Car peut-on traiter de l'Ame, & de l'origine de ses connoissances, sans rencontrer à chaque instant le Philosophe qui, dans un certain Public, passe pour avoir le mieux approfondi ces questions?

Je dis dans un certain Public: car, il faut en convenir, tout le monde sçavant ne pense pas de même. Le fameux M. *Leibnitz*, loin de regarder M. *Locke* comme un Oracle, dit en propres termes qu'il raisonne foiblement, & qu'il tend à prouver la matérialité de l'Ame. Depuis quelques années, un sçavant Philosophe a démontré qu'il n'étoit rien moins qu'irréfra-

Lettres Latines de Leibnitz.

Le P. Gerdis, Barnabite.

DE LA NATURE DE L'AME. 85
gable. On peut donc, sans être téméraire, penser autrement que M. Locke: comme il s'est déclaré, sinon pour le Matérialisme, du moins pour sa possibilité, vous ne serez pas fâché, je pense, Théodore, de voir quelles sont les raisons principales dont il s'étaye.

» Nous avons des idées de la ma-
» tiere & de la pensée : mais peut-
» être ne serons-nous jamais en état
» de connoître si un être purement
» matériel pense, ou non ; par la
» raison qu'il nous est impossible de
» découvrir par la contemplation
» de nos idées, *sans révélation*, si
» Dieu n'a pas donné à quelque
» amas de matiere, disposé comme
» il le trouve à propos, la puissance
» d'appercevoir & de penser ; ou
» s'il n'a pas uni à la matiere ainsi
» disposée, une substance immaté-
» rielle qui pense «.

PREMIERE RAISON.

Il est impossible de connoître par la vue de nos idées, si la matiere peut penser, ou non.

Inst. hum. l. 4, c. 3, n. 6.

Si nos idées étoient obscures & indistinctes, M. Locke auroit raison ; nous ne pourrions pas connoître indubitablement si la matiere ne peut pas devenir pensante : mais, graces au Pere des lumieres, nous n'en sommes pas réduits là ; quoique

REPONSE.

nos connoissances soient fort imparfaites, nous en avons pourtant qui sont certaines, & même très-évidentes. Telle est entr'autres l'idée de l'Ame; telle est aussi celle de la matiere. Je conviendrai sans peine que la matiere ne nous est pas parfaitement connue; mais nous voyons avec évidence que ce qui la constitue, c'est l'étendue, ou la multitude des parties.

Il suit de-là que toutes les propriétés qui en dérivent, doivent nécessairement être relatives à la nature de l'étendue : elles se bornent donc à *l'impénétrabilité, la divisibilité, la figurabilité, la mobilité, &c.* en un mot aux qualités méchaniques qui sont une suite de l'étendue. Or, non-seulement nous ne voyons pas que la pensée soit comprise parmi ces propriétés; au contraire, nous appercevons clairement qu'elle en est exclue. Je conçois qu'*un amas de matiere* ne sçauroit être disposé de maniere qu'il acquiere la faculté de penser. La considération attentive de mes idées m'en convainc, & toujours d'une façon invariable. Or, pour cela, faut-il, ainsi que M. Locke l'exige, recourir au secours de la révélation ?

Je dis, Théodore, que cette considération de nos idées doit être attentive ; car, vous le comprenez bien, si un jeune homme imbu des principes d'un *Lucrece*, d'un *Spinosa*, examine la nature de la pensée, avec de tels guides où ira-t-il ? Peut-il manquer de s'égarer ? Suivant ses préjugés, il ne balancera pas à faire naître la pensée d'un amas de petits corpuscules artistement arrangés : s'il n'en vient pas là, du moins il prononcera qu'il n'y voit aucune répugnance. Eh ! comment y en verroit-il ? Enfoncé dans la fange, n'appercevant rien que de matériel, porté, comme ses Maîtres, à se croire, pour ainsi dire, tout corps, seroit-il étonnant que ce jeune homme décidât pour un système vers lequel ses penchans & ses faux préjugés l'attirent ?

Mais vous sentez aussi que la décision de ces sortes de Juges n'est pas recevable : *Malè verum examinat omnis corruptus Judex.* Pour ne se point méprendre dans cet important examen, il y faut appor-

88 TRAITÉ

ter une attention mûre, exempte de préjugés, qui distingue soigneusement les caracteres essentiels à la pensée, d'avec ceux de la matiere. Quand on procédera ainsi, tout se fera en ordre; mais en ce cas nous sommes bien sûrs que le fruit d'un si solide examen ne sera point le doute étrange de M. Locke. On ne sera jamais tenté de mettre en question si *un amas de matiere* peut acquérir la puissance d'appercevoir & de penser.

SECONDE RAISON. *Dieu peut aussi facilement rendre la matiere pensante, que joindre à la matiere une autre substance qui pense.*

» Par rapport à nos notions, il
» ne nous est pas plus mal-aisé de
» concevoir que Dieu peut, s'il lui
» plaît, ajouter à notre idée de la
» matiere la faculté de penser, *que*
» *de comprendre qu'il y joint une au-*
» *tre substance* avec la faculté de
» penser; puisque nous ignorons en
» quoi consiste la pensée, & à quelle
» espece de substance cet Etre tout-
» puissant a jugé à propos d'accor-
» der cette puissance « : C'est-à-dire, pour expliquer ceci plus clairement, (car la clarté n'est pas le brillant de M. Locke, il parle quelquefois en la maniere des anciens Oracles;) il est aussi facile de

concevoir que Dieu peut mettre la pensée dans la matiere, que de comprendre qu'il joigne à un corps une substance capable de penser.

Mais, si c'est-là l'idée de l'Auteur, comme on ne peut guéres en douter, on me permettra de dire qu'il s'est un peu oublié dans ce raisonnement. La possibilité de rendre la matiere pensante, & la possibilité de joindre à une substance matérielle une autre substance capable de penser, de bonne foi, sont-ce là des choses qui puissent entrer en parallele ? La premiere combat diamétralement nos idées ; la seconde au contraire s'y prête admirablement. Nous avons beau tourner & retourner la notion de la matiere, nous ne voyons nullement que la pensée puisse y être contenue : mais l'union d'une substance matérielle avec une substance pensante est d'un genre tout différent : elle se conçoit sans peine ; car cette union consiste en ce que, selon les loix de l'Agent universel, il y a un harmonieux rapport entre les mouvemens de la substance étendue, & les pensées de la substance immatérielle ; de façon qu'il ne se fait aucun mouvement, ou, pour ne rien décider, presqu'aucun mouvement dans la machine, qui n'excite occasionellement dans l'Ame quelque perception.

Or cette admirable correspondance contredit-elle nos idées ? Répugne-t-elle à l'essence de l'Ame ? Détruit-elle la nature de la matiere ? Il est visible que dans une telle union les deux substances conservent parfaitement leurs caracteres distinctifs. Comme l'Ame demeure purement spirituelle, de même le Corps reste simplement étendu. Ainsi, lorsque M. Locke prétend que la possibilité du Matérialisme ne répugne pas plus que l'union du Corps & de l'Ame, assurément il s'oublie ; il met sur la même ligne des idées totalement disparates.

Troisieme Raison. Impossibilité de comprendre certaines propriétés de la matiere, comme est l'attraction.

» On ne sçauroit comprendre
» comment la matiere peut penser ;
» donc Dieu ne lui peut donner la
» puissance de penser. Si cette raison est bonne, elle doit aussi avoir
» lieu dans d'autres rencontres.
» Vous ne pouvez concevoir que
» la matiere puisse attirer la ma-

» tiere à des millions de lieues : » Donc Dieu ne peut lui donnner » une telle puissance; ce qui est en » effet nier la pesanteur, & la ré- » volution des Planetes autour du » Soleil «.

Défense de M. Locke contre le Doct. Stillingfleet.

Je doute, Théodore, que vous trouviez cette raison plus décisive que les précédentes : elle est fondée sur une pure pétition de principes. Le Philosophe Anglois suppose démontré ce qui ne l'est pas, & ce qui, selon les apparences, ne le sera jamais. De deux choses l'une ; ou la gravitation universelle se réduit à une véritable impulsion, ou bien elle s'opére par une attraction proprement dite. Or, dans le premier cas, l'argument de M. Locke tombe en poudre. En effet, s'il est certain que le mouvement des astres qui paroissent s'attirer les uns les autres, s'opére par une impulsion réelle, que devient l'attraction qu'il nous préconise, & la conséquence qu'il en tire ? L'une & l'autre s'en vont en fumée.

Réponse.

Dans le second cas, c'est-à-dire, s'il est sûr que l'attraction qu'on remarque dans certains corps, ne peut se réduire à l'impulsion, il y a, ce semble, deux manieres d'expliquer ce phénomene. La premiere, c'est de dire avec un célébre Anglois, « que la gravitation univer- » selle vient directement de la vo- » lonté & de l'opération immé- » diate de Dieu, qui l'emploie » comme le moyen le plus propre » à maintenir l'ordre dans le mon- » de corporel « ; ce qui s'opéreroit selon certaines loix constantes ; en sorte qu'à l'occasion de la rencontre & de la situation d'un certain astre, comme est Jupiter par rapport au Soleil, le Moteur suprême, sans intervention de la matiere éthérée, imprime à cette planete un degré de mouvement qui est en raison inverse du quarré de sa distance. Cette maniere de concevoir l'attraction est très-naturelle ; mais M. Locke n'en sçauroit tirer aucun usage : car, puisque dans cette explication tout se conçoit parfaitement bien, doit-on crier au miracle ? Il n'y en a pas même l'ombre.

La seconde maniere d'admettre l'attraction, c'est de la regarder comme une force interne, propre-

Mentor moderne par M. Addisson.

ment dite, par laquelle les corps s'attirent mutuellement. Si c'est-là la façon dont M. Locke l'entend, j'avoue que ce qu'il en dit est bien fondé. Nous ne pouvons concevoir que la matiere puisse attirer la matiere à des millions de lieues; mais aussi faut-il convenir que l'attraction ainsi entendue est l'imagination la plus inconcevable, & la moins recevable du monde. Outre qu'elle replongeroit la Philosophie dans un abîme de qualités occultes, d'où nous la croyons tirée, elle admettroit une idée diamétralement opposée au bon sens.

Car il s'ensuivroit qu'un corps, par une action propre & immédiate, peut agir sur un autre, quoiqu'il y ait entr'eux une distance presqu'infinie. Lors donc que le Soleil attire Saturne, cette attraction se feroit ainsi, parce que la force intrinseque, occulte, qui est dans cet astre, vole jusqu'à la planete, l'entraîne par des liens secrets, & cause en elle toutes ces révolutions qui font l'étonnement des Astronomes. Par conséquent le Soleil, sans l'entremise d'aucun corps intermédiaire, agira à plus de cent millions de lieues de l'endroit où il est. M. Locke adoptoit-il cette théorie ? En ce cas il adoptoit une prétention incompréhensible, dénuée de toutes preuves, pleine de paradoxes ; & néanmoins cette belle imagination, il nous la donneroit comme très-certaine.

<small>Quatrieme Raison. Nier la possibilité du Matérialisme, c'est borner la toute-puissance de Dieu.</small>

» De ce qu'il n'y a pas moyen de
» concevoir comment la matiere
» peut penser, inférer que Dieu ne
» peut donner à la matiere la fa-
» culté de penser, c'est dire que la
» toute-puissance de Dieu est renfer-
» mée dans des bornes très-étroi-
» tes. Prétendre qu'une substance
» ne peut avoir des perfections &
» des puissances qui n'ayent au-
» cune liaison nécessaire avec l'é-
» tendue, c'est témérité à nous,
» qui ne sommes que d'hier, & qui
» ne connoissons rien, que de l'as-
» surer «.

<small>Défense de M. Locke contre le D. Stillingfleet.</small>

M. Locke en cet endroit prend feu : mais la preuve en devient-elle plus triomphante ? Quand nous avons des idées distinctes, perpétuelles, immuables, sur certaines choses, elles doivent être la régle de nos jugemens : c'est un axiome que nous devrions avoir toujours devant les yeux. D'où il suit que, lorsqu'une notion nous paroît, avec une évidence invariable, être incompatible avec une autre, nous devons assurer que ces deux idées sont incompatibles. Parler ainsi, Théodore, ce n'est pas donner des bornes à la Toutepuissance de Dieu, c'est se rendre à la lumiere des notions que ce divin Etre nous donne.

Ainsi tous les hommes ayant des idées distinctes des nombres 2 & 3, ils peuvent assurer sans crainte qu'il répugne absolument que 2 & 3 fassent 6 ; car les idées de ces nombres ne dépendent ni de nous, ni même d'un décret arbitraire que Dieu ait fait : elles sont éternelles & nécessaires, comme étant les idées même de l'essence divine.

Ces principes doivent s'appliquer au sujet que je traite : l'idée de la matiere, ainsi que je l'ai déjà prouvé, est constante & inaltérable ; celle de l'esprit ne l'est pas moins : elle ne nous montre jamais qu'un être pensant & spirituel : ces notions ne varient point ; nous ne sommes les maîtres ni de les éteindre ni de les altérer. Or, quand un Philosophe, partant de ce principe, assure que, quelque supposition que l'on fasse, jamais la matiere ne peut devenir un esprit, déroge-t-il à la puissance divine ? Pas plus que quand il affirme que, quelque chose qu'il arrive, jamais 2 & 3 ne feront 6.

La raison en est évidente ; ce n'est pas restreindre la toute-puissance de Dieu, que de soutenir qu'il ne peut faire ce qui répugne. Or c'est-là tout ce que font les Philosophes qui nient la possibilité du matérialisme de l'Ame. Dieu peut tout, c'est une vérité indubitable ; hors l'impie, personne ne la conteste : mais Dieu ne peut ce qui est impossible ; & s'il ne peut faire ces sortes de choses, ce n'est pas défaut de puissance en lui, mais c'est contradiction & répugnance dans les choses.

Quant à ces expressions : *C'est témérité à nous qui ne sommes que d'hier, & qui ne connoissons rien, &c.* je ne crois pas devoir les relever. Si on les prenoit à la lettre, elles en en diroient trop; elles feroient même contraires à ce que M. Locke avance en divers endroits : ainsi il vaut mieux regarder ces paroles comme un peu hyperboliques, & supposer que l'Auteur a voulu marquer simplement l'imperfection de nos connoissances. Dans le feu de la dispute il échappe quelquefois aux Philosophes mêmes, des expressions qui n'ont pas toute l'exactitude philosophique.

Voici un argument qu'on trouve plus plausible que les précédens. « Le mot de *Substance*, dit M. » Locke, n'emporte autre chose à » notre égard qu'un certain sujet » indéterminé, que nous ne con- » noissons point ; c'est-à-dire, de » quelque chose dont nous n'avons » *aucune idée particuliere, distincte,* » *& positive*, mais que nous re- » gardons comme *le soutien* des » idées que nous connoissons. . . . » Les idées complexes, que les » noms que nous donnons aux es- » peces de substances signifient, » sont des collections de certaines » qualités que nous avons remar- » qué co-exister dans *un soutien*

CINQUIEME RAISON.
Nous n'avons aucune idée distincte de la substance.

» *inconnu*, que nous nommons sub-
» stance «. Or, cela posé, nous ne pouvons point assurer que l'étendue soit incapable de penser ; car ce qui forme la substance est *un soutien inconnu*. Nous n'avons point *d'idée distincte & positive* de ce qui la constitue. Il seroit donc téméraire d'exclure de l'idée de la substance étendue, la possibilité de la pensée.

RÉPONSE. Qu'il y auroit de réflexions à faire sur cet étrange principe ! 1°. Entendu selon la rigueur des termes, il conduiroit au Pyrrhonisme ; car si nous n'avons point *d'idée particuliere & distincte* d'aucune substance, que connoissons-nous clairement ? Substance immatérielle, substance matérielle, corps, esprits, Dieu lui-même, tout sera également inconnu ; ou du moins nous n'aurions que des idées générales, indistinctes, & négatives : cette conséquence est incontestable. Avec un tel principe où n'iroit pas un incrédule ?

2°. Cette maxime contredit directement ce que M. Locke lui-même avance en plusieurs endroits de son Ouvrage ; car d'un côté il soutient que les êtres purement corporels sont incapables de penser ; de l'autre il assure, comme une vérité indubitable, que Dieu est pleinement immatériel. Or, si ce Philosophe tient à son principe touchant *l'idée de la substance*, peut-il avancer une telle assertion ? Peut-il assurer que l'Etre suprême est immatériel ? La substance de Dieu, ainsi que les substances des êtres créés, auroit dû être pour M. Locke *un soutien inconnu, qu'il ne connoissoit point du tout d'une maniere distincte.*

3°. Il est faux que nous n'ayons point une idée claire de la substance. Par *substance* on entend un fond d'être qui demeure invariablement le même, soit que cette substance éprouve diverses modifications successives, soit qu'elle n'en éprouve aucune. Ainsi nous concevons clairement que Dieu est une substance ; car l'idée distincte que nous en avons, nous fait voir en lui un être infiniment parfait, toujours le même, sans qu'il y ait en lui la moindre révolution de mode ou d'accident. Je conçois aussi avec la même clarté que les esprits créés, quoique infiniment différens de l'Etre suprême, sont réellement des substances; en effet, quoiqu'ils aient diverses modalités qui périssent successivement, je vois distinctement qu'au milieu de ces modifications passageres & fugitives, ces esprits conservent un fond d'être qui demeure invariablement le même. Enfin, c'est la même voie qui nous fait connoître que la matiere est une substance véritable. De quelque nature que soit une masse étendue, vous concevez, Théodore, que dans toutes les vicissitudes par où elle passe, il y aura toujours en elle un fond d'être qui ne sera point anéanti : en un mot, vous voyez que l'être de l'étendue, malgré tous les changemens de mode qu'il éprouvera, demeure indestructible & invariable.

Il est donc très-certain que nous avons une idée distincte de la substance: elle n'est pas parfaite ; qui en doute ? Mais l'état d'imperfection où elle se trouve, n'empêche pas qu'elle ne soit assez rayonnante pour nous guider dans nos jugemens. Claire, diſtincte, poſitive, elle nous montre évidemment ce qui caractériſe la ſubſtance : mais d'un autre côté, ainſi que je l'ai déjà dit, l'idée diſtincte que nous avons de la ſubſtance matérielle, nous fait connoître que l'être & les modifications de la matiere ſont incompatibles avec l'être & les modalités de la ſubſtance ſpirituelle. Le raiſonnement de M. Locke ſur cet article eſt donc ſans force ; je pourrois dire plus, il tombe en poudre.

CHAPITRE CINQUIEME.

Suite du même Sujet.

IL y a quelques-uns de nos Modernes qui ont pris hautement la défenſe du doute de M. Locke touchant la poſſibilité de l'Ame matérielle : l'ont-ils fait avec plus de ſuccès que lui ? Vous en allez juger.

» Dans ces derniers temps, dit un » de ces Auteurs, on a découvert

PREM. DIFFICULTÉ.

Nouvelle propriété découverte dans la matière par rapport aux couleurs.

» deux propriétés de la matiere in-
» connues aux siécles passés, sça-
» voir l'attraction, & la décompo-
» sition des couleurs, qui fait qu'un
» seul rayon qui paroît simple, se
» partage en sept couleurs différen-
» tes & inaltérables. Il peut donc
» se faire que la matiere ait encore
» d'autres propriétés qui nous soient
» inconnues, comme seroit la fa-
» culté de penser. »

Réponse. Cette objection, Théodore, montre bien de quoi l'esprit de l'homme est capable, quand il a commencé à donner dans quelque écart. En effet, quoi de plus foible que ce qu'on objecte ici ? Je ne dirai rien de l'attraction, ce que j'en ai déjà dit est plus que suffisant. Mais l'Auteur parle-t-il sérieusement, lorsqu'il met la célébre découverte de *Newton* touchant les couleurs en parallele avec la propriété de penser ? 1°. Il y a de nouveaux Observateurs qui, par une suite d'expériences assez exactes, croient s'être assurés que les sept couleurs se réduisent à trois, qui sont comme les meres des autres.

2°. Je veux bien cependant admettre les sept rayons différens de Newton : qu'en résulte-t il ? C'est qu'un petit trait de lumiere, qui paroissoit simple, se divise en divers rayons distingués les uns des autres; mais il n'y a là qu'un méchanisme purement matériel : le fond, l'être de ce rayon, qui étoit réellement étendu, développe sensiblement à nos yeux cette propriété ; la décomposition nous la démontre. Ainsi, tout ce que cette découverte prouve, c'est que la matiere est divisible à l'infini, mais on n'y voit rien qui donne à entendre que la matiere peut devenir pensante.

Voici une autre difficulté que je tire d'un Ouvrage d'assez fraîche date : l'Auteur prétendant expliquer d'une maniere méchanique toutes les opérations de l'esprit, se fait à ce sujet une objection. » Peut-être, » dit-il, demandera-t-on s'il est » possible que le mouvement des » esprits & les vibrations des fibres » produisent des idées «. (Telle est la difficulté ; écoutez, s'il vous plaît, la réponse.) » Sans entrer » dans des raisonnemens métaphy- » siques, nous n'avons qu'à répon-

II. Difficulté. Combinaison des esprits animaux, propre à faire naître des idées.

104 TRAITÉ

» dre par une comparaison fort sim-
» ple, *qui résout la question.* ...
» Dans une montre il n'y a au-
» cune piéce qui ait essentiellement
» la propriété de marquer les heu-
» res. Mais cet effet vient de l'en-
» chaînement, de la correspon-
» dance, & de l'action unanime des
» piéces qui composent la machine.

Médecine de l'Esprit, t. I, p. 175.

» C'est ainsi que les fibres du cer-
» veau n'ont pas les idées par el-
» les-mêmes, mais par la combi-
» naison de leur grosseur, de leur
» longueur, de leur sécheresse, de
» leur humidité, de leur tension,
» de leur mouvement ; il en résulte
» un *sentiment*, une existence, ou
» plutôt une vie que nous appel-
» lons *idée* «.

Réponse. Heureusement l'Auteur se déclare pour la spiritualité absolue
de l'Ame ; mais si l'on jugeoit de
ses sentimens par ses paroles, on
concluroit pour le pur Matérialisme. En effet le parallele d'une idée
avec l'indication des heures dans une
montre, n'est-il pas pleinement as-
sorti au systême de la corporéité de
l'Ame ? Qu'une aiguille marque
exactement les heures, c'est un effet

uniquement matériel, qui naît de diverses causes de même nature; tout s'y suit : par conséquent, puisque la formation d'une idée se fait avec le même méchanisme, on doit aussi la mettre dans la même cathégorie. Mais si les idées sont matérielles, est-il possible que l'Ame qui les a, soit spirituelle ? Vous voyez, Théodore, où conduit cette lumineuse théorie : les prémisses sont données ; elles sont énoncées disertement : la conclusion est facile à tirer.

Ces affreuses conséquences montrent que pour ne point donner atteinte à la pure spiritualité que l'Auteur prétend soutenir, il falloit répondre tout autrement à l'objection proposée. Non, Théodore, il n'est pas possible que le mouvement des esprits animaux, ou les vibrations des fibres, produisent des idées ; cela implique contradiction. Quelque route qu'on fasse prendre aux esprits, quelque vibratilité qu'on donne aux fibres pour exercer parfaitement leur jeu, de tout cela il ne résultera jamais la moindre idée.

Ce que le méchanisme corporel produit, c'est que, selon les loix du souverain Moteur, à l'occasion des mouvemens qui se font dans le corps, il s'excite certaines sensations ou certaines idées dans l'Ame. C'est une suite nécessaire de l'étroite correspondance que la Religion & la saine Physique veulent qu'on admette entre le Corps & l'Ame : mais de prétendre que la combinaison des esprits animaux & des fibres, comme cause efficiente, fera éclore des idées, c'est un sentiment absurde, & qui va droit au Spinosisme. Je pourrai dans la suite m'étendre davantage sur ce sujet.

CHAPITRE SIXIEME.

Du sentiment de quelques Auteurs qui admettent une étendue spirituelle pour les Esprits.

ENTRE les Matérialistes & les Défenseurs de la pure spiritualité, il y a une classe de Philosophes qui paroît tenir le milieu.

Avec les premiers, ils admettent dans les esprits une étendue réelle : mais pour se rapprocher des seconds, ils veulent que cette étendue soit spirituelle. Cet être mystérieux, (car pourroit-on le nommer autrement ?) ils le mettent généralement dans tous les esprits : ainsi non-seulement l'Ame humaine, mais Dieu même, a cette étendue en partage. Ces Philosophes la mettent aussi dans l'immensité divine, & c'est ce qu'ils appellent *espace pur*. Tel est le sentiment de M. *Clarke*, de *Newton*, & de plusieurs autres Anglois.

Cette nouvelle hypothèse ne se présente point avec des traits aussi révoltans que celle du pur Matérialisme ; mais quand on l'examine avec quelque attention, on ne la trouve ni moins vicieuse, ni moins insoutenable.

I. Raisons qui montrent combien cette hypothèse est insoutenable.

Qu'est ce qu'une étendue spirituelle ? A-t-elle des parties distinguées les unes des autres, ou n'en a-t-elle pas ? Si elle a des parties distinguées, de façon que la partie B soit réellement différente de la partie A, c'est une étendue maté-

Première Raison.

rielle : car l'essence de la matiere consiste à avoir des parties posées les unes hors des autres ; qu'elles soient grossieres, ou entiérement affinées, palpables ou insensibles, au fond cela n'y fait rien ; c'est toujours une étendue matérielle. Par conséquent si l'étendue de l'Ame admise par les Auteurs Anglois est de cette espece, ceux qui la soutiennent rentrent dans le Matérialisme.

SECONDE RAISON. Cette conséquence est plus sensible quand on en fait l'application à l'Etre suprême. Selon le syftême que je réfute, il faudroit concevoir Dieu comme un Etre immense, dont les parties spirituelles seroient hors les unes des autres. Or dans cet Etre immense ne prenons, pour ainsi dire, qu'une ligne, celle qui s'étend, par exemple, depuis *Paris* jusqu'à *Londres*. Le point de cette immensité qui aboutit à cette derniere ville, est-il différent de celui qui répond à Paris ? Dès-lors il s'enfuit que tous les autres points qui forment cette ligne, sont aussi très-différens entr'eux. Jugez delà ce que devient l'immensité divine.

Posée cette opinion, les parties spirituelles qui formeroient l'être de Dieu, seroient, comme je viens de le prouver, réellement distinguées les unes des autres. Par conséquent elles seroient diverses substances ; & comme ces parties spirituelles, dans l'Etre divin, seroient infinies en nombre, il s'ensuit que le nombre des substances réellement distinguées les unes des autres, y seroit aussi infini. Voilà donc une infinité de substances dans la substance divine : par conséquent une infinité de Dieux dans Dieu seul. Or, dans cette position, Dieu est-il un pur esprit ? Est ce un être infiniment simple ? Que dis je ? est-il Dieu ?

Troisième Raison.

Ceux qui admettent cette bisarre hypothèse, s'ils raisonnent conséquemment, sont contraints de reconnoître dans l'immensité divine les propriétés essentielles à la matiere : elle seroit étendue en longueur, en largeur, & en profondeur ; c'est ce qui n'est pas, ce me semble, difficile à démontrer. Supposons un cylindre dans cette immensité : les parties spirituelles de l'espace incréé environneront ce

Quatrième Raison.

corps selon toute sa longueur. Or les parties qui sont au haut du cylindre étant réellement étendues, ne sont pas les mêmes que celles qui répondent au bas de ce cylindre. Il faut donc nécessairement les supposer étendues en longueur le long de ce cylindre; ainsi voilà l'immensité divine revêtue de la premiere dimension de la matiere.

La seconde, qui est la largeur, ne peut manquer de s'y trouver aussi, car les parties de l'espace pur, ou de la divine immensité, qui pénétrent l'épaisseur de ce cylindre, sont encore distinguées entr'elles. Celles qui répondent au diametre supérieur sont certainement très-différentes des autres parties qui sont au centre de ce corps; celles-ci, de même, ne sont pas moins distinguées des parties qui pénétrent le diametre inférieur de ce solide. On doit en dire autant de chaque ligne de ces parties spirituelles qui pénétrent l'épaisseur du cylindre: elles ont en ce sens une étendue en largeur. La seconde dimension de la matiere se verra donc aussi dans cette prétendue immensité divine.

Mais cela posé, Théodore, pourrions-nous n'y point trouver la troisiéme ? La longueur & la largeur dans un corps sont inséparables de la profondeur : car ce qui fait la longueur du cylindre, c'est une ligne de points solides, distingués les uns des autres ; laquelle ligne s'étend depuis le haut du cylindre jusqu'en bas. D'un autre côté, ce qui en mesure l'épaisseur, c'est une suite de points solides distribués horisontalement dans tout le diametre de ce corps : mais en répétant ce diametre horisontal, composé de points solides posés hors les uns des autres, en le répétant, dis-je, depuis la surface supérieure jusqu'à l'inférieure, cette mesure nous donne la profondeur du cylindre.

Par conséquent, puisque les parties spirituelles de l'immensité divine sont véritablement étendues, qu'elles peuvent former une ligne qui, étant longue, correspond à la longueur du cylindre ; que d'un autre côté une autre portion de ces parties spirituelles s'étendroit pareillement selon l'épaisseur de notre solide, elles auroient aussi elles-mêmes leur épaisseur. Or, si je conçois cette épaisseur des parties de l'immensité divine s'étendre depuis la surface d'en-haut jusqu'à celle d'en-bas, par-là même je conçois leur profondeur. Donc, selon le bisarre système dont il s'agit, l'immensité divine aura réellement les trois dimensions de la matiere, longueur, largeur, & profondeur. Or une étendue qui a ces caracteres, peut-elle ne pas être une étendue matérielle ? Est-il possible de s'en former une autre idée ?

Cinquieme Raison. Dans cet espace immense & incréé qu'on nomme espace pur, on pourroit distinguer différentes portions, plus grandes ou plus petites jusqu'à l'infini. Imaginez-vous, Théodore, un éléphant & un ciron dans cette région immense que le Système Anglois admet : ces deux animaux correspondent l'un & l'autre à deux portions différentes de l'immensité : mais quelle prodigieuse différence entr'eux ! L'éléphant, dont la masse est plusieurs millions de fois plus grande que celle du ciron, contient plusieurs millions de plus des parties de l'immensité ; si au lieu d'un ciron vous supposez un de ces animalculs microscopiques, mille, cent mille fois plus petit qu'un ciron, ce petit insecte occupera dans l'immensité divine un volume qui sera peut-être cent milliars de fois plus petit que celui de l'éléphant.

Voilà donc deux portions dans l'immensité divine, dont l'une, relativement à l'autre, est infiniment grande, & la seconde réciproquement infiniment plus petite. Ce que je dis de l'éléphant & du ciron se vérifie également à l'égard des autres êtres corporels ; on en peut faire l'application à une montagne & à une mouche. Par conséquent, si le systême que j'examine a lieu, on peut, on doit même distinguer dans l'immensité divine diverses portions plus grandes & plus petites ; c'est-à-dire que, comme la matiere est divisible à l'infini, de même aussi le moindre petit volume de cette divine immensité, celui, par exemple, qui répond à une *mite*, peut aussi se partager en une infinité de parties. Ne faudroit-il point s'aveugler, pour ne point voir ici ce qui constitue réellement la matiere?

DIXIEME RAISON. Envisageons cette hypothèse sous un autre point de vue. L'immensité divine que les Philosophes Anglois prétendent être l'*espace*, ou le lieu des corps, est-elle distinguée de Dieu? Fait-elle comme l'apanage de sa grandeur? Est-ce un Empire, un magnifique Palais où il réside avec tous les êtres qu'il a créés? ou bien cette immensité est-elle réellement Dieu même, en tant qu'immense? Dans le premier cas, il faudra nécessairement distinguer deux Etres immenses totalement distingués l'un de l'autre : 1°. Dieu, car on ne niera pas sans doute que l'Etre infiniment parfait ne soit immense : 2°. l'espace auroit le même privilege ; cette Cour du Roi des Rois seroit immense comme lui-même.

Mais ces deux Etres immenses ne seroient pas la même chose ; ils formeroient deux Etres numériques, & aussi distingués l'un de l'autre, que la personne d'un Roi est différente de ses Etats. D'un autre côté, l'espace incréé seroit sans doute éternel, nécessaire, immuable; & néanmoins il ne seroit pas Dieu. Qui ne seroit effrayé à la vue des abymes où ces affreuses conséquences conduisent?

La seconde alternative paroit d'abord moins effrayante; elle consiste à dire que l'immensité divine qu'on regarde comme le lieu des corps, est la même chose que Dieu-même. Mais, si l'on prend cette route, voici un autre gouffre inévitable. J'ai fait voir plus haut que, selon le système dont il s'agit, l'immensité de Dieu étant spirituellement étendue, elle seroit composée de différentes parties spirituelles. Par conséquent, la substance de Dieu qui seroit identifiée avec cette immensité, se trouveroit, pour ainsi dire, éparpillée en autant de petits individus, qu'il y auroit de parties différentes dans l'immensité. Ainsi, de quelque côté que ces Philosophes se tournent, il est impossible qu'ils ne tombent dans quelque précipice.

On voudroit nous faire croire que M. Newton a embrassé ce système, mais s'en est-il expliqué clairement ? l'a-t-on bien entendu ? Il est peu concevable qu'un génie aussi sublime, aussi perçant, n'ait pas entrevu les absurdités qui naissent de cette hypothèse : ou bien, s'il l'a réellement adoptée, il faudroit convenir que les plus grands hommes sont quelquefois capables des plus grands écarts.

II. Absurdité où tombent ceux qui admettent dans l'immensité divine une étendue véritable, dont les parties ne seroient pas réellement distinguées les unes des autres.

Je ne vois pour ceux qui soutiennent cette opinion, qu'une seule voie d'échapper au naufrage ; c'est de prétendre que les parties spirituelles, soit de l'immensité divine, soit de l'Ame, n'admettent aucune distinction véritable entre elles. Mais 1°. dans ce cas il n'y auroit aucune multiplicité de parties, de quelque nature que ce soit : car un être où il n'y a point plusieurs substances réellement distinguées les unes des autres, comme le sont les points physiques de la matiere, est un être simple. Par conséquent, puisqu'il n'y auroit point dans l'immensité divine plusieurs êtres substantiels distingués les uns des autres, il n'y auroit dans le fond aucune multiplicité de parties même spirituelles. 2°. L'étendue qu'on admettroit alors en Dieu, seroit un être inintelligible ; car, puisque l'être de cette divine immensité seroit parfaitement un & simple, qu'il n'y auroit en elle que des parties virtuelles, sans aucune distinction réelle & proprement dite, il est manifeste que l'étendue en seroit bannie, ou bien ce seroit un être inconcevable, & entiérement inintelligible.

Ainsi, Théodore, ou ce n'est là qu'un faux-fuyant, qu'on emploie pour se dérober aux affreuses conséquences qui naissent du Système Anglois ; ou, si l'on parle sérieusement en admettant dans la divine immensité une étendue réelle, de maniere néanmoins que ses parties spirituelles seroient entitativement le même être, pleinement un & simple, on n'admet qu'une idée chimérique.

Au reste, je suis convaincu que vous ne regarderez pas ce que je viens de dire, comme une digression : 1°, ce qui attaque la pure immatérialité de l'Etre suprême, à l'image duquel notre Ame a été créée, pourroit-il être étranger à mon plan ? Si l'hypothèse Angloise n'a rien qui répugne, elle aura également lieu à l'égard de l'Ame humaine ; on pourra admettre en elle une étendue véritable, quoique spirituelle ; on y trouveroit toutes les dimensions de la matiere ; cette conséquence est incontestable : car ce qui ne répugneroit point par rapport à l'esprit incréé, à l'Etre infiniment parfait, seroit-il absurde de l'admettre pour les esprits créés ?

CHAPITRE SEPTIEME.

De ce qui constitue proprement la substance de l'Ame.

C'EST une vérité certaine, indubitable, que l'Ame ne sçauroit être ni matérielle, ni étendue, de quelque maniere que ce soit. Cependant, Théodore, tout n'est pas encore éclairci : cet être propre qui fait la substance de l'Ame, qu'est-il ? En avons-nous quelque idée ? Dans un corps, on conçoit fort bien ce qui en constitue la substance : ce sont les parties de ce même corps, considérées simplement comme étendues, & configurées d'une certaine maniere. Qu'une masse de cire soit ronde, ovale, ou quarrée, sa substance en général est toujours la même : mais dans l'Ame, où il n'y a aucune étendue même spirituelle, ce point capital souffre plus d'embarras. En quoi l'être de la substance de l'Ame peut-il consister ?

Il faudroit être bien aveugle, pour ne pas reconnoître ici l'imperfection de nos lumieres : la question dont il s'agit renferme une obscurité sensible. Mais quand même je ne pourrois parvenir à la résoudre, seroit-ce une raison de nier que l'Ame est une substance réelle ?

Il y a sur ce point trois vérités incontestables qui doivent nous fixer.

1°. L'Ame ne pouvant point être un mode de la matiere, il faut nécessairement qu'elle soit une substance. 2°. Cette substance ne sçauroit être matérielle. 3°. Quelle que soit cette substance, qui ne peut jamais être qu'immatérielle, certainement ce n'est pas un pur néant.

1. Vérités incontestables qui doivent nous guider dans cette question.

Ainsi, que l'être de l'Ame nous soit connu, ou non, il faut toujours convenir qu'il existe, & que c'est une substance totalement différente de la matiere. Essayons maintenant d'avancer un peu plus loin.

Quoique nous n'ayons pas une idée sensible de l'être qui fait la substance de notre Ame, & que tout ce que nous en connoissons se réduise à sçavoir qu'il est spirituel, cependant, en le considérant de près, on y trouve quelque chose d'essentiel, qui vit toujours, & ne nous quitte jamais : ce fond d'inhérence, c'est la pensée. Mais vous concevez bien, Théodore, que par ce terme il ne faut pas entendre seulement l'opération de l'entendement ; il faut y joindre aussi celle de la volonté. Tout mouvement essentiel à l'Ame, qui ne périt point, soit dans la volonté, soit dans l'entendement, est ce que j'appelle pensée. Rien n'empêche donc de soutenir que la pensée considérée dans ce qu'elle a d'essentiel & de permanent, est l'être substantiel, ou la substance même de l'Ame. Jusqu'ici néanmoins je ne

II. La pensée considérée comme toujours permanente dans l'Ame, peut être regardée comme sa substance.

ne vois qu'un simple soupçon.

Mais voici une vérité qui pourra élever ce soupçon à une assez grande vraisemblance. Tous les hommes, sans exception, ont un amour invincible pour la félicité : qu'un voluptueux se livre au plaisir, qu'un anachorete vive dans la plus austère pénitence, qu'un homme turbulent n'aime que le mouvement & les grandes affaires, qu'un autre trouve mille charmes dans la vie sédentaire, tous aspirent également à la félicité. Les routes qu'ils tiennent sont différentes, mais le motif est le même ; l'amour du bonheur est le premier mobile de toutes leurs démarches. Perpétuel, irrésistible, il se trouve dans tout ce qu'ils font : ce que j'énonce ici est moins un principe qu'un axiome ; tous les instans de la vie nous en démontrent la certitude.

Première Preuve. Amour du bien en général, toujours permanent dans l'Ame.

Cette vérité en suppose une autre qui lui est essentiellement liée. L'Ame ne sçauroit aimer le bonheur sans le connoître : *Ignoti nulla cupido*. Je ne dis pas que cette connoissance soit toujours distincte ; mais quand elle ne seroit que som-

Seconde Preuve. Connoissance perpétuelle & invariable de l'être dans l'entendement.

bre, elle ne laisseroit pas d'être une vraie connoissance. Puis donc que le desir du bonheur est très-réel dans l'Ame, la connoissance l'est aussi.

Mais, selon le principe précédent, l'amour du bonheur est perpétuel : Donc la connoissance que l'Ame en a, doit avoir aussi le même caractere. Ainsi, comme la volonté ne peut être un instant sans aimer le bonheur, l'entendement ne sçauroit aussi exister sans le connoître. Et, (il n'en faut pas même douter,) cette opération de l'entendement a une priorité d'origine sur celle de la volonté.

Je l'avoue, les connoissances & les volitions particulieres éprouvent divers changemens : ce Géometre, après avoir résolu un problême, passe à un autre ; il quitte son travail, il examine une fleur, un tableau ; en tout cela ses pensées particulieres changent ; elles se chassent mutuellement les unes les autres : mais au milieu de ces révolutions l'Ame demeure toujours immuablement pensante. Tout ce que l'entendement connoît, il le connoît comme être ;

tout ce que la volonté aime, elle l'aime comme bien.

Or ce fond d'être qui vit toujours dans l'Ame sans affoiblissement ni interruption, ne peut-il pas être regardé comme la substance de l'Ame ? Rien même n'empêcheroit qu'en un certain sens on n'appellât ce fond d'être *un sujet d'inhérence* ; car il est susceptible de diverses modifications que l'Ame éprouve, non que ce sujet d'inhérence dans un acte soit réellement distingué de la modalité particuliere qui affecte l'Ame en tel ou tel moment, (cette hypothèse seroit extravagante ;) mais c'est que quand l'Ame fait un acte particulier, cette substance qui est invinciblement portée à la connoissance de l'être, & à l'amour du bonheur, s'applique actuellement à tel objet précis où elle découvre ces deux propriétés, je veux dire, l'être & le bonheur.

Nous trouvons ce même sentiment dans un des plus grands Métaphysiciens de l'Antiquité ; c'est *Claudien Mamert*. Fauste de Riez qu'il réfute, aux erreurs du Semipé-

TROISIEME PREUVE. Cette doctrine établie par Claudien Mamert.

lagianisme dont il étoit imbu, joignoit encore celle d'admettre l'Ame corporelle. Ecoutons de quelle maniere son illustre Réfutateur le combat. » Quand vous di-
» tes qu'autre chose est l'Ame, au-
» tre chose est la pensée, vous vous
» exprimeriez beaucoup mieux, en
» disant que lorsque l'Ame ne
» pense pas à elle-même, les cho-
» ses auxquelles elle pense ne sont
» point l'Ame ; mais sa propre
» pensée ne peut être que l'Ame
» elle-même. . . . De ce que l'es-
» prit pense à tel ou tel objet, c'est
» une chose accidentelle ; mais
» *sa pensée est la substance même qui*
» *pense.* Il faut nécessairement que
» vous reconnoissiez la même chose
» à l'égard de la volonté. . . . Tou-
» tes ses volitions particulieres ne
» sont que des accidens pour elle :
» mais *le vouloir même est sa sub-*
» *stance.* Or ce vouloir ou cet
» amour, qui est l'Ame même, n'é-
» tant point invariable pour les vo-
» litions particulieres, peut s'éle-
» ver au bien céleste, qui est Dieu,
» & s'y unir par une sainte chari-
» té ; ou s'abaisser aux biens ter-

» restres par une damnable cupi-
» dité (a) «.

Il me semble, Théodore, que ces paroles sont un précis de tout ce que j'ai dit sur cette matiere. Selon ce sçavant Auteur, la pensée est la substance même de l'Ame. Le vouloir ou l'amour ont le même caractere, non qu'il y ait deux substances dans l'Ame ; mais ce que l'illustre Auteur veut dire, c'est que la substance qui connoît en elle, est réellement le même être que celui qui aime, & par conséquent la même substance : *Ipsa cogitatio non est nisi anima, ipsum velle est substantia.... Hæc dilectio, quod*

_____

(a) *Tu cùm dicis aliud esse animam, aliud animæ cogitationem, meliùs fortasse dixisses illa de quibus cogitat anima, cùm de se non cogitat, non esse animam ; ipsam verò cogitationem non esse nisi animam.... quod cogitat (anima) accidens ejus est, substantia verò quæ cogitat : hoc quidem de voluntate oportet agnoscas.... Quæcumque illi velle accidentia est ; ipsum verò velle, substantia.... Hæc autem dilectio, quod est anima, propter affectuum mutabilitatem, potest in superiora, quod ei solus Deus est, cælesti caritate flagrare, & in inferiora damnabili amore diffluere.*
Claudiani Mamerti, de statu Animæ, lib. 1, c. 24.

est anima, &c. Tous ces termes ne sçauroient trop se remarquer.

III. Examen d'une difficulté sur ce sujet.

On peut néanmoins faire sur cela une difficulté assez éblouissante. La pensée & l'amour, dira-t-on, doivent être considérées comme des actions; car quand un homme connoît, ou aime quelque objet, il agit : il y a donc là une action : or il est absurde de dire qu'une action est une substance. Par conséquent la pensée en général, ou la connoissance & l'amour, quoique ce soient des opérations essentielles à l'Ame, ne peuvent constituer sa substance.

Cette difficulté frappe d'abord; mais avec la moindre attention, Théodore, vous en appercevrez le faux. Observons deux choses. 1°. Une substance spirituelle est nécessairement active : l'activité lui est aussi essentielle que l'étendue l'est à la matiere ; elle en est inséparable. Or peut-on concevoir l'activité sans action ? Puis donc que l'Ame est nécessairement active, on doit convenir que le fond de la substance est comme un acte permanent, un acte qui ne souffre aucune interruption.

La saine Théologie confirme cette réponse. Selon les Peres, les Théologiens, & S. Thomas en particulier, Dieu est un pur acte, parce qu'il répugne à la souveraine perfection d'être simplement en puissance. Donc l'idée d'acte permanent & l'idée de substance ne s'excluent point, puisqu'en Dieu ces deux idées sont identiques, sont le même être. Or l'Ame, ainsi que tout le monde en convient, est nécessairement active. On doit donc convenir que le fond d'être qui constitue sa substance, peut être un acte permanent, non égal à celui de Dieu, (qui oseroit le prétendre?) mais néanmoins un acte très-réel, un acte perpétuel & indestructible. L'idée de la substance spirituelle bien considérée ne permet pas de douter que cette propriété ne lui soit essentielle.

2°. Quoique le fond d'être, qui est l'Ame même, soit dans une action continuelle, cela n'empêche pas que cette substance n'éprouve divers changemens successifs. Ainsi, quand un Observateur applique à l'étude de la Nature la faculté qu'il a de connoître, son Ame acquiert une modalité nouvelle : ce qui se passe dans l'entendement se fait aussi dans la volonté. Ces sortes de modalités nous font voir la distance infinie qui est entre l'acte permanent de Dieu & celui de l'Ame. L'Etre suprême est tellement acte, qu'il n'est jamais en puissance; nulle volition nouvelle, nulle modalité successive ; en un mot il est tout acte, & l'est infiniment ; au lieu que l'action perpétuelle de l'Ame est compatible avec une infinité de révolutions successives qu'elle éprouve dans ses actes particuliers.

Ainsi, Théodore, l'activité indestructible qui fait le fond de l'être de l'Ame, & qui y produit une action perpétuelle, doit être bien distinguée de ses actes individuels. Les modalités qu'elle y a sont intrinsèques, sont véritablement ses actions : mais comme elles ne lui sont qu'accidentelles, elles ne sont pas proprement sa substance. Ce qui la constitue, cette substance, c'est l'acte immanent, invariable, qui, comme je l'ai dit, n'est autre chose que la connoissance de l'être, & l'amour du bonheur.

CHAPITRE HUITIEME.

Analogie entre l'Ame & la Matiere, malgré la diversité de leur être.

CE fond d'être substantiel que la pensée fait vivre dans l'Ame, nous présente une assez belle analogie entre la substance pensante d'une part, & la substance étendue de l'autre. Quoiqu'infiniment différentes, elles conviennent sous des rapports frappans. 1°. L'étendue est à l'égard de la matiere ce que la pensée est à l'égard de l'Ame. L'étendue dans la matiere est la base de tout ; c'est la premiere chose qu'on y conçoit : il en est de même de la pensée dans l'Ame ; elle en est l'essence, elle est le principe de toutes ses opérations.

2°. L'étendue consiste à avoir des parties impénétrables & divisibles : lui ôter ces deux propriétés, ce seroit la détruire. L'Ame, malgré la

1. Rapports généraux entre l'être de la substance pensante, & l'être de la substance étendue.

F v

simplicité de son être, nous montre quelque chose d'analogue : la pensée consiste à connoître & à aimer : ces deux perfections lui sont essentielles. Il ne seroit pas plus possible de concevoir une Ame sans connoissance & sans amour, que de concevoir un corps sans impénétrabilité & sans divisibilité.

3°. Comme la matiere ne peut avoir ces deux propriétés d'une maniere générale, (car la configuration des parties impénétrables & divisibles, qui sont dans le corps, est toujours particuliere,) de même, quoique l'Ame soit sans cesse connoissante & aimante, elle n'exerce pourtant pas ce double pouvoir d'une maniere générale. Dans tous les actes particuliers auxquels elle se porte, sa connoissance & son amour ont une forme déterminée; l'Ame les applique à tel ou tel objet précis : dans un avare, c'est l'or; dans un saint homme, ce sont les biens éternels.

4°. Cette analogie entre l'Ame & la matiere se rencontre encore dans les diverses vicissitudes qui leur arrivent. Lorsque le bois, par l'activité des flammes, est réduit en cendres, la premiere configuration disparoît pour faire place à une seconde toute différente ; cependant le nouveau corps devenu cendre, conserve toujours l'impénétrabilité & la divisibilité : ces deux propriétés essentielles lui restent sous la nouvelle forme qu'il reçoit par sa métamorphose en cendres.

 La même chose, quoique dans un ordre infiniment différent, doit se dire de l'Ame : les changemens divers qui lui arrivent, ne lui ravissent jamais ni la connoissance de l'être, ni l'amour du bonheur. Lorsqu'un homme, d'abord tempérant, après divers déclins dans le mal, s'abandonne à la bonne chere, son ame, dans ce second état, ne cesse ni de connoître, ni d'aimer ; mais ce qui lui arrive de nouveau, c'est qu'il applique à la bonne chere la faculté de connoître & d'aimer, qu'auparavant il tournoit vers la tempérance. Ainsi c'est la connoissance de l'être, & l'amour du bonheur, qui se reproduisent sous une forme différente, d'abord sous celle de la vertu, maintenant sous celle de la cupidité.

Tels sont les principaux rapports qu'on peut découvrir entre l'Ame & la matiere : une personne qui auroit mieux médité ces principes, iroit sans doute plus loin ; mais ce que je viens de dire, quoiqu'ébauché, paroît réel. La différence infinie de ces deux substances, loin d'anéantir l'analogie que le Créateur a mise entr'elles, ne fait que leur donner plus de lustre.

II. Différences entre les manieres dont ces substances reçoivent les modalités qui leur sont propres.

Cependant, Théodore, ces rapports, quoiqu'assez sensibles, ne doivent pas être trop pressés : les diverses façons dont l'Ame & la matiere reçoivent les modalités particulieres qui leur arrivent, nous montrent entr'elles des différences palpables.

1°. L'être physique d'un corps reçoit de nouveaux modes qu'il n'avoit pas ; il peut croître ou décroître réellement. Si à une masse d'argile d'une livre on ajoute une autre livre, l'être physique de cette masse augmente de moitié : il y a en elle beaucoup plus de parties solides distinguées les unes des autres, qu'auparavant.

Il n'en est pas de même de l'Ame ; quoiqu'elle change lorsqu'elle acquiert une modalité nouvelle, quoiqu'il y ait alors en elle une augmentation d'être, cependant on ne pourroit dire sans extravagance qu'il s'y fait un accroissement de volume ou de masse. L'Ame augmente en être de la maniere qui convient à une substance immatérielle & simple ; ce qui consiste uniquement dans les modalités de connoissance & d'amour qu'elle acquiert : c'est ce que j'expliquerai davantage dans un autre endroit.

2°. Quand un corps change d'état, il n'agit point, il est simplement passif ; au lieu que l'Ame, dans les nouvelles modalités qui lui viennent, est réellement active ; car quoiqu'il y ait en elle des mouvemens qu'on nomme indélibérés, qui s'élevent comme à son insçu, cependant il en est une foule d'autres qui sont entiérement à elle : non-seulement elle y est active, mais libre : elle est cause totale de son acte ; ce qui met entr'elle & la matiere une différence immense.

CHAPITRE NEUVIEME.

Conséquence qui résulte du Principe touchant l'être de l'Ame; elle n'est jamais un instant sans penser.

LE principe dont je viens de faire usage, ne doit pas être mis au nombre de ces questions vagues & stériles qui ne font qu'amuser l'esprit: son importance se fait sentir, dès qu'on envisage les vérités auxquelles il est indissolublement lié : car, si ce principe est vrai, il nous montre manifestement dans l'Ame une propriété bien digne de son excellence ; c'est la perpétuité de la pensée. Depuis que l'Ame est sortie du néant, elle ne cesse non plus d'agir que d'être: on en peut donner des preuves convaincantes.

Premiere Preuve. L'être de l'Ame est la pensée même, ou la connoissance & l'amour.

1°. C'est un axiome universellement reçu, ainsi que vous l'avez vu, Théodore, que l'homme a un desir perpétuel, irrésistible, de la félicité. 2°. C'est encore un principe incontestable, que ce desir ne sçauroit être dans le cœur de l'homme, sans que celui-ci ait une connoissance, au moins sombre, de l'objet qui peut le rendre heureux; autrement cet amour de la félicité seroit aveugle & irraisonnable. 3°. Cet amour ne souffrant jamais dans l'Ame la moindre interruption, il en doit être de même de la connoissance. De ces principes j'ai déduit une conséquence, qui ne paroît pas moins inébranlable que les principes même; c'est qu'il y a toujours dans l'Ame un fond d'être perpétuel, qui fait sa substance: & cet être, c'est la pensée même.

Or de-là, Théodore, naît une induction nécessaire; il est manifeste que l'Ame n'est jamais un seul instant sans penser: en effet, puisque l'être de cette substance consiste dans la pensée même, lui ôter la pensée, ce seroit détruire son être & son essence. Comme la matiere ne peut exister sans l'étendue, ou la multitude des parties qui la composent, de même aussi l'Ame ne sçauroit être un seul moment sans la pensée, ou la connoissance & l'amour. Une substance spirituelle, qui souffriroit quelque interruption dans la pensée, rentreroit dans le néant.

<small>SECONDE PREUVE. Si l'Ame ne pense pas toujours, son être est inintelligible.</small>

Ce que je viens de dire me conduit à une seconde preuve, qui ne paroît pas moins décisive : posée l'hypothèse que l'Ame puisse être quelque temps sans penser, son être seroit totalement inintelligible.

Qu'est-ce, en effet, qu'une substance spirituelle, existante, & ne pensant point ? Quoiqu'un corps soit privé du mouvement, nous ne laissons pourtant pas d'en avoir une idée claire : nous découvrons en lui un tissu de parties impénétrables, & terminées par une certaine figure : mais si l'Ame existe quelques instans sans penser, qu'on nous dise en quoi son être, ou sa substance, consiste. Le Partisan de l'opinion contraire répondra que cet être est quelque chose qui, quoique spirituelle, n'est ni pensée, ni étendue. Mais j'insisterai encore : Qu'entendez-vous par cet être spirituel également dénué de pensée comme d'étendue ? Donnez-m'en une idée distincte.

Pour ne pas demeurer court, on

sera contraint d'avouer que c'est *un je ne sçais quoi*, ou du moins, une faculté propre à penser; mais qui dans de certains momens n'exerce aucun acte d'une substance spirituelle. Il en est, continueront les Défenseurs de ce sentiment, il en est de la faculté spirituelle d'une Ame où ne se trouve point l'exercice actuel de la pensée, comme des facultés corporelles acquises par l'exercice, mais qu'on n'exerce point actuellement : elles ne laissent pas d'être très-réelles, & fort concevables.

La comparaison n'est rien moins que juste; le vice même en est sensible. Un habile Organiste, pendant son sommeil, conserve une faculté réelle de bien toucher l'orgue, car cette faculté consiste dans certains plis, que les fibres, les tendons, les muscles de son corps ont pris. Comme cette disposition chez lui est l'effet de l'habitude, elle y demeure constamment, lors même qu'il pense à toute autre chose.

Voudroit-on faire usage de ce principe à l'égard de l'Ame ? Dira-t-on que quand cette substance ne pense pas actuellement, il reste en elle quelque pli, quelque configuration organique, qui constitue sa faculté de penser, quoiqu'elle n'en exerce point l'acte ? De pareils raisonnemens pourroient être employés par ceux qui font l'homme une pure machine : en admettant cet extravagant systême, on n'a pas de peine à expliquer comment la faculté de penser demeure dans un homme qui n'en fait aucun acte. Comme les organes corporels demeurent pliés d'une certaine façon, indépendamment de la pensée actuelle, la faculté de penser subsiste ; cela n'est pas étonnant : selon cette hypothèse impie, l'Ame, ses idées, la faculté de penser, tout est corporel.

Mais pour ceux qui admettent la pure spiritualité, ils n'auront certainement point recours à de telles extravagances : il faut donc qu'ils s'y prennent autrement pour assigner en quoi consiste cette aptitude spirituelle qui rend une Ame propre à penser, lors même qu'elle ne pense pas ; mais c'est ce que les Défenseurs de ce sentiment ne peuvent faire. Dès qu'on admet l'Ame essentiellement immatérielle, prétendre la concevoir sans aucune pensée actuelle, c'est vouloir imaginer un corps sans aucune figure, de quelque nature qu'elle soit. J'ai donc eu raison de dire que si l'Ame ne pense pas toujours, son être est inintelligible, & sa spiritualité une qualité occulte, qu'on ne sçauroit ni définir ni expliquer.

Le sentiment que j'avance ici, touchant la perpétuité de la pensée dans l'Ame, n'est pas nouveau : il a été soutenu plusieurs siécles avant Descartes ; & de nos jours il a eu pour partisans, des Auteurs qui n'étoient rien moins qu'adorateurs de ce Philosophe. Je vous ai déjà parlé, Théodore, du célebre Claudien Mamert : nous le trouvons encore aussi décidé sur cette question que sur la précédente. « Vous prétendez, dit-il à *Fauste de Riez*, » que l'Ame se repose quelquefois » de maniere qu'elle demeure entiérement sans pensée : mais cela » n'est pas ainsi. L'Ame peut bien » varier ses pensées, avoir tantôt

Troisieme Preuve. Ce principe soutenu par de célébres Auteurs.

» l'une, tantôt l'autre ; mais il est
» impossible qu'elle soit sans aucune
» pensée (a) «.

Lettres sur la Métaphysique.

M. de Fenelon soutient la même chose. » Il est vrai que l'Ame agit
» sans cesse ; elle connoît toujours,
» au moins confusément, quelque
» vérité, & elle veut à proportion
» quelque bien : mais aucune ac-
» tion en particulier ne lui est né-
» cessaire «.

Recueil de diverses Piéces de M. Leibnitz.

A ces témoignages nous pouvons joindre celui de M. Leibnitz. » Je
» tiens, dit-il, que l'Ame n'est ja-
» mais sans perception, même en
» dormant : on a quelque sentiment
» confus & sombre du lieu où l'on
» est, & d'autres choses sembla-
» bles ; quand l'expérience ne le
» démontreroit pas, je crois qu'il
» y en a démonstration «.

(a) Illud quod dixisti, eatenus animam solere requiescere, ut prorsus cogitet nihil, caret vero : anima nempe variare cogitata potest, non cogitare non potest.
Claudiani Mamerti, de statu Animæ, l. 1, c. 24.

CHAPITRE DIXIEME,

Discussion des raisons par lesquelles M. Locke attaque la perpétuité de la pensée dans l'Ame.

JE vous ai déjà marqué, Théodore, que je serois souvent contraint de parler de ce célébre Auteur. Voici une nouvelle occasion où je ne puis m'en dispenser. Je ne cherche certainement point à le combattre ; mais quand on admet la pure spiritualité de l'Ame, avec les précieuses vérités qui en dépendent, il est impossible qu'on ne rencontre souvent dans son chemin M. Locke & son système : c'est ce que vous allez voir ici. Armé de toutes piéces, ce Philosophe n'oublie rien pour mettre en poudre la perpétuité de la pensée dans l'Ame : écoutons-le.

» Je ne sçaurois concevoir qu'il
» soit plus nécessaire à l'Ame de
» penser, qu'au corps d'être toujours en mouvement ; la percep-
» tion des idées étant à l'Ame,

PREMIERE RAISON.

L. 2, c. 1, n. 10.

» comme je le crois, ce que le mou-
» vement est au corps, sçavoir,
» une de ses opérations, & non ce
» qui en constitue l'essence. D'où il
» suit que, quoique la pensée soit
» regardée comme l'action la plus
» propre à l'Ame, il n'est pourtant
» pas nécessaire de supposer que
» l'Ame pense toujours, & qu'elle
» est toujours en action «.

RÉPONSE. M. Locke, à ce qu'il paroît, ne s'est pas apperçu que son raisonnement n'a pour appui qu'une fausse supposition. Quand je vois une montre arrêtée, je la conçois aussi-bien que quand elle est en mouvement : mais en est-il de même de l'Ame, lorsqu'on veut la concevoir sans pensée ? En l'envisageant sous ce rapport, que nous reste-t-il d'elle ? En avons-nous une idée distincte ? La pensée n'est donc point à l'Ame ce que le mouvement est au corps : la premiere est l'essence de l'Ame ; la seconde, c'est-à-dire le mouvement, n'est qu'un accident du corps. Ainsi la supposition du Philosophe Anglois est fausse ; & dès-lors l'argument dont elle est la base, l'est aussi.

» Penser toujours, est peut-être SECONDE
» le privilege de l'Auteur & du RAISON.
» Conservateur de toutes choses, Il n'y a que
» qui étant infini dans ses perfec- Dieu qui
» tions, *ne dort ni ne sommeille* pense tou-
» *jamais*; ce qui ne convient point jours.
» à un être fini, ou du moins à un
» être tel que l'Ame de l'homme «.

Que dites-vous de cette preuve ? REPONSE.
Ne la trouvez-vous-pas bien nerveuse ? M. Locke fait visiblement
allusion à cet endroit de l'Ecriture
où il est dit : Celui qui garde Israël
ne dormira, ni ne sera jamais surpris de sommeil; *Ecce non dormita-*
bit neque dormiet qui custodit Israel.
Vous aviez toujours cru, Théodore, que ces paroles s'entendent de
l'attention perpétuelle de Dieu à
l'égard du vrai Israël, qui sont les
élus: mais M. Locke y va plus bon-
nement ; cet endroit, selon lui,
marque que Dieu pense toujours;
ensorte que s'il n'étoit pas infini
dans ses perfections, il pourroit
réellement se laisser aller au sommeil. Quelle noble, quelle sublime
Métaphysique !

» Nous sçavons certainement que TROISIEME
» nous pensons quelquefois, mais RAISON.

L'expérience seule peut nous assurer si nous pensons toujours.

» de sçavoir si nous pensons conti-
» nuellement, ou non, c'est de
» quoi nous ne pouvons nous as-
» surer, qu'autant que l'expérience
» nous en instruit «.

Réponse. Il ne paroît pas que cette preuve soit mieux frappée que les précédentes; la perpétuité de la pensée dans l'Ame n'est pas du ressort de l'expérience. Pour s'assurer par cette voie des pensées qu'on a eues, il faut pouvoir réfléchir, ou du moins conserver le souvenir des choses auxquelles on a pensé. Or il y a des temps qui ne permettent pas de faire l'un, & il y a des personnes qui ne sçauroient faire l'autre.

En effet, pendant le sommeil, on ne réfléchit certainement point: d'un autre côté, on voit des hommes qui ne peuvent s'assurer des songes qu'ils ont eus en dormant: ils ne sçavent donc point par ce moyen s'ils ont pensé, ou non. Ainsi ce n'est point l'expérience qui peut convaincre l'homme de la perpétuité de la pensée dans l'esprit: c'est uniquement l'examen attentif des propriétés qui caractérisent une substance spirituelle. Quiconque
prend

prend une autre voie, ne manquera pas de s'égarer.

« Le moindre assoupissement où nous jette le sommeil, suffit, ce me semble, pour renverser la doctrine de ceux qui soutiennent que l'Ame pense toujours : du moins est-il certain que ceux qui vien- nent à dormir sans faire aucun songe, ne peuvent jamais être convaincus que leurs pensées soient en action, quelquefois pendant quatre heures, sans qu'ils en ayent aucune connoissance ».

Quatrième Raison. L'Ame tombe quelquefois dans un assoupissement total.

L'Ame de M. Locke pouvoit, ce semble, se plaindre justement de la maniere dont il la traite en parlant comme il fait : il lui donne beaucoup moins qu'à son corps ; car c'est un fait certain, les ressorts de la machine humaine, même durant le plus profond sommeil, sont dans une action perpétuelle : quoique les sens extérieurs soient assoupis, la circulation du sang ne l'est pas ; ce méchanisme s'opére avec la même activité que pendant la veille. A quel état donc, auroit pu dire l'Ame de ce Philosophe, à quelle vile destinée me réduisez-vous ?

Réponse.

Quoi ! Je serai totalement endormie, pendant qu'un viscere de mon corps sera le théâtre d'une action perpétuelle ! Les esprits animaux seront toujours en mouvement, & moi je serai sans vie !

M. Locke répond que ceux qui dorment sans faire aucun songe, ne peuvent être convaincus d'avoir eu pendant ce temps des pensées actuelles ; j'en tombe d'accord : mais nous avons déjà montré l'insuffisance d'une telle expérience. L'homme se souvient-il de tout ce qu'il a pensé ? Pendant le jour même, où il est assuré qu'il pense, combien de perceptions dont il ne conserve pas la moindre trace ? Il les a certainement eues ces pensées, & néanmoins nul ne sçauroit l'en convaincre, & lui-même ne peut s'en souvenir.

CINQUIEME RAISON. Impossibilité absolue d'avoir des sensations pendant le sommeil, lorsqu'on n'en conserve aucun souvenir.
RÉPONSE.

» Je suis assuré, continue notre
» Philosophe, qu'un homme qui
» dort sans se ressouvenir de ce qu'il
» a pensé en dormant, n'est pas plus
» capable de sentir de la douleur
» ou du plaisir, que le lit ou la
» terre où il est couché «.

Je vous l'avoue, Théodore, j'ai

peine à reconnoître ici M. Locke : communément dans ce qu'il avance de son chef, il est fort réservé. Cependant en cet endroit il prend un ton décisif ; & cela, pour nier un fait dont il eût pu facilement se convaincre lui-même ; car il n'y a presque personne qui ne se souvienne d'avoir eu quelque songe, où il se croyoit tantôt heureux, tantôt malheureux. Or un homme peut-il se croire heureux sans ressentir du plaisir ? Songera-t-il qu'il est malheureux, sans avoir quelque sentiment de douleur ? Le souvenir de ces perceptions agréables ou douloureuses, s'enfuit souvent avec le sommeil, j'en conviens ; mais celui qui nous reste quelquefois, nous rappellant des pensées que nous avons eues, nous apprend en même temps que celles que nous avons oubliées, n'ont pas été moins réelles. On peut donc ressentir du plaisir, ou de la douleur, même durant le plus profond sommeil, quoiqu'on ne s'en souvienne point. Et dans ce que M. Locke avance pour prouver le contraire, nous voyons bien un homme qui décide, mais y trouvons-nous un Philosophe?

Saint Augustin pensoit un peu plus noblement de l'état de l'Ame, même pendant cette espece de mort. » Peut-on soutenir, dit-il, que » parce que nos membres demeu- » rent dans l'inaction, lorsque nous » sommes plongés dans le sommeil, » notre Ame en soit plus foible, » ou ait part à cet engourdisse- » ment ? Un tel état est très-utile » au corps, mais il n'enleve à l'A- » me ni la force de sentir, ni celle » d'appercevoir (a) «.

SIXIEME RAISON.
L'homme dormant & l'homme éveillé seroient deux personnes différentes.

» Que si l'on dit qu'il se peut » faire que tandis que le corps est » accablé de sommeil, l'Ame a ses » pensées & ses sentimens ... sans » que l'homme s'en apperçoive, il » est certain que Socrate dormant » & Socrate éveillé n'est pas la mê- » me personne «.

(a) Quasi verò, quoniam somno membra nostra marcescunt, idcircò animus fiat ex ullâ parte debilior. . . . Secundùm naturam est talis commutatio, quæ reficit corpus à laboribus, non tamen hæc adimit animo vel sentiendi vim, vel intelligendi.
S. Augustinus, de immortalitate Animæ, p. 23.

Une preuve de cette tournure a certainement de quoi surprendre : quel étrange paradoxe! Si un homme éveillé ne se souvient en aucune sorte des pensées qu'il a eues pendant qu'il dormoit, lui éveillé & lui dormant seroient deux personnes différentes! A ce compte, pour être le même homme, il faudroit que l'esprit tînt un registre exact de chacune de ses perceptions, en sorte qu'il ne lui en échappât aucune : chimere dont tout le monde apperçoit le ridicule. Je coule légerement sur cet endroit ; nous aurons occasion d'en parler ailleurs.

Ce qui a trompé M. Locke, c'est qu'il n'a reconnu qu'une seule espece de perceptions ; ce sont celles dont l'Ame se rend *témoignage à elle-même par un sentiment intérieur*. Mais rien de plus mal fondé que ce principe : les perceptions telles que le Philosophe Anglois les conçoit, sont accompagnées d'une reflexion au moins tacite ; mais il en est d'autres d'une espece fort différente ; ce sont les perceptions purement directes, légeres, superficielles, & qui ne laissent aucune trace dans le cerveau.... Celles que nous avons pendant le sommeil sont communément de cette nature; quelle merveille qu'on ne s'en souvienne pas ! Faut-il en conclure que *Socrate* dormant qui les a eues, & *Socrate* éveillé qui ne s'en souvient plus, sont deux hommes différens ?

<small>Septieme Raison. La perpétuité de la pensée est une pure supposition.</small>

« Je doute si j'ai pensé la nuit précédente, ou non ; comme c'est une question de fait, c'est la décider gratuitement, que d'alléguer en preuve une supposition qui est la chose même dont on dispute. Il n'y a qu'à supposer que toutes les pendules pensent, pendant que le balancier est en mouvement ; & dès-là j'ai prouvé suffisamment, & d'une maniere inébranlable, que ma pendule a pensé pendant toute la nuit précédente ».

<small>Ibid. n. 10.</small>

<small>Reponse.</small> Il faut encore oublier que c'est un Philosophe qui parle, ou du moins convenir que les grands hommes dorment quelquefois. En effet, Théodore, si M. Locke n'avoit pas éprouvé un de ces assoupissemens dont il admet la réalité dans l'Ame,

parleroit-il comme il le fait? Toutes les preuves les plus convaincantes que ses Adversaires donnent de leur sentiment, ou il les oublie, ou il les met adroitement à l'écart. A l'entendre, soutenir que l'Ame pense toujours, c'est une hypothèse aussi grotesque que de supposer toutes les pendules effectivement pensantes. Une comparaison de cette trempe est-elle juste? est-elle bien persuasive?

On pourroit croire que la question que je viens d'examiner est assez peu intéressante; car, comme l'Ame n'est point à elle-même tandis que la machine dort, il semble qu'avancer qu'elle pense toujours, c'est vouloir conserver à l'homme des pensées pleines de chimeres. Mais 1°, si l'Ame éprouve ces foiblesses & ces extravagances, même durant le sommeil, c'est par accident, & contre l'institution du Créateur. Lorsque l'homme étoit dans l'ordre, ces dérangemens n'arrivoient point: c'est ce qu'enseigne S. Augustin (*b*). » Si l'état alter-

_____
(*b*) Si erat in Paradiso viciſſitudo vigilandi atque dormiendi, ubi non erat ma-

» natif de la veille & du sommeil a
» eu lieu dans le Paradis terrestre,
» comme il n'y avoit point alors de
» concupiscence, les songes de
» l'homme endormi étoient aussi
» purs que pendant qu'il veilloit «.
2°. Ce principe est une suite immédiate de la pure spiritualité de l'Ame, & il est lié avec d'autres points très importans : c'est ce que vous verrez dans la suite.

lum concupiscendi, tam felicia erant somnia dormientium, quàm vita vigilantium.
S. August. l. 4. contrà Julian. c. 10.

CHAPITRE ONZIEME.

De la Simplicité de l'Ame.

QUICONQUE est pleinement convaincu que l'Ame est spirituelle, ne peut avoir aucun doute sur sa simplicité : mais quoique l'on doive indispensablement admettre en elle cette perfection, cependant, lorsque nous envisageons l'Ame sous certains rapports, nous ne laissons pas d'y appercevoir d'assez grands nuages. En effet, comme on distingue dans l'Ame deux facultés ; l'entendement, dont la fonction est de connoître ; la volonté, dont le propre est d'aimer, il semble que cela forme en elle comme deux régions différentes : les pouvons-nous admettre dans la même Ame, sans détruire sa simplicité ?

De plus, l'homme d'aujourd'hui éprouve souvent un vrai combat en lui-même : son entendement & sa volonté sont sans cesse en guerre. Or, dans une telle position, comment l'Ame demeurera-t-elle simple ? La difficulté, Théodore, n'est certainement pas légere ; je n'ose me flatter de la résoudre pleinement : je vous exposerai seulement quelques réflexions sur ce sujet.

Il est certain que l'entendement & la volonté dans l'Ame sont réellement la même substance : ce que l'on appelle vulgairement simplicité dans un corps, ne se prend que d'une maniere très-impropre : quelque petit que soit un grain de poussiere, la surface horisontale est distinguée de la perpendiculaire ; les parties qui le composent sont totalement différentes les unes des autres.

PREMIERE VERITÉ. En quelque état que ce soit, l'Ame est essentiellement simple.

Rien de semblable dans l'Ame; comme elle est sans aucune étendue, elle ne peut rien avoir qui ne soit simple & un. Ce qui connoît en elle, ce qui aime, est toujours le même être : ainsi il est impossible qu'il y ait une distinction substantielle entre ses deux facultés. Dans quelque état qu'on envisage l'Ame, ou encore irréprochable, ou devenue pécheresse, la simplicité lui convient essentiellement. Venons maintenant à quelque chose de plus particulier.

SECONDE VÉRITÉ. Dans l'état d'innocence, la simplicité de l'Ame étoit beaucoup plus grand qu'elle ne l'est aujourd'hui.

Dans l'heureux état où l'homme fut mis en sortant des mains de son Créateur, il y avoit un concert entier entre la volonté & l'entendement : celui-ci ne connoissoit jamais rien comme bon, que la volonté ne s'y portât ; de même, la volonté n'aimoit aucun objet, que l'entendement ne le lui montrât comme vrai & comme bien. Cet accord se trouvoit également dans la connoissance du mal : l'entendement tournoit-il sa vue vers le péché pour le connoître, la volonté y acquiesçoit pour le haïr : ainsi ces deux facultés, pleinement saines, agissoient avec une étroite union. La simplicité de l'Ame s'y montroit donc dans ses opérations avec le lustre le plus éclatant.

Mais ces beaux jours ne sont plus : une malheureuse expérience nous le fait sentir presqu'à chaque moment. Quoique l'Ame ait conservé la simplicité essentielle à sa nature, elle n'a plus cette précieuse simplicité d'opération, qui faisoit un de ses plus beaux apanages. Quelle mésintelligence aujourd'hui entre la volonté & l'entendement ! Celui-ci présente souvent à la volonté des objets dont elle fait son supplice : la volonté à son tour veut souvent des choses que l'entendement ne lui représente pas, au moins d'une maniere claire.

Un pere à qui l'on vient annoncer la mort de son fils, a beau vouloir ne pas entendre cette triste nouvelle, il ne le peut : chez lui l'entendement poursuit la volonté, & lui trace malgré elle ce douloureux spectacle. D'un autre côté, combien de fois l'entendement ne nous peint-il pas la vertu dans son plus grand éclat ? Mais la volonté prend une route contraire; ou elle le méprise, ou elle le force de se plier à ses vicieux caprices: elle le contraint de lui tracer le vice comme aimable.

Ces maux ne sont que trop réels; mais en voici de plus grands: non-seulement il y a sur plusieurs points une guerre ouverte entre l'entendement & la volonté, mais même, si je puis parler ainsi, entre diverses portions de la volonté. Ces troubles intestins viennent de ce que la volonté, considérée du côté des objets auxquels elle se porte, n'est plus totalement une, quoique l'unité de son être ne soit pas détruite, quoiqu'elle demeure essentiellement simple par sa nature; souvent elle devient comme un champ de bataille plein d'ennemis, qui ne cherchent qu'à s'exterminer les uns & les autres.

Augustin veut se convertir (a), & néanmoins il ne se convertit pas; pourquoi? C'est qu'il y a en lui deux

(a) Voluntas nova quæ mihi esse cœperat, ut te gratis colerem, frui que vellem, Deus, sola certaque jucunditas, nondum erat idonea ad superandam priorem vetustate roboratam; ita duæ voluntates, una

volontés toutes contraires : l'une approuve le bien, l'aime, le goûte ; mais l'autre, qui aime le mal, étant la plus forte, triomphe. La premiere volonté commande, & n'est pas obéie, parce qu'elle ne commande pas totalement : pour que celle-ci devienne dominante, il faut que sa rivale soit abbattue.

Quand l'Ame éprouve ces funestes dissentions, elle paroît comme hachée en divers lambeaux ; elle se porte vers des objets diamétralement opposés : une portion d'elle-même est aux prises avec l'autre. Cependant, on ne sçauroit trop le remarquer, malgré cette division intestine, c'est toujours la même volonté : c'est le même être, un & simple, qui embrasse cette multiplicité d'objets tout contraires. Ainsi ce partage de volonté altére bien la simplicité d'opération qui devroit

___

vetus, alia nova, confligebant inter se, atque discordando dissipabant animam meam. *S. August. Confess. l. 8, c. 5.*

Non ex toto vult, non ergo ex toto imperat.... Non utique plena imperat.... ægritudo animi est, quia non totus assurgit veritate sublevatus, consuetudine prægravatus. Et ideo sunt duæ voluntates, quia una earum tota non est. *Ibid. c. 9.*

être dans l'Ame, mais il ne donne aucune atteinte à sa simplicité de nature : au contraire il en fait voir la vaste capacité ; il montre combien, dans sa dégradation, l'Ame conserve encore de grandeur.

Troisième Vérité. On doit reconnoître dans l'entendement une véritable activité, quoique moindre que dans la volonté.

Puisque, dans quelque état que ce soit, l'entendement & la volonté ne sont réellement que le même être, ou du moins la même substance, il s'ensuit que les propriétés qui sont essentielles à l'une de ces facultés, ne sont pas moins nécessaires à l'autre. Comme donc la volonté est active & libre, il faut aussi que l'entendement participe aux mêmes caracteres.

1°. Ce sentiment n'est pas nouveau : un des plus grands hommes de ce siécle l'a embrassé. » Je ne

Action de Dieu, septieme Sect, page 240.

» vois pas de raison suffisante, dit-il, » pour dépouiller l'entendement de » toute activité : ces deux facultés, » la volonté & l'entendement, sont » paralleles, & leurs opérations » sont semblables «.

2°. Si l'on réfléchit sur la nature de l'Ame, on ne peut guéres prendre un autre sentiment : car, puisque la volonté est incontestablement active, pourroit-il se faire que l'entendement n'eût pas la même prérogative ? Il faudroit donc soutenir que l'Ame seroit active dans une portion d'elle-même, & passive dans l'autre. Dans une telle hypothèse, quelle idée pourroit-on se former de sa simplicité ?

3°. La maniere dont nos idées se développent, nous fournit, ce me semble, une preuve convaincante de l'activité de l'entendement. Une faculté est active, lorsque par une opération interne elle influe, comme cause efficiente, dans l'acte qui émane d'elle. Or pourroit-on contester cette gloire à l'entendement ? Lorsqu'un Mathématicien veut résoudre un problème, il n'apporte point à cette opération des idées toutes neuves, & qu'il n'ait jamais eues. Les notions qu'il a acquises, & qui sont devenues comme partie de lui-même, influent certainement dans la résolution de son problême. Il voit ces premieres connoissances comme sortir de son entendement, s'engendrer, s'unir les unes aux autres. Passe-t-il d'une premiere notion à une seconde, de-là vole-t-il à une troisieme, ce développement chez lui s'opére avec une activité dont il dispose comme une cause libre & totale, quoique toujours sous l'opération efficace de la Cause suprême.

4°. Ce qui fait croire à bien des personnes que l'entendement est sans activité, c'est que l'homme a souvent des perceptions qu'il ne voudroit pas avoir. Mais la volonté n'a-t-elle pas aussi des volitions indélibérées qu'elle abhorre ? Cependant, de l'aveu de tout le monde, ces sortes de volitions ne préjudicient point à son activité : pourquoi donc n'en seroit-il pas de même de l'entendement ? L'analogie qui est entre ces deux facultés de l'Ame, l'identité de leur substance, la simplicité de leur nature, tout porte à ne point priver l'entendement d'une si précieuse perfection.

Cependant, Théodore, je ne prétends pas mettre en ce point l'entendement sur la même ligne que la volonté : il y a quelque différence dans la maniere dont ces facultés agissent. L'idée que nous avons de la connoissance ne nous la présence pas directement comme active ; c'est quelque chose de moins vif, de moins agissant : au lieu que l'idée de l'amour qui tend à s'unir, à se coller à son objet, nous le montre comme actif de sa nature. Ainsi, quoique l'entendement ait part à cette perfection, je veux dire à l'activité, il y a tout lieu de croire qu'il la possède dans un moindre degré que la volonté.

Après avoir parlé de la simplicité de l'Ame, l'ordre sembleroit demander que je traitasse de son immortalité : il faudroit aussi y joindre les opérations purement intellectuelles, tant celles qui concernent l'entendement, que celles qui regardent la volonté : mais je crois, Théodore, que ces points importans viendront mieux après l'examen des opérations que l'Ame exerce en vertu de son union avec le corps.

SECONDE SECTION.

De l'Ame considérée en tant qu'unie au Corps.

Jusqu'ici je n'ai envisagé l'Ame qu'en elle-même : j'ai fait voir que c'est une substance essentiellement spirituelle & simple. Elle auroit pu demeurer dans cet état, être simplement un esprit, & faire seule un individu, comme sont les Anges : mais l'Agent suprême en a disposé autrement. Notre Ame n'est pas seule ; elle est unie à une autre substance d'une nature totalement différente : de cette intime union résulte un seul tout ; ce qui fait qu'on nomme cette union substantielle.

Je n'entrerai point dans le détail des merveilles que cette admirable union nous offre. Qui pourroit pénétrer de si sublimes profondeurs ? Je passe tout-d'abord à la maniere dont les deux substances agissent réciproquement l'une par rapport à l'autre ; puis je viendrai aux effets qui en résultent.

CHAPITRE PREMIER.

De la maniere dont l'Ame & le Corps agissent dans les opérations qui résultent de leur union réciproque.

QUELQUE prodigieuse différence qu'il y ait entre le Corps & l'Ame, c'est pourtant un fait certain, que ces deux substances agissent l'une par rapport à l'autre de la maniere la plus frappante. Comme l'Ame paroît agir immédiatement sur le Corps, celui-ci de même semble faire passer physiquement ses mouvemens sur l'Ame : le point capital, c'est de sçavoir si ces actions mutuelles se font ainsi. Les deux substances qui forment l'homme, sont-elles réellement l'une & l'autre causes physiques, efficientes, immédiates ? ou n'y devons-nous voir que des causes occasionnelles ?

I.
Sent ment de Bacon sur cette matière.

Si vous en croyez le fameux Chancelier *Bacon*, il vous faudra, Théodore, adopter le premier de ces deux systêmes : l'opinion de cet Auteur est trop singuliere pour ne la pas rapporter ici. Selon lui, » l'on » doit reconnoître deux ames dans » l'homme ; l'une raisonnable, & » l'autre irraisonnable ou sensiti- » ve : celle-ci, qu'il admet aussi » dans les bêtes, est purement cor- » porelle. Elle a deux propriétés, » la mollesse de l'air, pour rece- » voir l'impression qui lui est trans- » mise ; & l'activité de la flamme, » pour agir sur le corps. Dans les » brutes, cette Ame tient le pre- » mier rang, & a le corps pour or- » gane : mais dans l'homme cette » Ame sensitive est elle-même l'or- » gane de l'Ame raisonnable (a) «.

(a) Veniamus ad doctrinam de Animâ humanâ.... Hujus duæ sunt partes : altera tractat de Anima rationali, quæ divina est ; altera de Anima irrationali.... Hæc originem habet, quemadmodum in brutis, à limo terræ.... Aeris mollitie ad impressionem recipiendam, ignis vigore ad actionem vibrandam dotata.... In brutis hæc Anima est Anima principalis, cujus corpus brutorum organum ; in homine organum tantùm, & ipsa anima rationalis. *De augm. Scientiar.* l. 4, c. 3.

Je crois que vous n'exigez pas de moi une réfutation étendue de ces principes : leur simple exposition en fait voir l'absurde. Bacon prétend que l'Ame sensitive qui est en nous, en même temps qu'elle a l'activité du feu pour agir sur la masse du corps, a d'un autre côté la mollesse de l'air pour recevoir l'impression que le corps, & les corps étrangers, par son moyen, lui portent. La premiere de ces propriétés met l'Ame sensitive en état de produire le mouvement dans la machine; & la seconde la rend propre à le recevoir. Ce n'est donc pas inutilement que cet Auteur fait corporelle, & *pétrie de limon*, cette Ame du second ordre qu'il admet. La raison sur laquelle il s'appuie est sensible : cette petite Ame ainsi configurée peut, par un contact physique, immédiat, agir sur le corps, & le mouvoir.

L'illustre Chancelier ne dit pas nettement de quelle nature est l'Ame raisonnable : mais pour que la gradation soit juste, il faut qu'elle soit elle-même matérielle; car, si elle étoit inétendue, purement spirituelle, & qu'elle ne fît qu'occasionner les mouvemens de la machine, à quoi serviroit l'Ame sensitive ? son ministere seroit entièrement superflu. Il faut donc que cette Ame du premier ordre soit elle-même étendue : ce ne sera, si l'on veut, qu'un atome infiniment délié, mais il sera toujours matériel ; c'est lui qui mettra tout en branle : d'abord il agira immédiatement sur l'Ame sensitive ; celle-ci, qui est à ses ordres, agira à son tour sur la machine, & par cette cascade d'actions immédiates tout se mouvera.

Telle est la théorie de cet Auteur touchant l'action réciproque du Corps & de l'Ame : elle n'est certainement pas propre à immortaliser son nom dans la Postérité. Je l'avoue ; Bacon étoit un très-grand genie, & fort au-dessus de son Siécle : ses vues pour le rétablissement des Sciences étoient belles ; mais on doit convenir aussi que ses principes philosophiques se ressentent un peu du mauvais goût de son temps. Ce grand homme, dans un Siécle tel que le nôtre, n'auroit certainement point avancé des principes de la trempe de celui que nous venons d'entendre.

Vous en verrez encore dans la suite quelques autres qui ne sont pas plus sensés. Comment Bacon avec de tels principes peut-il être regardé comme *le Pere de la bonne Philosophie ?* C'est-là néanmoins le titre que quelques-uns de nos Modernes lui donnent hautement.

Cependant, le croiriez-vous, Théodore, l'hypothèse du Chancelier Bacon, quelqu'absurde qu'elle soit, a trouvé des Partisans parmi nous. » Il faut, dit un Ecrivain » fort connu, entendre par l'Ame » raisonnable, l'esprit ou l'entendement ; & par l'Ame sensitive, » une chaleur répandue par toutes » les parties du Corps, que nous » nommons vulgairement *esprits vitaux*, qui sont principalement » dans le sang avec lequel ils circulent. Quelque petit que soit » *l'atome qui forme l'Ame raisonnable*, ceux qui composent l'Ame » sensitive, peuvent cependant agir » sur lui. On conçoit ainsi comment l'Ame raisonnable peut être

Philosophe du bon sens, tome 2.

» liée à tout ce que ressent l'Ame
» sensitive; au lieu qu'il est impos-
» sible de concevoir qu'une sub-
» stance non-étendue agisse sur la
» matiere, & la matiere sur une
» chose qui n'est pas matérielle ».

Cette affreuse doctrine est claire, & beaucoup plus développée que celle de *Bacon*. Pour Ame raisonnable, elle nous offre un petit atome qui, à raison de sa solidité, peut agir sur l'Ame sensitive, & celle-ci ensuite sur la masse du corps. Cependant c'est dans une *Philosophie du bon sens* qu'on étale de tels principes.

II. Le Corps & l'Ame ne peuvent agir l'un sur l'autre que comme des causes occasionelles.

Ces horreurs, & d'autres semblables, montrent la nécessité de rejetter l'action immédiate des deux substances qui composent l'homme. Il n'y a que le systême des causes occasionnelles qui puisse satisfaire: en effet, pour que le corps agît immédiatement sur l'Ame, il faudroit que le premier pût communiquer physiquement à l'autre l'impression qu'il lui doit transmettre; & il faudroit de même que l'Ame fût capable de recevoir immédiatement l'impression matérielle que le corps lui

lui porteroit. Or c'est ce qui est impossible.

Le mouvement ne se communique que par le contact; & ce contact suppose nécessairement des parties solides impénétrables, les unes dans le corps choquant, pour transmettre le mouvement dont il est chargé; les autres dans la substance choquée, pour le recevoir. Il faudroit donc de toute nécessité, ou admettre dans l'Ame des parties impénétrables, ou la métamorphoser en un petit atome insécable, mais solide : grossiere extravagance, qui heurte de front contre les premieres notions du bon sens.

Il est donc manifeste que le corps ne peut agir immédiatement sur l'Ame : mais par la même raison il est démontré que l'Ame ne sçauroit non plus agir immédiatement sur le corps. Quel seroit le point de contact par lequel une substance immatérielle, inétendue, frapperoit une substance matérielle ? En supposant ces deux substances aussi intimement unies qu'elles le pourroient être, le méchanisme de leur contact n'en est pas plus concevable : dès que l'Ame est entiérement immatérielle, fût-elle, pour ainsi dire, tout près de son corps, elle ne seroit pas plus à portée d'agir physiquement sur lui, que si elle en étoit à six mille lieues.

Ainsi, Théodore, le sentiment que j'embrasse touchant l'action mutuelle du corps & de l'Ame, en ne les regardant à cet égard que comme des causes occasionnelles, n'est point une simple hypothèse ; il est appuyé sur les principes les plus incontestables. Nous devons donc concevoir que quand les mouvemens du corps font naître dans l'Ame des pensées qu'elle n'avoit pas auparavant, cela n'arrive ainsi que parce qu'à l'occasion de ces mouvemens de la machine, le Moteur suprême, selon les loix qu'il a établies, produit dans l'Ame des pensées qui sont étroitement liées à ces impressions corporelles.

De même, lorsque nous voulons que quelqu'un de nos membres se meuve, & que nous sommes promptement obéis, notre volition ne fait qu'occasionner ce mouvement. Comme néanmoins le souverain

Agent produit ces sortes d'opérations d'une maniere aussi immanquable, que si elles naissoient de l'action physique & réciproque du corps & de l'Ame, on peut fort bien dire sans restriction, que ces deux substances agissent mutuellement l'une sur l'autre : ce langage est très-permis, pourvu qu'on l'entende au sens qu'on vient d'expliquer. Mais ce sujet a été admirablement bien développé dans plusieurs excellens Ouvrages : je ne dois donc point m'y arrêter.

Vous remarquez sans doute, Théodore, que le principe dont je viens de faire usage, est une conséquence nécessaire de celui qui concerne la pure spiritualité de l'Ame. Un Philosophe qui connoît bien nettement que cette substance est essentiellement immatérielle, pourvu qu'il se suive, hésitera-t-il un instant sur la doctrine des causes occasionnelles ? S'il balance, c'est signe qu'il n'a pas une idée claire & précise de l'Ame. La véritable immatérialité de cette substance & la doctrine des causes occasionnelles sont inséparables : ce sont deux vérités qui se tiennent enchaînées de la maniere la plus indissoluble. A mesure que nous avancerons, Théodore, la liaison intime de ces deux points capitaux nous deviendra plus indubitable.

CHAPITRE SECOND.

De l'empire que l'Ame a sur le Corps.

L'AME a un vrai pouvoir sur son corps, du moins en qualité de cause occasionnelle : l'expérience & le sentiment intérieur nous en convainquent. Mais, pour ne rien avancer à l'aventure sur l'étendue de ce pouvoir, je dois, comme j'ai déjà fait ailleurs, considérer l'Ame dans deux états différens, avant, & après le péché.

I. Empire de l'Ame sur le corps dans l'état d'innocence.

Lorsque l'Ame étoit irrépréhensible, ainsi qu'elle l'a été dans nos premiers peres, elle avoit alors un pouvoir entier sur son corps : il ne s'élevoit aucun mouvement dans la machine que par le commandement de l'Ame ; nulle révolte contre la raison, nulle impression fougueuse qui abaissât l'Ame vers la terre: les sens la servoient sans lui offrir jamais rien qui la tentât. Tout étant dans l'ordre, la nature étoit soumise à l'homme. L'Ame d'Adam reconnoissoit Dieu comme au-dessus d'elle, & le corps à son tour reconnoissoit l'Ame comme sa Souveraine : elle regnoit, & le corps obéissoit.

Heureux jours ! qu'êtes-vous devenus ? Pouvons-nous penser à vous, & au déplorable état où nous sommes réduits, sans pleurer sur nos miseres ? Depuis la chute d'Adam, l'Ame est tombée dans la plus honteuse servitude : l'empire absolu qu'elle avoit sur son corps est anéanti : elle reçoit de la part de cet esclave mille impressions fâcheuses qui la rendent toute terrestre.

II. Combien cet empire est affoibli dans l'état où nous sommes aujourd'hui.

Jettons les yeux sur un enfant encore au berceau : il a une Ame, cela est hors de doute ; mais quel personnage fait-elle en lui ? Quelque foible que soit le corps qu'elle anime, c'est lui pourtant qui paroît seul agir. L'usage de la raison qui vient avec l'âge, d'ordinaire ne la délivre pas de l'empire des sens. Les passions, la vie animale qui l'accompagne quelquefois jusqu'au tombeau, tout cela ne montre que trop combien le pouvoir de l'Ame sur le corps est affoibli. Adam l'avoit tout entier, & à peine ses descendans en ont-ils quelque ombre.

Mais oublions les miseres de l'enfance : Paroissez ici, vastes & sublimes génies, qui semblez être élevés au-dessus des foiblesses de l'humanité. Ce Philosophe par sa sagacité & l'assiduité de ses travaux est parvenu aux connoissances les plus parfaites : du fond de son cabinet il va parcourir les cieux des étoiles fixes ; il arrange les tourbillons, il régle le mouvement des planetes ; il crée comme un monde nouveau dans ces immenses régions: mais attendez un moment, la faim & la soif l'arracheront à ces nobles idées. Ce puissant Ministre, par les ressorts secrets de sa politique, faisoit trembler toute l'Europe ; quelques vapeurs lui montent-elles à la tête, tous ces merveilleux projets s'évanouissent, il faut que cette grande Ame obéisse à son corps, & soit malade avec lui.

Pourquoi faut-il du moins que ceux qui ont blanchi dans la pratique de la vertu, ne soient pas totalement affranchis de ce malheureux esclavage ? Il est vrai qu'ils en sont délivrés jusqu'à un certain point ; mais qu'il leur reste encore de chaînes ! Que de liens secrets ! Que de servitudes ! Mouvemens involontaires dans le corps, volitions indélibérées dans l'Ame ; c'est ce qu'ils éprouvent à chaque instant. Le moindre mal que ressent leur machine, enleve à leur esprit une partie de sa force : un homme de bien lit un saint Livre, il en fait ses delices ; il se transporte d'esprit dans le séjour des Bienheureux ; mais un papillon vient-il à passer, ces augustes vérités ne lui sont plus rien : il les quitte pour courir après cet objet de néant.

III. Confirmation de ces principes par M. Bossuet.

» Que je suis malheureux, s'é-
» crie le grand Bossuet ! je veux
» me retirer en moi-même, je veux
» m'élever à la contemplation &
» aux vérités éternelles ; mais ce
» corps mortel m'accable : il émous-

» se toutes mes pensées, toute la
» vivacité de mon esprit ; je re-
» tombe dans mes sens, & replon-
» gé dans les images dont ils me
» remplissent, je ne puis retrouver
» ni mon cœur qui s'égare, ni mon
» esprit qui se dissipe «.

Elévations sur les Mysteres, cinquieme Elévation.

Au reste, Théodore, en disant que le peu d'empire que l'Ame a aujourd'hui sur son corps, ne peut venir que d'une prévarication commise dans la nature humaine, je ne crains pas que vous me désavouyiez. L'assertion que j'avance n'a rien que de conforme, je ne dis pas à la Foi, mais même à la Raison. J'ai pour garant de ce principe le sçavant Prélat que vous venez d'entendre. » Si ce corps, dit-il dans

Connoissance de Dieu, page 325.

» un autre Ouvrage, pese si fort à
» mon esprit ; si ses besoins m'em-
» barrassent & me gênent ; si les
» plaisirs & les douleurs qui me
» viennent de sa part, me capti-
» vent & m'accablent ; si les sens
» prennent le dessus sur la raison
» avec tant de facilité ; enfin si je
» suis captif de ce corps que je de-
» vrois gouverner, *ma Religion*
» *m'apprend, & ma raison me le*

» *confirme*, que ce malheureux état
» ne peut être qu'une peine envoyée
» pour la punition de quelque pé-
» ché, & de quelque désobéissan-
» ce «.

C'est donc une vérité incontestable, que le peu d'empire que l'esprit a maintenant sur son corps, ne vient pas de l'ordre primitif : dans le premier état où nos peres furent d'abord, l'harmonie, la subordination entre le Corps & l'Ame étoit parfaite : mais aujourd'hui que l'Ame est dans la servitude, & que le Corps regne, il faut nécessairement reconnoître que la Nature humaine est dans le désordre.

CHAPITRE TROISIEME.

Des Sensations.

ENTRE les opérations que l'Ame acquiert par son union avec le corps, la premiere qui se présente, c'est la sensation. Mais l'esprit humain se trouve ici dans une terrible humiliation : rien de plus vif, rien de plus frappant que la sensation, & en même temps rien de plus épineux que de la bien expliquer. Nous avons pourtant des vérités très-certaines sur ce point ; car telle est ordinairement la nature des questions les plus abstruses : au milieu des sombres nuages dont elles sont enveloppées, il y a presque toujours un endroit lumineux qui peut servir de flambeau.

J'examinerai ici trois choses. 1°. Les sensations peuvent-elles être dans la matiere ? 2°. En cas qu'elles ne puissent exister que dans une substance spirituelle, y ont-elles une faculté qui leur soit particuliere, & qu'on nomme la faculté de sentir ? 3°. Comment, à l'aide des sensations, l'Ame qui est sans aucune étendue, peut-elle voir des objets formellement étendus ? Vous sentez que des matieres si intéressantes demandent quelque détail.

Article Premier.

Sentiment de quelques Auteurs qui admettent de vraies sensations dans la Matière.

Il y a divers Philosophes qui n'hésitent point à soutenir que les corps sont très-capables de sensations : le célèbre *Bacon* peut être mis à leur tête. Vous l'avez déjà entendu : il prétend que l'Ame sensitive qu'il donne à l'homme comme à la brute, est formée du limon de la terre, & qu'une de ses fonctions est de sentir. La sensation peut donc se trouver dans la matiere : souffrez, Théodore, que je fasse sur cela une légere observation.

Ou Bacon ne met point de sensations dans l'Ame raisonnable, ou il y en met. Prend-il le premier parti, il s'ensuit que dans un homme qui sent de la douleur, la sensation est uniquement dans l'Ame sensitive ; & qu'ainsi l'Ame raisonnable connoît ce qu'elle ne sent pas ; l'être connoissant & l'être sensant, (passez-moi ce terme,) sont tota-

1. Bacon.

lement distingués : comment donc l'Ame raisonnable connoît-elle ce qu'elle ne sent pas ? C'est une merveille inexplicable ; & je ne crois assurément pas que Bacon, avec toute sa sagacité, eût pu en rendre raison.

Ce Philosophe donnoit-il des sensations à l'une & l'autre Ame ? En ce cas il y auroit deux *moi* pour la même sensation : *le moi* de l'Ame sensitive, & *le moi* de l'Ame raisonnable : la premiere donne le ton, & sur le champ la seconde, c'est-à-dire l'Ame raisonnable, se met à l'unisson : en un mot, pour une sensation que vous croyez avoir, vous en avez toujours deux, & dans deux êtres totalement différens l'un de l'autre. Tels sont les travers où la doctrine des deux Ames conduit directement.

II. *Ce sentiment plus développé dans un Auteur moderne.*

Cette étrange idée de reconnoître deux ordres de sensations toutes différentes, soit que l'illustre Chancelier l'ait soutenu, ou non, ne s'est pas renfermée en Angleterre : elle a malheureusement percé jusqu'en France.... » Il paroît,

Hist. Naturelle, t. 1.

» dit un célébre Auteur, que la dou-

» leur qu'un enfant reſſent, & qu'il
» exprime par ſes gémiſſemens, n'eſt
» qu'une *ſenſation corporelle*, *ſem-*
» *blable à celle des animaux*, qui
» gémiſſent auſſi dès qu'ils ſont nés,
» & que les ſenſations de l'Ame
» ne commencent à ſe manifeſter,
» qu'au bout de quarante jours qu'il
» commence à rire & à pleurer «.

La conſéquence qui réſulte de ce principe ſaute aux yeux : un enfant de huit jours n'a qu'une ſimple ſenſation, & elle eſt totalement matérielle. Mais un enfant de trois mois en aura-t-il deux, l'une encore *corporelle*, *ſemblable à celle des animaux*; l'autre qui ſera dans ſon Ame, & par conſéquent ne peut manquer d'être ſpirituelle. Il eſt vrai que cet Auteur ſemble varier ſur ce point; dans un autre endroit il met les ſenſations de l'homme même uniquement dans la matiere. » Les ſens, dit il, modifient » l'action des objets, & en portent » l'impreſſion modifiée dans le cer- » veau, où *cette impreſſion devient* » *ce qu'on appelle ſenſation*.... Il » me ſemble que le principe de la » *connoiſſance* n'eſt pas celui du *ſen-*

Hiſt. Naturᵉ. t. 4.

» *timent* ; que le germe de nos paf-
» fions eſt dans les appétits ; que les
» illuſions viennent de nos ſens, &
» réſident dans notre ſens intérieur
» matériel «.

Il paroît par cet énoncé, que l'Auteur place les ſenſations de l'homme dans ce qu'il nomme *le ſens intérieur matériel*, & nullement dans l'Ame proprement dite. Mais je n'ai pas deſſein de concilier ce qu'il pourroit y avoir de contradictoire dans ces principes ; mon unique but eſt de montrer que le ſentiment de *Bacon* ſur la matérialité des ſenſations, a malheureuſement trouvé des partiſans juſques dans le cœur de la France.

III. Doctrine de M. Stillingfleet ſur les ſenſations.

Il y a des Philoſophes qui diſtinguant la penſée de la ſenſation, prétendent que la premiere ne peut être dans la matiere, quelqu'artiſtement arrangée qu'elle ſoit : mais à l'égard de la ſenſation ils ſont plus indulgens ; ils ſoutiennent qu'elle peut fort bien être dans les corps, & ſurtout dans les machines bien organiſées, telles que ſont les brutes : c'eſt l'opinion du Docteur *Stillingfleet*, Evéque Anglois, qui a combattu plusieurs sentimens de M. Locke, & surtout son fameux doute touchant la possibilité de l'Ame matérielle.

Mais ce dernier étoit trop habile pour ne pas tirer avantage de ce que son Antagoniste lui accordoit ; car le Docteur Stillingfleet convenant qu'il y a de vraies sensations dans les brutes, M. Locke ne manqua pas de le pousser vivement sur cet article. » Puisque Dieu, selon vous, » lui disoit-il, peut donner à la matiere, dans les bêtes, la faculté » de sentir, pourquoi ne pourra- » t-il pas de même la mettre en » état de penser ? L'un est-il plus » impossible que l'autre « ? Il faut l'avouer, l'argument étoit pressant, & même sans réplique : car la sensation est nécessairement accompagnée de quelque pensée, au moins sombre & confuse ; mais l'Adversaire de M. Locke, par son bizarre principe sur les sensations des bêtes, s'étoit mis hors d'état de lui répondre.

Réponse au Doct. Stillingfleet.

Article Second.

Que la sensation ne peut être que dans une substance immatérielle.

Les tristes écarts que je viens d'exposer nous montrent l'unique route qu'il y ait à prendre : la sensation ne sçauroit être que dans une substance immatérielle ; on la peut définir *une modalité de l'Ame excitée en elle à la présence des objets corporels qui frappent nos sens, & qui nous avertit ou de l'état de notre propre corps, ou de l'état des corps qui environnent le nôtre.*

Un homme placé trop près du feu se brûle-t-il, son Ame s'apperçoit que son corps est dans un état contraire à sa bonne constitution : entend-il le son d'un horloge, il juge de la distance où le corps sonore est par rapport à lui : il en reconnoît donc l'état. Les fibres nerveuses reçoivent l'impression que les corps étrangers leur envoient, & à cette occasion l'Ame éprouve telle ou telle sensation : mais de quelque part que cette impression vienne, il est impossible que la sensation qui la suit, réside dans un corps.

Car 1°. une modalité qui est essentiellement jointe à la pensée, ne sçauroit exister que dans une substance spirituelle. Or tel est le caractere de la sensation : en effet tout être qui sent, apperçoit en même temps qu'il a tel ou tel sentiment, telle ou telle modalité. Or appercevoir une certaine modalité, c'est une pensée réelle. Toute sensation est donc nécessairement accompagnée de quelque pensée : mais, ainsi que je l'ai déjà fait voir, la pensée ne peut jamais se trouver dans un être matériel ; on doit donc assurer la même chose par rapport à la sensation : la pensée qui lui est toujours jointe, le démontre.

Première Raison. La sensation est essentiellement jointe à la pensée.

J'ai déjà touché quelque chose de la preuve qui va suivre ; mais c'est ici sa vraie place ; & elle est d'ailleurs trop intéressante pour l'omettre.

L'expérience nous apprend qu'un même homme peut avoir plusieurs sensations claires, distinctes, & toutes différentes : la vue, l'ouïe, l'o-

Seconde Raison. Les différentes sensations qu'un

être pensant éprouve tout à la fois, demandent un seul & même moi.

dorat, le goût, le tact, ces sensations peuvent tout à la fois être réunies dans la même personne ; elles n'ont entr'elles aucune affinité : quel rapport, par exemple, la sensation de l'ouïe a-t-elle avec celle du goût ? Il en est de même des autres : cependant, Théodore, il n'y a qu'un seul & même *moi* qui les éprouve toutes. Ce *moi* individuel dit de chaque sensation, *je sens* : de plus, il les compare, il juge, il prononce sur leur diversité.

Ce n'est pas encore assez dire : quelquefois les sensations sont diamétralement opposées. Qu'un homme souffre des douleurs aiguës sans aucune interruption, & que pendant ce temps on lui donne quelque potion agréable, & à son goût, cette liqueur lui causera un sentiment de plaisir instantané. Voilà donc deux sensations toutes contraires, le plaisir & la douleur : elles se font sentir dans la même Ame, & dans le même temps : le même *moi* qui répond à l'une, répond aussi à l'autre. Ce que je dis ici n'est pas un raisonnement en l'air, c'est une chose d'expérience.

Or est-il possible que ces sensations, soit différentes, soit contraires, se concentrent jamais dans une substance matérielle ? Qu'on prenne le corpuscule du monde qui ait le moins de masse, on ne niera pas du moins que les sensations contraires qui le modifient, n'affectent séparément des points différens de ce petit corps : car si les impressions qui produisent ces sensations, frappoient au même point physique, & de la même maniere, il est visible qu'il n'y auroit ni diversité, ni contrariété de sensations. Il faut donc que ces impressions s'adressent à différentes parties de cette petite substance matérielle : que l'une, par exemple, s'adresse à la surface, l'autre pénétre jusqu'au centre ; une troisieme se loge à droite, une quatrieme à gauche, &c.

Mais à qui persuadera-t-on que diverses sensations ainsi disposées dans divers points de ce corpuscule, soient identifiées dans un seul & même *moi* ? Quoi donc ! la sensation qui est au centre, appartient-elle au même *moi* individuel que celle qui est à la surface ? Puisque les petits cantons où les sensations diverses résident, sont distingués, il est impossible que les *moi* qui leur répondent, ne le soient aussi. Par conséquent, s'il y a dix sensations en même temps dans l'Ame, il y aura dix *moi* différens qui en seront affectés : éprouve-t-on en même temps deux sensations toutes contraires, il y aura dans le petit corps deux *moi* tout opposés. Qui ne voit le ridicule de cette bizarre prétention ?

TROISIEME RAISON.
En voyant certains objets, nous avons une foule innombrable de sensations.

Voici une nouvelle preuve qui paroît entiérement péremptoire : lorsqu'un homme regarde un objet d'une certaine étendue, comme la statue de Louis XIV qui est à la Place des Victoires, il croit n'avoir qu'une seule sensation, mais il est aisé de lui montrer qu'il en a un nombre presqu'infini : car c'est un fait certain, qu'il a autant de sensations, qu'il y a de points optiques dans cette statue qui viennent se peindre dans son œil. Chaque point physique de cette vaste piéce est vu par une sensation particuliere : c'est une observation incontestable & nouvelle, que nous devons à un célébre Philosophe de nos jours.

Lettres à un Matérialiste, treizieme Lettre.

Or, qui pourroit marquer le nombre de ces points optiques, que la statue dont je parle renvoie à l'œil de celui qui la considére ? Il en vient du front, des yeux, du contour du visage, du reste du corps ; la draperie & les divers accompagnemens de cette magnifique piéce, tous ces différens objets sont peints sur l'organe de l'Observateur par une infinité de rayons réfléchis ; & comme chacun de ces rayons, ou chacun des points optiques qu'ils lui amenent, fait son impression différente, s'il y a un milliart de points optiques, cet homme aura aussi un milliart de sensations toutes différentes.

Dans le sentiment que nous embrassons, Théodore, cette multiplicité infinie de sensations n'a rien qui répugne : une substance spirituelle pouvant avoir à la fois cinq sensations toutes différentes, & qui n'ont que *le même moi*, peut aussi en avoir cent, dix mille, un million, pour lesquelles il n'y aura aussi qu'un *moi* simple & unique.

Mais placez cette foule inexprimable de sensations dans une substance matérielle, ne sera-ce-pas le phénomene le plus inconcevable, & le plus révoltant qu'il y ait au monde? Des milliarts de sensations distribués dans les points physiques d'une molécule dont la petitesse est incroyable, ce sont-là des songes dont les enfans même se moqueroient, si on les leur débitoit. C'est donc une vérité certaine, évidente, qu'une Ame matérielle, quelle qu'elle puisse être, soit dans l'homme, soit dans les brutes, ne sçauroit jamais être susceptible de la moindre sensation.

Article Troisieme.

Les sensations supposent-elles dans l'Ame une faculté particuliere, qu'on nomme faculté de sentir?

Le terrein où je vais marcher n'est pas à beaucoup près aussi uni que celui que je quitte : il est embarrassé, & même couvert d'écueils. La sensation appartient-elle aux deux facultés universellement

DE LA NATURE DE L'AME. 191
reconnues dans l'Ame, je veux dire à la connoissance & à l'amour? ou bien y forme-t-elle une faculté particuliere, dont le propre soit de sentir, comme celui de l'entendement est de connoître? Vous n'ignorez pas, Théodore, qu'il y a des Auteurs qui embrassent ce second sentiment : d'autres, frappés des grandes difficultés qu'il renferme, penchent pour le premier; ils croient que les sensations ne supposent point dans l'Ame une faculté différente de celles de la connoissance & de l'amour : ils en donnent quelques raisons que je vais rapporter.

Posé le systême de ceux qui admettent trois facultés différentes dans l'Ame, celle qui a le sentiment dans son district, exerceroit continuellement ses actes ainsi que les deux autres; & elle les exerceroit conjointement avec elles. Comme donc l'Ame ne connoît jamais sans aimer, ni n'aime jamais sans connoître, la connoissance & l'amour seroient toujours accompagnés de quelque sensation proprement dite; il le faudroit bien, car

PREMIERE RAISON.
Une faculté destinée à sentir dans l'Ame, y exerceroit continuellement ses actes comme les deux autres : ce qui est contraire à l'expérience.

autrement conçoit-on que l'Ame pût demeurer simple ?

Si pendant que les facultés de connoître & d'aimer exercent continuellement leurs actes, la faculté de sentir pouvoit en quelques momens suspendre les siens, alors il n'y auroit, pour ainsi dire, que deux portions de l'Ame qui seroient en action : la troisiéme, c'est-à-dire la faculté sensitive, demeureroit totalement dans l'inertie, ou dans une espece de sommeil : étrange situation, qui paroît aussi peu compatible avec la simplicité de l'Ame, qu'avec sa pure spiritualité. Pour obvier à ces inconvéniens, il faudroit convenir que les trois facultés de l'Ame sont toujours en exercice : ainsi cette substance n'exercera jamais aucun acte, qu'il n'y ait en même temps connoissance, amour, & sensation.

Or c'est ce qu'on ne peut soutenir ; car, je vous le demande, Théodore, lorsqu'un grand Théologien tâche, selon qu'il en est capable, de contempler l'éternité de Dieu, qu'il se représente cette incompréhensible unité d'être, sans durée,

durée, sans succession, sans passé, sans futur, où tout est présent, & l'est immuablement, son Ame a-t-elle quelque sensation par rapport à l'adorable objet qu'elle considére? Elle connoît dans cet acte, elle y aime, cela est indubitable ; mais y sent-elle ?

Prenons un autre exemple. Qu'un Mathématicien cherche quelque vérité intellectuelle, & qu'enfin il la découvre ; je conçois que ses facultés de connoître & d'aimer sont nécessairement de la partie ; je vois distinctement ce qu'elles y opérent : mais je ne conçois en aucune maniere la part que la sensation peut y avoir. Quand elle seroit entiérement bannie de cet acte, l'opération du Mathématicien ne s'en seroit pas moins.

Non-seulement le ministere de la sensation y est totalement inutile, mais il semble de plus qu'il ne sçauroit y intervenir ; car ces sortes d'objets ne sont point de son département : ce qui est simplement intellectuel, comme les Mathématiques pures, dans les actes qui lui sont propres, n'admet rien de sensitif. L'hypothèse des trois facultés de l'Ame croule donc, quand on l'envisage sous ce rapport.

SECONDE RAISON. *Les sensations ne sont que des connoissances sombres, accompagnées de quelque degré d'amour.*

Une modalité qui se rapporte essentiellement à la connoissance & à l'amour, ne demande point dans l'Ame une faculté différente de celles par lesquelles elle connoît & elle aime. Daignez y faire attention, Théodore; vous reconnoîtrez, ce me semble, que c'est-là le vrai caractère de la sensation. Que l'on montre à un jeune homme un habit d'une éclatante couleur, comme seroit l'écarlate, il se passe deux choses en lui: 1°. il connoît que cet objet est rouge, & non pas noir; il distingue de plus le rouge de l'écarlate de tout autre rouge: c'est-là ce qui concerne la connoissance.

2°. Cette vive couleur le charme; il l'aime incomparablement mieux que si elle étoit sombre, ou brune; il est visible qu'il y a là un mouvement d'amour: ainsi la vue de l'écarlate occasionne dans ce jeune homme deux modalités qui se joignent, & qui paroissent, pour ainsi dire, s'incorporer; c'est ce qui forme sa sensation.

Cela ne suffit pas, me direz-vous; outre cette connoissance & cet amour, il faut admettre de plus un sentiment sombre, par lequel l'Ame sent vivement, quoique d'une maniere indéfinissable, ou l'état de son corps, ou celui des autres corps qui l'environnent.

Je voudrois bien, Théodore, pouvoir me prêter à ce systême: j'ai même essayé plus d'une fois de lever mes doutes sur ce point; mais je n'ai pu y réussir. Reprenons l'exemple dont j'ai déjà fait usage: ce jeune homme qui voit clairement que l'habit d'écarlate qu'on lui montre, ne tire ni sur le brun, ni sur le jaune, ne sçauroit me définir ce que c'est que le rouge en particulier, ni même le rouge en général. Mais pourquoi avoir ici recours à un pur sentiment distingué de l'amour & de la connoissance?

Il paroîtroit plus simple & plus naturel de dire que l'impossibilité où l'on est de définir le rouge, vient d'une privation de lumiere. Si nous connoissions mieux la maniere dont les rayons qui servent aux couleurs, sont construits; si de même le tissu interne des corps colorés qui reçoivent ces rayons, se montroit clairement à nos yeux, il y a tout lieu de croire que ce qui nous paroît aujourd'hui l'effet d'un pur sentiment, disparoîtroit ; nous l'attribuerions uniquement au défaut des lumieres qui nous manquoient.

J'applique cette même remarque à la sensation du plaisir : imaginez-vous, Théodore, un homme qui connoîtroit pleinement le méchanisme de toutes les fibres nerveuses, musculaires, &c. qui, selon les loix de l'Agent suprême, sont les causes occasionnelles du plaisir dans l'Ame; qu'il en voie clairement le jeu & les ressors ; qu'il ait avec cela une connoissance plus étendue, plus nette, des modalités de son Ame, pensez-vous qu'alors il ne trouvera dans la sensation du plaisir qu'un sentiment aveugle & confus ? Il me semble qu'en de telles circonstances cette connoissance plus développée des deux substances qui le composent, lui dévoileroit tout ; il verroit avec assez de clarté ce qui ne nous paroît qu'obscur dans la sensation du plaisir,

Pourquoi cet homme qui souffre des maux aigus que la pierre lui cause, ignore-t-il ce que c'est que la douleur ? A la vérité il connoît distinctement que son corps est dans un très-mauvais état ; mais il ne sçait pas quelles sont précisément les parties organiques qui occasionnent en lui de si violentes tortures : il ne voit pas le Moteur suprême qui, à l'occasion du dérangement de sa machine, produit en son Ame ces fâcheuses sensations ; il ne voit pas de quelle maniere son entendement & sa volonté sont affectés dans la douleur : plus cette modalité est vive, plus il est convaincu de la mauvaise constitution de son corps. . . . Mais ce méchanisme secret, le détail de tous les dérangemens survenus à ses nerfs, à ses tendons, à ses muscles, à ses visceres ; tout cela est un mystere pour lui. Dois-je donc m'étonner si, au milieu de tant de ténébres, il ne trouve dans la douleur qu'un fond inépuisable d'obscurité ?

De l'aveu de tout le monde, outre les connoissances claires, il en faut admettre d'autres imparfaites;

sombres, & confuses ; j'en parlerai plus au long dans la suite. Quel inconvénient y auroit-il de dire que cette notion obscure qu'on remarque dans la sensation, est de ce nombre ? Il semble même que le mouvement d'amour qui s'y trouve joint, contribue à cette confusion ; car, comme comme ces deux modalités sont étroitement unies dans la sensation, l'esprit est comme incertain à quelle faculté il la rapportera, si c'est la connoissance, ou l'amour, qui la caractérise.

Troisieme Raison. Le sentiment de ceux qui n'admettent point une troisieme faculté dans l'Ame, soutenu par d'illustres Auteurs.

Ces raisons, Théodore, font voir, ce me semble, que le système des Philosophes qui mettent dans l'Ame une faculté uniquement consacrée aux sensations, souffre d'assez grandes difficultés. Au reste, le sentiment contraire, pour lequel j'avoue naïvement que j'incline, n'est rien moins que nouveau ; au contraire, on peut dire que c'est le plus ancien : ni S. Augustin, ni Descartes, n'ont point reconnu cette troisieme faculté qui auroit pour objet la seule sensation.

Le célebre Auteur de *l'Action de Dieu*, non-seulement ne l'admet pas, mais-même il la combat ; selon lui, les sensations doivent être rapportées à la connoissance & à l'amour ; elles en sont *le renforcement, le couronnement, & la perfection.* » Les sensations, dit-il, » sont des modifications de nos per- » ceptions & de nos amours. On » peut avoir deux opinions sur les » sensations ; la premiere, qu'il y a » dans l'Ame trois sortes de modi- » fications différentes, & paralle- » les ; connoissance, amour, sensa- » tion : la seconde, que les senti- » mens sont des dépendances de la » connoissance & de l'amour ; & » qu'elles en sont l'apanage. Cette » derniere opinion me paroît pré- » férable à la premiere «.

<small>Troisieme Sect. chap. 8.</small>

Je pourrois encore m'autoriser de l'Auteur de la *Recherche de la vérité.* » On peut conclure que c'est » l'entendement qui imagine les » objets absens, & qui *sent* ceux » qui sont présens ; & que les sens » & l'imagination ne sont que l'en- » tendement appercevant les objets » par les organes du corps.... Par » le mot de *sens*, nous n'entendons » rien autre chose que l'entende-

<small>T. 1 ; ch. 1.</small>

» ment appercevant quelquechose
» à l'occasion de ce qui se passe dans
» les organes de son corps «. Je l'avoue, cet illustre Philosophe paroît borner les sensations à l'entendement : mais s'il ne parle point des modifications de l'amour, aussi ne les exclut-il pas : ce qui résulte nettement de ses principes, c'est qu'il est fort éloigné d'admettre dans l'Ame une troisieme faculté, dont la seule fonction seroit de sentir.

Article Quatrieme.

De la maniere dont les sensations nous font appercevoir les choses étendues.

La question que je quitte est fort épineuse, celle que j'entame l'est encore plus ; car il s'agit de lier ici des vérités dont l'accord ne paroît presque pas possible. L'Ame est simple, spirituelle, inétendue : les sensations qui se trouvent en elles ont aussi le même caractere : ce sont-là des vérités inébranlables. Cependant il est certain que les sensations font appercevoir à l'Ame quelque chose d'étendu. Quand un homme regarde quelque beau paysage, ces modifications de couleur qui sont dans son Ame, il les répand sur tous les corps qu'il considére : cette campagne eût-elle deux lieues d'étendue, il la couvre entiérement de couleur. Or le moyen d'accorder ce phénomene avec la simplicité de l'Ame?

Je l'avoue, Théodore, la difficulté est grande : mais 1°. elle est commune à tous les systêmes, quels qu'ils puissent être ; les Matérialistes ont à la combattre ainsi que nous. Ceux-ci avouent d'ordinaire que l'Ame, quoiqu'étendue, est impalpable : dans cette hypothése, comment expliquer les merveilles de la vision? Qu'un Matérialiste soit dans la Plaine de S. Denis, il voit tous les objets auxquels sa vue peut s'étendre ; les maisons, les côteaux voisins, les campagnes couvertes de bled : tout vient se peindre distinctement sur la rétine de son œil. Comment une si petite membrane peut-elle être le champ où tant d'objets, en long & en large, se réunissent? Premier miracle.

En voici un second : Posée l'hy-

I. La difficulté d'expliquer comment les sensations nous font voir les choses étendues, est la même dans tous les systêmes.

pothèse du Matérialisme, l'Ame prend connoissance de toutes les choses dont l'image est tracée sur la rétine: cette Ame est imperceptible; & la rétine, quoiqu'elle n'ait que quelques points d'étendue, est un vrai monde auprès d'elle. Mais dès-lors puis-je concevoir qu'une substance impalpable, imperceptible, reçoive distinctement l'empreinte de tous les objets qu'elle voit ? Elle n'est que comme un néant d'étendue ; cependant une étendue physique de deux lieues quarrées viendra s'y peindre. Je ne crains pas de le dire, quand tous les Matérialistes de la terre joindroient leurs lumieres pour résoudre ce problême, ils y succomberoient.

II. Insuffisance de ce que les Philosophes soutiennent pour montrer de quelle maniere l'étendue nous devient sensible.

Cette difficulté touchant la maniere dont l'étendue nous devient sensible, est donc la même dans toutes les hypothèses qu'on peut embrasser. On trouve des Auteurs d'un excellent génie, qui en ont tenté l'explication : mais ont-ils pleinement réussi ? » Les points de vi-
» sion, dit un célébre Philosophe,
» étant des modifications de notre
» Ame, sont incapables d'être com-

» binés, de faire un tout, de for-
» mer une image: mais la relation
» que Dieu met par sa révélation
» naturelle entre ces points de vi-
» sion & les points optiques, tels
» qu'ils nous sont peints, leur don-
» ne un certain ordre, une certaine
» combinaison : & cette relation
» étant nécessaire, & tellement né-
» cessaire, que les points de vision
» ne subsisteroient point sans elle,
» l'idée de combinaison, & les sen-
» sations correlatives aux points op-
» tiques, sont identifiées dans notre
» Ame.... Il me paroît que les
» Carthésiens ne parlent pas exac-
» tement, lorsqu'ils disent que les
» couleurs sont des modifications
» de notre Ame ; car la couleur est
» cette modification nécessairement
» relative à la combinaison des
» points optiques, à la révélation
» de la présence du corps repré-
» sentée par ces points «.

Lettres à un Matérialiste, Lettre trei-zieme.

Cette explication est assurément très-ingénieuse : mais éclaircit-elle le point capital de la difficulté ? Je conviens bien que Dieu, par sa ré-vélation naturelle, a mis une rela-tion véritable entre les points de vision, tels qu'ils sont dans notre Ame, & les points optiques qui nous viennent des objets : je conviendrai encore que la couleur est une modification *nécessairement relative* à la combinaison des points d'optique, à la révélation de la présence du corps, représentée par ces points ; cependant ces ingénieuses idées ne nous expliquent pas comment l'Ame voit cette vive couleur qui la frappe, & qui lui paroît étendue en long & en large.

La révélation naturelle que Dieu fait à mon Ame de la présence d'un certain corps, ne me fait pas pour cela appercevoir ce corps d'une maniere sensible & palpable. Un aveugle qui entend une personne qui lui parle, est bien assuré qu'il y a un homme réel devant lui ; cependant il ne le voit pas sensiblement. Ainsi, Théodore, quoiqu'on admette cette révélation naturelle que Dieu nous fait, tant de l'existence que de la présence des corps, tout n'est pas éclairci : il reste encore à sçavoir comment cet être physique, étendu, coloré, est sensiblement apperçu par notre Ame.

On peut néanmoins proposer quelques vues générales sur ce point; dire, par exemple, que quand l'Ame apperçoit un objet étendu, cela se fait ainsi, parce que cette substance revêtant en quelque maniere de sa propre modalité l'idée purement intellectuelle de ce corps, par ce moyen l'objet lui devient sensible : car 1°. il est très-vraisemblable, ainsi que je compte le montrer dans la suite, que l'Ame voit les idées des êtres même corporels. 2°. A l'occasion d'un objet qui frappe mes yeux, comme seroit un arbre chargé de fruits, dont l'image se peint au fond de mon œil, le Créateur imprime dans mon Ame une modalité par laquelle je couvre en quelque maniere l'idée de l'arbre de certaines qualités sensibles. Cet embellissement n'est pas étranger à l'idée de l'arbre : au contraire, il en est l'apanage naturel. C'est la forme sensible sous laquelle le souverain Agent a résolu de me la faire voir.

Il est vrai que je n'explique pas comment une modalité qui n'est que dans l'Ame, & qui par conséquent est inétendue, peut paroître sensible ; en sorte que, par son moyen, un corps avec toutes ses dimensions physiques devienne palpable. S'il est des personnes qui comprennent bien cette merveille, je les en félicite : mais pour moi j'avoue naïvement que je ne suis pas de ce nombre : j'aime mieux convenir de mon ignorance, que de vouloir expliquer ce que je n'entends pas.

Cependant l'impossibilité d'éclaircir ce phénomene, ne donne aucune atteinte aux vérités inébranlables que nous connoissons sur ces matieres. 1°. De quelque maniere que les objets colorés nous deviennent sensibles, il est incontestablement vrai que notre Ame, qui les voit, demeure toujours simple, & absolument inétendue. 2°. Il n'est pas moins vrai que la sensation ne sçauroit jamais se trouver dans un être matériel : il n'y a que les substances purement immatérielles qui la puissent avoir.

CHAPITRE QUATRIEME.
De l'Imagination.

ON peut définir l'Imagination, la puissance qu'a l'Ame de se former des images qui lui représentent les objets corporels qui n'agissent point actuellement sur les organes des sens. D'où il résulte que dans tout acte où l'imagination a part, il entre deux choses: 1°. Une image qui est l'objet apperçu: 2°. La perception de l'Ame qui voit cette image: ce qui montre que l'imagination est une espece de sensation; ou, pour parler plus exactement, que c'est une sensation affoiblie: car ces deux opérations de l'Ame ont la perception pour fond. Dans la premiere elle est plus vive, & dans la seconde plus foible.

L'expérience nous apprend que quand nous imaginons quelque objet, nous en voyons comme une sombre image, qui paroît tantôt hors de nous, & tantôt au-dedans de nous-mêmes; hors de nous,

1.º De l'image de l'objet.

quand la chose représentée nous est étrangere ; au-dedans de nous-mêmes, quand elle est dans notre propre corps. M'imaginai-je voir la Ville de Jérusalem ? je mets cette image à une certaine distance. Veux-je me figurer mon propre cerveau ? j'en place la représentation dans ma tête. Mais quels que soient ces objets, extérieurs, ou intérieurs, l'image que l'homme s'en forme n'est réellement qu'en lui-même.

Quant à la nature de cette image, il y a des Auteurs qui soutiennent qu'elle est immatérielle ; ils prétendent que comme l'acte de la sensation est purement spirituel, il en est de même de l'imagination : mais il paroît que ceux qui pensent ainsi, ne distinguent pas assez l'acte propre de l'Ame, d'avec l'objet qu'elle apperçoit ; ce sont néanmoins des choses totalement différentes.

Lorsque vous regardez, Théodore, un de vos amis qui s'avance vers vous, l'acte de votre sensation, considéré du côté de votre Ame, est purement spirituel ; mais l'objet que vous avez apperçu ne l'est sûrement pas : car ce n'est pas un être intelligible que vous voyez ; c'est un être physique, qui frappe vos sens. L'image sensible de cet objet est donc corporelle.

J'en dis autant de l'imagination : lorsque vous vous représentez en vous-même l'image du Mausolé de M. de Turenne, l'acte interne par lequel vous imaginez, est spirituel ; mais la représentation que vous vous figurez alors, est étendue. En effet, vous y observez des dimensions sensibles, physiques, que vous pouvez mesurer mentalement : caracteres qui ne conviennent certainement point à un objet inétendu. C'est ce qui porte à croire que cette image de l'objet dans l'imagination, est quelque chose de sensible & de matériel.

Ce sentiment ne m'est pas particulier ; c'est celui du P. Mallebranche. Après avoir exposé assez au long ce qui caractérise l'imagination, voici ce qu'il en conclut : » Cela fait voir, dit-il, que la puis- » sance qu'a l'Ame de former des » images, renferme deux choses ;

» l'une qui dépend de l'Ame-mê-
» me, & l'autre qui dépend du
» corps. La premiere est l'action
» & le commandement de la vo-
» lonté; la seconde est l'obéissance
» que lui rendent les esprits ani-
» maux qui *tracent ces images*, &
» les fibres du cerveau sur lesquel-
» les elles doivent être gravées «.

Mais lorsque l'Ame imagine, forme-t-elle physiquement l'image qu'elle apperçoit? Les premiers élémens de la Métaphysique démontrent l'impossibilité d'une telle fabrique. Afin que l'Ame pût agir dans cette opération comme cause physique, il faudroit qu'elle sçût comme elle doit s'y prendre: comment, par exemple, pour imaginer un Christ, elle doit choisir les traits qui y sont propres, tandis qu'elle écartera ceux qui n'y conviennent pas: mais qui pourroit attribuer à l'Ame la connoissance d'un tel méchanisme? Tout ce qu'elle fait quand elle imagine, c'est de souhaiter avoir telle ou telle image; du reste elle en ignore totalement la construction. Ainsi cette image est physiquement l'ouvrage de l'Agent suprême, & il l'opére à l'occasion du vouloir de l'Ame.

Sçavoir maintenant quels sont les ressorts précis que le divin Moteur emploie pour le méchanisme de l'imagination ; c'est ce qu'on ne peut gueres expliquer, du moins d'une maniere pleinement satisfaisante : cependant les Physiciens modernes ont sur ce point des vues fort ingénieuses : mais comme leur explication n'est appuyée que sur des ressorts dont nos regards ne peuvent suivre le jeu, on ne la peut donner pour certaine. Ce qu'il y a d'incontestable sur cette matiere, c'est que l'image que nous appercevons en imaginant, est l'ouvrage du Créateur ; notre Ame n'en est que la cause occasionnelle.

La seconde chose qu'il faut considérer dans l'imagination, & dont j'ai déjà dit un mot, c'est l'action même de l'Ame qui imagine. Il est visible qu'il faut bien distinguer cette opération d'avec l'image que l'esprit apperçoit : l'image est l'objet apperçu, & l'acte de l'Ame est une véritable perception ; moda-

II. La perception de l'Ame.

lité qui ne sçauroit se trouver que dans une substance spirituelle: mais cet article est trop clair pour que je m'y arrête.

III. Deux sortes d'imaginations, les unes volontaires, les autres involontaires.

L'expérience apprend à l'homme qu'il y a en lui deux sortes d'imaginations, les unes libres, & les autres involontaires. Lorsqu'un Architecte à qui on demande le dessein d'un Palais, imagine le plan qu'il croit être le plus juste & le plus beau pour cet édifice, son acte est très-volontaire; & l'imagination par conséquent l'est aussi. Mais lorsqu'un homme qui a été témoin d'un horrible assassinat, se représente malgré lui l'image de ce forfait, il est manifeste que cette imagination en lui est entièrement involontaire. Dans le premier cas l'Ame agit avec une véritable activité: dans le second elle est plus passive qu'active.

IV. Doctrine absurde de Bacon & de l'Apologiste de M. Locke sur l'imagination.

L'image apperçue par l'Ame, quand elle imagine, ainsi que je l'ai montré, ne vient point physiquement d'elle; l'Ame n'en est que cause occasionnelle. Il n'est aucun homme de bon sens qui ne dût convenir de ce principe: mais voici des Auteurs qui pensent bien autre-

vient. Si j'en crois Bacon, « lors-
» que le corps se meut, c'est l'ima-
» gination qui préside à ce mouve-
» ment ; elle en est la conductrice,
» & comme le *cocher* ; de façon que
» quand l'imagination qui a mis la
» machine en branle, vient à cesser,
» le mouvement qu'elle avoit fait
» naître cesse aussi, comme il nous
» arrive quelquefois lorsque nous
» marchons : car, s'il nous survient
» quelque nouvelle pensée vive &
» frappante, la premiere disparoît,
» & le corps s'arrête (a) «. Ainsi,
lorsque nos membres se meuvent,
c'est l'imagination, c'est-à-dire, selon le sentiment de l'Auteur, l'Ame
sensitive, qui brille dans cette opération; elle tient les rênes, pousse,
arrête ses coursiers, qui sont les esprits animaux, & leur fait faire
tout le manége qu'il lui plaît.

Cette sublime idée se retrouve
sous une autre forme dans l'Apologiste de M. Locke, que l'on dit être

(a) Motûs rector, & quasi auriga, ima-
ginatio; adeo ut dimissâ imagine ad quam
motus fertur, statim intercipiatur & sista-
tur motus ipse : ut cùm deambulamus, si
alia subeat cogitatio, acris & defixa, con-
tinuò consistimus. *De augm. Scient. l.* 4. c. 3.

des Cantons Helvétiques. » Ne » pourroit-on pas conclure, dit-il, » que notre imagination, *par le moyen d'une matiere subtile introduite dans notre cerveau*, em- » preint, c'est-à-dire forme, l'image » d'un homme que je vois la nuit » dans mes songes ? D'où il s'ensui- » vroit, *qu'une idée ne seroit autre chose qu'une partie de matiere subtile*, déterminée par l'imagination » d'une certaine maniere sur l'ob- » jet que cette idée représente : & » que par conséquent cette idée » seroit un être réel & corporel «.

Ces deux morceaux s'accordent assez bien : le Chancelier d'Angleterre nous représente l'imagination comme un *cocher* ; & l'Auteur Helvétique nous la donne pour un Peintre qui a le pinceau à la main : le cerveau lui sert de toile, & les parties de la matiere subtile de couleurs. Ces extravagances sont à peu près de même calibre ; mais quelque absurdes que celles-ci vous paroissent, Théodore, elles ne seront pas les dernieres : vous en entendrez d'autres qui sont encore plus révoltantes.

Essai d'un nouveau système sur la nature des êtres spirituels, où l'on fait l'apologie de M. Locke, t. 4. seconde part. p. 222.

CHAPITRE CINQUIEME.

De la Mémoire.

La Mémoire est la faculté que l'Ame a de se rappeller des pensées qu'elle a déjà eues. Cette définition paroît assigner exactement les vrais caracteres de la mémoire, en disant que c'est une faculté de l'Ame, & qu'elle a pour objet des pensées que l'esprit a déjà eues. On distingue la vraie mémoire, de celle à laquelle on en donne improprement le nom. En effet, les personnes qui se veulent former des idées un peu exactes sur ce sujet, distinguent trois sortes de mémoires; l'une purement corporelle, l'autre qu'on pourroit nommer mixte, c'est-à-dire, corporelle d'un côté, & spirituelle de l'autre; la troisieme enfin purement intellectuelle: j'en parlerai séparément.

Article Premier.

De la Mémoire corporelle.

1. Mémoire des bêtes.

Je dis d'abord qu'il y a une mémoire qui n'est que corporelle : telle est la mémoire des bêtes. Elle consiste en ce que les objets extérieurs ayant frappé leurs sens, impriment dans leur cerveau des traces durables ; de façon que, quand dans la suite les mêmes objets viennent encore à agir sur leurs organes, ils renouvellent les premieres traces qu'ils avoient formées ; d'où s'ensuit dans ces animaux le même mouvement qui y avoit été excité.

Ce méchanisme, aussi simple que naturel, peut servir à expliquer quantité d'opérations surprenantes qu'on admire dans les bêtes. L'Auteur de la Nature leur a donné des organes extrêmement déliés, tendres pour recevoir les impressions des corps qui agissent sur eux, mais assez fermes pour les conserver. Or des fibres pliées par les esprits animaux, & frappées une seconde, une troisiéme fois par ce même fluide,

fluide, ne pourroient-elles pas suffire pour cette mémoire des brutes? Est-il nécessaire d'admettre en elles une mémoire proprement dite?

L'illustre M. Locke ne l'entend pas ainsi; selon lui, » on ne sçauroit » prouver que des oiseaux puissent, » sans sentiment & sans mémoire, » conformer peu à peu les infle- » xions de leur voix à un air qu'on » leur joua hier; puisque, s'ils n'en » ont *aucune idée dans leur mémoire,* » il n'est présentement nulle part; » & par conséquent ils ne peuvent » avoir aucun modele pour l'imiter, » ou pour en approcher de plus » près par des efforts réïtérés «.

Il semble néanmoins, Théodore, que cette merveille n'est pas inexplicable : pour qu'un oiseau retienne un air de flageolet, & le rende de la même maniere qu'il l'a reçu, je ne vois pas qu'il faille ni sentiment, ni mémoire proprement dite. 1°. Le sentiment n'est pas nécessaire : on ne peut nier qu'il n'y ait dans certains oiseaux, tels que les serins, une conformation d'organes très-propre à recevoir les modifications sonores qu'un instrument

II. Observations sur la maniere dont M. Locke explique la mémoire des bêtes.

L. 2; ch. 10, n. 10.

fait naître. Et comment leur refuseroit-on cette propriété ? Elle se trouve même dans certains êtres inanimés. La maniere dont l'écho se forme dans les montagnes, le démontre.

De plus, que deux instrumens soient parfaitement à l'unisson, & contigus, on ne peut frapper une des cordes de l'un, sans que la corde de l'autre, qui y correspond, ne fasse entendre le même son; c'est une expérience que tout le monde sçait. Or cette seconde corde a-t-elle du sentiment? Il en faut dire autant du serin : pourvu que les parties organiques qui chez lui servent à la formation de la voix, puissent être mises à l'unisson de l'air qu'on lui joue, ces fibres nerveuses, comme autant de cordes sonores, recevront les vibrations du flageolet, & les recevront par un méchanisme tout semblable à celui de nos deux instrumens mis en accord. L'oiseau donc, doit, sans aucune ombre de sentiment, recevoir l'air dont ses organes ont été frappés ; cette premie e partie paroît évidente.

Venons à la seconde. Je dis que

le serin, sans aucune vraie mémoire, peut retenir & répéter l'air qu'il a entendu le jour précédent ; le son du flageolet avoit imprimé des traces assez fortes sur ses fibres nerveuses : mais les esprits animaux qui avoient servi à ce méchanisme naissant, peuvent encore répéter leur jeu une seconde, une troisieme fois, &c. Lorsqu'ils viendront à frapper les petits filaments des nerfs déjà pliés par le flageolet d'hier, ils les plieront encore davantage : enfin, après diverses touches réitérées, ils les mettront en état de rendre des sons mélodieux tout semblables à ceux que le flageolet leur avoit d'abord portés.

Quand même les jours suivans cet instrument ne se feroit plus entendre, les esprits animaux seuls pourroient continuer le même manege ; car ayant été une fois déterminés par le son du flageolet vers les fibres nerveuses & musicales du serin, ils en trouvent le chemin ouvert. Ils peuvent donc s'y rendre de nouveau, & à toute heure : ainsi ils serviront comme d'archet à ces fibres sonores ; ils les mettront en cadence, & l'air des jours précédens sera répété avec une parfaite harmonie. C'est un écho plus artistement travaillé que celui de nos montagnes ; mais c'est toujours un écho, & qui, pour son opération, ne demande ni sentiment, ni mémoire véritable.

ARTICLE SECOND.

De la Mémoire mixte.

1. Cette mémoire dépend en partie des traces du corps, & en partie des perceptions de l'Ame.

Outre cette mémoire purement corporelle, il en est une autre que nous nommons mixte : elle est fondée en partie sur des traces corporelles, & en partie sur des perceptions qui ne peuvent être que spirituelles : les deux substances qui composent l'homme, contribuent à la former. Ainsi, lorsqu'après plusieurs années d'absence je revois une maison où j'ai demeuré, je la reconnois sans peine ; ce qui vient apparemment de ce qu'à la présence de cette maison les esprits animaux vont ébranler les fibres de mes nerfs aux mêmes endroits, & de la même maniere qu'ils l'avoient fait autrefois ; leur jeu étant le même, l'effet doit l'être aussi ; c'est pourquoi ils occasionnent en moi la même image sous laquelle je voyois autrefois cet objet. Jusques là tout est corporel ; l'action des esprits animaux, le mouvement des fibres, l'identité d'image qui suit, tout ce matériel de la mémoire se trouve également dans la brute comme dans l'homme.

Mais voici ce que celui-ci y joint : à l'occasion de l'ébranlement des fibrilles du cerveau & de l'image qui accompagne cet ébranlement, l'Ame humaine a une double perception. 1°. Elle apperçoit l'objet sensible qu'on lui montre. 2°. Par une pensée réfléchie, elle reconnoît qu'elle a déjà eu cette même perception, & qu'ainsi elle a vu autrefois ce même objet. Ainsi, Théodore, pourvu que le méchanisme corporel se fasse en vous de la même façon qu'il se faisoit il y a six mois, il y a dix ans, en vertu des loix de l'union établies par le Créateur vous aurez une perception toute semblable à celle que vous aviez il y a dix ans : la pensée ré-

II. La perception & la pensée réfléchie qui l'accompagne, c'est ce qui distingue la mémoire de l'homme, de la mémoire des brutes.

fléchie qui s'y joint, vous la fait immanquablement reconnoître.

III. Absurdité du sentiment de ceux qui donnent aux bêtes une mémoire proprement dite.

Cette maniere dont l'Ame se rappelle des pensées anciennes, est ce qui différencie la mémoire de l'homme d'avec celle des bêtes : elle démontre en même temps combien il est absurde de donner à ces machines vivantes une mémoire proprement dite : car si celle qu'on leur accorde a la perception pour base, un agneau qui reconnoît sa mere entre mille autres brebis, agit d'une maniere très-raisonnable & très-réfléchie : à mesure que les brebis étrangeres se présentent, il leur dit en son langage ; vous ne m'êtes de rien. Mais dès que sa mere paroît, il reconnoît la même image par laquelle il a coutume de l'appercevoir, & il ne la reconnoît qu'en réfléchissant.

Oui, si la mémoire des bêtes s'opére de cette façon, ce n'est nullement une opération machinale : ce seroit méconnoître son prix, que de lui donner une si basse qualification. L'agneau, dans les circonstances dont je parle, n'agiroit nullement en brute ; la réflexion est intimement jointe à sa perception : c'est un vrai *Cassini*, qui reconnoît une étoile entre mille autres.

IV. Nécessité du méchanisme corporel pour la mémoire mixte.

La mémoire mixte a lieu dans toutes les choses qui tiennent aux sens. Il ne faut souvent qu'un mot pour nous remettre dans l'esprit une suite de vérités qui nous étoient déjà connues : à l'occasion de ce seul mot, les esprits animaux volent vers les traces qui y répondent ; de-là ils en enfilent d'autres, &c. Et comme à ces dernieres traces, qui se tiennent étroitement, il y a aussi différentes idées que l'Auteur de la Nature y a jointes, l'Ame se rappelle toutes ces idées : elle les attend en quelque sorte au passage, &, par une perception réfléchie, elle les saisit comme lui étant connues.

Quoique les ressors corporels qui contribuent à la mémoire mixte, nous soient assez cachés, l'expérience démontre pourtant que leur méchanisme y est absolument nécessaire. On a vu des personnes nées sans mémoire, & qui, par le moyen d'une chute, ou de quelques accidens semblables, en ont acquis une très heureuſe. Combien d'autres au contraire à qui une maladie enleve tout ce qu'ils avoient de science ! Il n'eſt point douteux que dans les uns & les autres ce changement de mémoire ne ſoit occaſionné par la bonne ou fâcheuſe configuration que prennent leurs organes : dans les premiers, ou les eſprits animaux s'épurent, ou les fibres nerveuſes deviennent en état d'exercer mieux leur vibralité ; peut-être tous les deux à la fois. C'eſt tout le contraire dans les ſeconds ; il peut ſe faire que l'Agent ſuprême emploie en cette opération d'autres reſſors que nous ignorons : mais en général il eſt certain que la mémoire mixte dépend en très-grande partie des diſpoſitions méchaniques du corps.

Article Troisieme.

De la Mémoire intellectuelle.

Outre les deux eſpeces de mémoire dont je viens de parler, il en eſt une troiſieme qu'on ne doit pas omettre ; c'eſt l'intellectuelle : elle eſt ainſi nommée parce qu'elle n'appartient qu'à l'esprit seul. Bien des personnes révoquent en doute son existence; on peut néanmoins l'établir sur les raisons les plus solides.

Il y a des vérités purement spirituelles, dont nous conservons exactement le souvenir. Comme vous avez pensé attentivement à la sainteté de Dieu, Théodore, vous trouvez en vous une extrême facilité à vous rappeller ces perceptions; lorsqu'elles vous reviennent dans l'esprit, vous les reconnoissez facilement: mais ces saintes, ces sublimes pensées supposent-elles dans votre cerveau des traces qui leur répondent? Vous ne vous souviendrez donc de la sainteté de Dieu, que par ce qu'il y a dans votre machine je ne sçais quelle fibre pliée d'une certaine façon, qui réveille dans votre Ame ces augustes notions? J'ai peine à croire que vous puissiez embrasser une telle hypothèse.

Qu'on admette le jeu des fibres & des esprits animaux pour les opérations de la mémoire où il entre quelque chose de sensible; qu'on dise même que l'union des deux sub-

PREMIERE RAISON.
Il y a des vérités purement spirituelles, & qui ne sont point liées au méchanisme du corps.

stances qui forment l'homme, fait qu'il y a assez communément une correspondance mutuelle entre ces deux parties ; ensorte qu'il n'y a ordinairement aucune pensée même intellectuelle dans l'Ame, qui ne soit accompagnée de quelque mouvement dans le corps : en parlant ainsi, l'on n'avance rien que de conforme à l'idée de l'homme. Mais quand les pensées que l'Ame se rappelle, n'ont aucune affinité avec les sens, faire dépendre leur souvenir de quelque opération corporelle, c'est avancer ce que la saine métaphysique ne démontre pas, & ce que la raison rejette comme superflu.

Seconde Raison. Les accidens qui semblent ôter la mémoire des choses intellectuelles, ne l'ôtent pas réellement.

On voit des personnes auxquelles l'âge, ou les maladies, paroissent faire totalement oublier tout ce qu'elles sçavoient, soit de sensible, soit d'intellectuel. D'où certains Auteurs concluent que la mémoire des choses spirituelles est inséparablement liée au méchanisme du corps. Mais qu'on daigne y prendre garde, cette raison n'est rien moins que concluante : il se peut fort bien faire que les notions intellectuelles que l'Ame avoit acquises, lui demeurent réellement, sans que néanmoins elle se les rappelle ; ce sont les obstacles survenus dans la machine qui l'en empêchent : l'expérience rend cette preuve sensible. Ne voit-on pas de sçavans hommes qui, après de certaines maladies, semblent perdre le souvenir des vérités qu'ils connoissoient ? Cependant il arrive aussi assez souvent, que quand ils sont pleinement rétablis, la mémoire leur revient.

Or, en ce cas, les anciennes notions qu'ils avoient connues, étoient-elles anéanties ? C'est ce qui n'est gueres probable : leur Ame les possédoit véritablement ; mais comme ces notions intellectuelles étoient liées avec d'autres subalternes, qui dépendoient des ressors de la machine, les parties organiques n'ayant plus leur exercice libre & dégagé, les notions intellectuelles ne se montroient point ; c'étoit un trésor caché pour l'Ame : mais le rétablissement de la machine a tout remis en ordre. Alors l'Ame rendue à elle-même, s'éclairant du flambeau de la réflexion, reconnoît des richesses qu'elle possédoit sans le sçavoir expressément.

TROISIEME RAISON. *Les Ames séparées de leurs corps, se souviennent des pensées intellectuelles qu'elles ont eues pendant leur vie.*

L'Ame n'est pas unie au corps pour toujours: l'homme meurt, & la foi nous apprend que jusqu'au Jugement dernier les Ames des bons & des méchans existent séparément de leurs corps: qui croira que dans ce double état les Ames n'aient aucune mémoire ? Il faudroit donc soutenir qu'un Saint, qui sur la terre n'a pensé qu'à Dieu & à ses grandeurs, parce qu'il n'a plus ni fibres ni cerveau, oubliera ces précieuses connoissances: au contraire, loin que cela soit ainsi, tout porte à croire que le souvenir des adorables vérités dont il s'occupoit, lui est mille fois plus présent que sur la terre.

Il en est de même des méchans: cet impie qui a souhaité que Dieu ne fût pas, qui s'est mis en tête que c'est le seul hazard qui gouverne le Monde, pensez vous, Théodore, que quand il descend au tombeau, ces fausses idées s'effacent de son Ame ? On peut assûrer que le souvenir qu'il en conservera, fera une partie de son supplice: les traits impies qu'il lançoit contre la vérité, la sainteté, la justice de l'Etre suprême, qu'il ne regardoit que comme des songes creux, retomberont sur lui, & le souvenir de ces horreurs l'accablera : il faut donc que les notions spirituelles qu'il avoit, étant plein de vie, se soient conservées dans son Ame ; car prétendre que Dieu, après son decès, par une création nouvelle, lui rend des connoissances que la destruction des organes de son corps lui a ravies, ce seroit multiplier gratuitement les miracles.

Nous pouvons donc inférer qu'il y a des connoissances spirituelles, dont le souvenir n'est pas indissolublement lié aux dispositions organiques du corps. Où faut-il donc le chercher, ce souvenir, sinon dans l'Ame seule ? Par conséquent on doit convenir que, comme il y a une sorte de mémoire méchanique, totalement corporelle, & qui ne réside que dans la machine, il en est aussi une autre purement spirituelle, & qui ne sçauroit être que dans l'Ame.

CHAPITRE SIXIEME.

Des Passions.

RIEN de plus opposé que les sentimens des Philosophes sur la source des Passions : les uns attribuent tout au corps, & les autres imputent tout à l'Ame : la raison de ces opinions différentes vient des divers symptômes qu'on remarque dans les passions. La substance spirituelle & la substance corporelle y contribuent conjointement ; & leurs opérations, quoique fort différentes, se compliquent de maniere qu'il est très-difficile de distinguer exactement les limites de l'un & de l'autre. De-là les écarts diamétralement opposés dans lesquels on tombe sur ce sujet.

<small>1. Caractere des passions.</small> Par Passions, on entend communément *des émotions sensibles de l'Ame, accompagnées du mouvement des esprits animaux.* Quant à la cause qui les produit d'ordinaire, c'est, ou la vue distincte d'un objet sensible, ou le sentiment confus que

l'Ame en a : d'où il suit qu'il n'y a aucune passion dans laquelle le corps n'intervienne. Dans la colere, non-seulement l'Ame est émue, mais cette émotion se fait sentir dans la machine animale : le mouvement des esprits animaux est plus impétueux, le sang coule avec plus de rapidité, le son de la voix est plus élevé. Dans la crainte, c'est tout le contraire : le mouvement des esprits est plus foible ; la circulation du sang lente, entrecoupée : ce qui démontre que si l'Ame agit dans ces sortes d'émotions, elle n'est pas la seule qui s'y montre.

Il est certain que les passions ne se font jamais sentir dans l'Ame qu'à l'occasion d'un objet sensible, qu'elle regarde ou comme un grand bien, ou comme un grand mal. Pourquoi cet ambitieux, élevé à un poste qui faisoit l'objet de tous ses vœux, sent-il en lui même des transports incroyables de joie ? C'est que ce poste éminent est à ses yeux corrompus un bien infini : son imagination lui fait voir un homme revêtu de ce que les hommes ont de plus éclatant. Qu'un orgueilleux reçoive un traitement outrageux & humiliant, il regarde l'éclatante idole qu'il s'est formée de lui-même comme couverte d'opprobre, & c'est ce qui le met en fureur.

<small>II. Maniere dont le méchanisme du corps contribue aux passions.</small>

Le méchanisme corporel ne contribue pas peu à rendre les passions plus ou moins vives. Un jeune homme d'un tempérament de feu est ordinairement plus frappé d'une injure, qu'un autre d'un caractere paisible. Dans le premier, les esprits animaux, déjà fort animés par eux-mêmes, acquierent une nouvelle impétuosité par les paroles outrageantes qu'il entend : de-là naît un mouvement plus rapide dans son sang ; une plus grande tension dans ses muscles : ce qui occasionne dans son Ame un sentiment fort vif de l'affront qu'il prétend avoir reçu. Le tranquille tempérament de l'autre le garantit de ces fougueux mouvemens : l'émotion que son Ame éprouve n'aura rien que de foible, & sera en quelque sorte montée à l'unisson de son paisible caractere.

Ce que le méchanisme ne fait pas, quelquefois de vicieuses habitudes le font. Ce jeune homme avoit reçu de la nature un caractere fort doux ; mais dans une certaine occasion la vue d'un sanglant outrage a excité dans son Ame une vive émotion à laquelle il a malheureusement consenti : l'idée de cet outrage lui revenant dans l'esprit, l'émotion de sa volonté augmente ; on verra donc ce jeune homme, autrefois si doux, avec le temps devenir aigre, & extrêmement sensible au moindre affront ; & ce qu'il y aura de plus particulier, il pourra bien conserver son ancienne douceur pour d'autres articles ; mais quant aux injures, il n'en sera plus maître. Par le fatal consentement qu'il a donné aux premieres impressions qui le portoient au ressentiment, il a en quelque sorte lâché la bride aux agens corporels qui sont liés aux mouvemens de son Ame : la digue est rompue, la seule idée d'affront le met en feu.

Une conséquence qui suit de ces principes, c'est que les passions ne se trouvent que dans l'homme seul. Il est impossible qu'elles soient dans les bêtes : il est bien vrai que celles-ci ont des mouvemens assez sem-

III. Les passions proprement dites ne peuvent être dans les bêtes.

blables à ceux des hommes passionnés : un lion dévoré par la faim, qui se jette sur sa proie ; un chien qui revoyant son maitre après quelques jours d'absence, semble faire éclater la joie la plus vive, donnent tous les signes extérieurs des passions véritables : mais ces signes ne sont qu'apparens ; nous en trouvons de pareils dans quelques êtres inanimés.

Quand une feuille d'or court vivement après un tube électrique, ou quand un cygne d'émail bien aimanté nage sur la surface de l'eau pour aller joindre un excellent aimant qu'on lui montre, on ne dira pas sans doute qu'il y a dans ces petits corps des passions véritables ; cependant les signes en sont très vifs : de même, si je présente une aiguille aimantée au pole ennemi d'un aimant, elle prend la fuite, vous croiriez qu'elle en a horreur : mais si j'approche le pole ami, elle y vole, l'embrasse, & ne s'en sépare point. N'auroit-on pas autant de droit de donner des passions à cette aiguille, qu'aux animaux ?

Apportons quelque chose de plus

décisif. Tout Paris a vu avec admiration le célébre canard de M. *de Vocançon*: sitôt qu'on lui présentoit de l'orge, ou quelque mets chéri des canards, il battoit des ailes, croassoit, & se jettoit sur la victuaille avec la même avidité que les canards réels. Voilà donc un pur automate en qui l'on remarque les apparences du sentiment, & même d'une espece de passion; ce n'est pourtant qu'une machine, inventée par un homme plein de sagacité, je l'avoue, mais toujours homme. Que devons-nous donc penser des machines du Tout-puissant ? Puisqu'une main mortelle est capable d'un tel chef-d'œuvre, qu'est-ce que le souverain Artisan de tout, l'Etre des êtres, ne fera pas ? Ainsi ce canard factice démontre ce qu'on doit penser des mouvemens sensibles que nous remarquons dans les brutes. Il nous apprend que les signes des passions peuvent bien être dans la matiere, mais qu'il ne s'ensuit nullement que la réalité de ces émotions s'y trouve.

Ce principe, Théodore, ne donne pas la plus légere atteinte à la pure

IV.
Les passions

ne donnent aucune atteinte à la pure spiritualité de l'Ame.

immatérialité de l'Ame. Les émotions de la volonté, quoique liées aux impressions du corps, en sont totalement différentes. L'Ame dans une passion change véritablement; elle a des volitions qu'elle n'avoit pas auparavant: mais ce ne sont que des manieres d'êtres dont le changement n'entame point sa substance même: celle-ci subsiste toujours comme être pensant. Ainsi les foiblesses sensibles, les interruptions même d'action, qui accompagnent quelquefois les passions, quand elles sont extrémement vives, ne passent point jusqu'à l'Ame: comme cette substance ne cesse ni d'agir, ni de penser, ces sortes de révolutions ne peuvent appartenir qu'à sa machine.

V. *Bisarre doctrine de l'Apologiste de M. Locke.*

En tenant ce langage, je ne suis pas la route de l'Apologiste de M. Locke: cet Auteur, dans ce qu'il dit des passions, avance des principes tout différens. Si je l'en crois, » l'Ame a un empire immé-
» diat, ou *une influence physique*
» *sur le corps*: & si cela est, il
» n'y a aucune difficulté d'établir
» *l'influence réciproque*, c'est-à-dire
» du corps sur l'Ame, & celle de

DE LA NATURE DE L'AME. 237

» l'Ame sur le corps.... Des cau- T. 2; p. 172
» ses internes & externes peuvent
» opérer *des impressions physiques*
» *sur l'organisation, ou la contexture*
» *naturelle de l'étendue de l'Ame,*
» qui font sur elle un effet assez sem-
» blable à celui que produit *un fort*
» *attouchement sur un morceau de*
» *cire*. Ces impressions peuvent dé-
» ranger dans un temps *l'économie de*
» *l'Ame, jusqu'au point de la ren-*
» *dre tout-à-fait insensible,* com-
» me dans la *syncope*; & causer dans
» un autre moment une absence
» d'esprit, qu'on nomme *frénésie.*
» Je suppose dans l'Ame une cer- T. 4; p. 267
» taine *mollesse, ou flexibilité,* sem-
» blable à celle de la cire «.

Telles sont les idées du Philosophe Helvétique : en les entendant,
on seroit assez porté à les prendre
pour un badinage de sa part, à penser que sous prétexte d'expliquer
la nature de l'Ame, il a voulu faire
un Roman burlesque ; cependant,
Théodore, il n'en est rien. L'Auteur, en débitant ces monstrueuses
imaginations, croit nous dévoiler
parfaitement l'essence de l'Ame, &
l'origine de ses connoissances.

CHAPITRE SEPTIEME.

De ce qu'on appelle ordinairement la partie supérieure, & la partie inférieure de l'Ame.

CET Article fait partie du précédent : il ne conviendroit donc pas de l'omettre ; il est même nécessaire d'en parler : car nous avons communément des idées assez confuses de ce qui concerne la partie ou supérieure, ou inférieure de l'Ame ; cependant est-il possible de bien connoître l'Ame, si l'on ne sçait à quoi s'en tenir sur ces sortes d'opérations ?

§. I.
Il n'y a proprement ni partie inférieure, ni partie supérieure dans l'Ame.

Quiconque connoît clairement ce qu'est l'Ame, ce qui la constitue, comprend sans peine qu'il ne peut y avoir en elle aucune partie, soit supérieure, soit inférieure ; car comment ces divers étages pourroient-ils se trouver dans une substance immatérielle ? Le haut & le bas, le dessus & le dessous, ne conviennent qu'à des êtres étendus : aussi ceux qui veulent s'exprimer avec quelque exactitude, bannissent de l'Ame ces deux différentes parties, qui ne seroient propres qu'à nous la faire concevoir comme matérielle. On peut néanmoins retenir les termes que l'usage en a introduits, mais on ne le doit faire qu'en y attachant des idées nettes & analogues à la nature de l'Ame.

Voici, selon les apparences, ce qui a donné lieu au langage usité sur ce point. On distingue dans l'Ame deux sortes de mouvemens. 1°. Ceux auxquels la raison préside pleinement, & qui ne sont point occasionnés par des impressions corporelles. 2°. D'autres mouvemens qui naissent dans l'Ame d'une maniere toute contraire ; qui doivent leur origine à des émotions corporelles : c'est ce qu'il faut un peu développer.

Je dis d'abord qu'il y a dans l'Ame des mouvemens où les impressions du corps n'influent en rien : mais ces mouvemens sont encore de deux especes ; les premiers, qui se rapportent immédiatement aux biens célestes ; les seconds, qui ont pour objet immédiat des choses sen-

II. Par la partie supérieure, on entend les mouvemens libres que la grace ou la raison produisent dans l'Ame.

sibles, mais qui peuvent être rapportées aux invisibles.

1°. Il y a des mouvemens qui ont pour objet les biens célestes : tel est l'amour que l'Ame a pour Dieu & pour les saintes délices qu'il promet à ceux qui le serviront fidellement. On pourroit regarder ces mouvemens comme la fleur la plus pure de la raison réformée par la grace : la chair & le sang, les émotions corporelles n'y ont aucune part ; comment un fruit si divin pourroit-il être de leur compétence ?

Cependant, Théodore, ces mêmes mouvemens pourroient, sans s'avilir, avoir pour fin prochaine un objet sensible, mais que l'Ame rapporteroit aux biens célestes. Ainsi, une personne pieuse aime à voir un *beau Christ*, parce que la vue de cet auguste objet l'éleve à l'amour d'un Dieu mourant pour les péchés de tout le genre humain : ces mouvemens se rapportent immédiatement à l'amour des biens éternels : ainsi c'est la raison épurée par la grace, qui les forme. Pourrions-nous donc ne les pas mettre dans la partie supérieure de l'Ame ?

2°.

2º. Il y a d'autres mouvemens de la partie supérieure qui ont pour objet immédiat quelque chose de sensible. Un homme, par exemple, veut essayer quelles sont les parties de son corps soumises à sa volonté : il commande à son bras, & il s'éleve ; il veut qu'il aille à droite, & il y va : de même, ce sçavant se met à l'étude, choisit la matiere de son travail ; dès qu'il commence, à l'ordre de sa volonté les notions qui lui sont nécessaires se présentent. On ne sçauroit nier qu'en tout cela la raison ne préside : les mouvemens qui naissent dans l'Ame, & qui sont le premier mobile de ces sortes d'opérations, sont pleinement volontaires. L'Ame n'y est point déterminée par aucune impression corporelle ; elle s'y porte d'elle-même, non qu'elle cesse alors d'être subordonnée à la cause premiere, de qui elle dépend essentiellement ; mais ce que je veux dire, c'est que le principe qui occasionne en elle ces mouvemens, ne vient ni du sang, ni des esprits animaux ; il est uniquement intellectuel : tels sont les mouvemens qui appartiennent à la partie supérieure de l'Ame, mouvemens qui ont pour caractere d'être faits librement, & d'être commandés par la volonté.

III. Les mouvemens de la partie inférieure de l'Ame sont ceux qui naissent en elle à l'occasion des émotions du corps.

Examinons maintenant ceux qu'on attribue à la partie inférieure : que la naissance de ceux-ci est différente ! Ce sont les impressions du corps qui les produisent comme causes occasionnelles ; nous n'en connoissons que d'une seule classe ; ils sont tous involontaires & indélibérés. Un homme dévoré de la faim, & qui apperçoit quelques alimens, sent naître, comme malgré lui, dans son Ame le desir d'en faire usage. Me trouvai-je dans une maison où le feu vient à prendre ? le desir d'en sortir à l'instant s'éleve en moi ; c'est un mouvement dont je ne suis pas maître.

Toutes ces volitions indélibérées ont été sagement établies par le Moteur suprême : elles ont pour but la conservation de la machine humaine. Aussi ce divin Agent les produit-il lui-même à l'occasion des mouvemens du corps : elles ne sont certainement que dans l'Ame; cependant, comme c'est le sang, ou,

DE LA NATURE DE L'AME. 243

si l'on veut, l'action des esprits animaux qui, dans l'ordre des causes secondes, les occasionnent en nous, à raison de cette origine, on les met communément dans la partie inférieure de l'Ame; ou, ce qui revient au même, on dit que ces émotions sensibles sont produites par l'appétit sensitif.

Les mouvemens dont je viens de parler, par eux-mêmes n'ont rien de mauvais : leur objet prochain est ou la recherche d'un bien nécessaire à la vie de l'homme, ou la fuite de quelque mal qui lui seroit pernicieux. Rien donc n'empêche que la volonté ne les rapporte à leur fin légitime, qui est Dieu seul.

Mais en voici d'une espece bien différente ; ce sont les mouvemens de *concupiscence* : ils ont la même cause occasionnelle que les précédens : c'est le mouvement des esprits animaux & du sang qui les fait naître ; mais ce qui les en distingue, c'est que les premiers peuvent être rapportés à la fin suprême, au lieu que ceux-ci, c'est-à-dire les mouvemens de concupiscence, se bornent uniquement aux biens

IV.
C'est aussi à la partie inférieure que l'on doit rapporter les mouvemens indélibérés de concupiscence.

L ij

sensibles ; ils portent la volonté à les aimer sans aucun rapport à Dieu, ce qui est essentiellement contre l'ordre.

Comme ces sortes de mouvemens sont indélibérés, & qu'ils ont les émotions corporelles pour principe, c'est à juste droit qu'on les place dans la partie inférieure de l'Ame. Mais voici un espece de paradoxe qui n'en est pas moins vrai ; quand la volonté consent à ces mouvemens de concupiscence, le consentement n'appartient pas à la partie inférieure ; il est du ressort de celle que nous nommons supérieure : rien de plus incontestable ; car tout ce qui est libre & consenti dans l'homme, ne peut appartenir qu'à la raison. Or la raison doit certainement être placée dans la partie supérieure de l'Ame. Ainsi le principe des mouvemens indélibérés de concupiscence, & le consentement que la volonté y donne, sont de deux départemens différens : le premier est dans la partie inférieure, & le second dans la supérieure.

V. Observation

Mais que faut-il penser des mouvemens indélibérés de la grace ? A quelle partie les rapporterons-nous ? Comme ils ne sont point libres, il ne paroît gueres possible de les mettre dans la partie supérieure : d'un autre côté, les placera-t-on dans la partie inférieure ? Ce seroit une source bien vile & bien ignoble.

importante sur les mouvemens indélibérés de la grace.

Il est certain, Théodore, que les saints mouvemens de la grace, quoiqu'indélibérés, n'appartiennent pas à la partie inférieure de l'Ame : car ce qui caractérise proprement les mouvemens de cette partie inférieure, ce n'est pas simplement d'être indélibérés, c'est surtout la source d'où ils tirent leur extraction : & cette source, comme je l'ai marqué, c'est le mouvement des esprits animaux & du sang.

Or les saints attraits de la grace, quoiqu'indélibérés, ne viennent sûrement point des émotions corporelles : divins dans leur principe, ainsi que dans la fin à laquelle ils tendent, ce seroit les avilir, que de leur donner la chair & le sang pour origine. On ne peut donc dire qu'ils soient du ressort de la partie inférieure de l'Ame ; ainsi l'on ne doit point hésiter à les mettre dans sa partie supérieure. Il est vrai qu'avant que la volonté se les soit rendus propres, en y consentant, ils n'y sont encore que d'une manière imparfaite ; mais ils ne sçauroient être ailleurs.

CHAPITRE HUITIEME.

Examen de ce qui différencie les Ames : l'inégalité de leurs perfections vient-elle uniquement de l'organisation du corps ; ou faut-il admettre entr'elles quelque différence interne ?

LA question que j'entame est plus intéressante qu'elle ne le paroît d'abord : envisagée dans son vrai point de vue, elle tient aux plus augustes vérités de la Religion. Mais avant de la discuter, exposons nettement ce que nous avons dessein d'examiner.

Je n'entreprends pas d'approfondir ce qu'on doit penser de l'état des Ames, lorsqu'elles sortent des mains de leur Créateur. Sont-elles toutes parfaitement égales, ou ne le font-elles pas ? La foi ni la raison ne nous en apprennent rien. Il est bien des Auteurs qui sont pour l'affirmative, mais il paroît qu'ils la supposent plutôt qu'ils ne la prouvent. Infiniment libre & indépendant comme il est, l'Etre suprême auroit pu créer les Ames inégalement parfaites, sans qu'une telle conduite dérogeât à sa justice & à sa bonté : je ne touche donc point cette question.

Mais comme après la création des Ames, avec le temps, on remarque des différences très-sensibles entr'elles, il s'agit de sçavoir, 1°. si ces différences sont intrinsèques à l'Ame, ou si elles ne consistent que dans la diversité de l'organisation. 2°. Supposé qu'elles soient intrinsèques, sont-elles causées, au moins occasionnellement, par la seule organisation ? Voilà, Théodore, les deux points que j'entreprends de discuter ; mais comme il y a plusieurs actions de l'Ame auxquelles le méchanisme corporel concourt, je vais commencer par ce qui les concerne.

Article Premier.

Des actions de l'Ame auxquelles l'organisation du corps contribue.

Ce seroit mal défendre les droits de l'Ame, que de la placer dans une région si élevée, qu'elle ne tirât absolument aucun service de son corps. Cette idée seroit visiblement contraire au plan du Créateur : en joignant ces deux substances, il a voulu que, comme l'Ame met le corps en état d'avoir certains mouvemens, celui ci, à son tour, donnât occasion à l'Ame d'exercer certaines opérations dont un défaut de méchanisme l'auroit privé. Je ne veux pas dire que l'Ame séparée du corps ne les pourroit avoir; car les saints Anges, quoique sans corps, sont capables de toutes les fonctions auxquelles l'Ame humaine peut se porter. Qui empêcheroit en effet que les couleurs & les sons, &c. ne fussent de leur ressort ? Il ne répugne point que ces sortes de perceptions soient dans un individu purement spirituel : ce seroit témérité de prétendre le contraire.

Cependant, selon les loix que Dieu a établies dans la vie présente, il y a un certain nombre d'actions pour lesquelles le méchanisme du corps est absolument nécessaire. Il seroit superflu de les marquer en détail; je rapporterai seulement quelques-unes des principales.

Les Sciences qu'on nomme ordinairement les beaux Arts, peuvent marcher à la tête. L'Eloquence & la Poësie ont une harmonie qui leur est propre, & qui paroît presqu'autant du ressort d'une heureuse organisation, que de l'Ame. Combien de grands, de vastes génies, qui sont incapables de sentir les finesses de la Poësie? Il paroît qu'afin que l'Ame puisse être sensible à ces sortes de beautés, selon les loix du Créateur il faut préalablement dans le corps une certaine conformation d'organes. Un homme à qui cet heureux méchanisme manqueroit, dans le fond n'en seroit pas moins estimable; mais du moins il n'auroit point pour les beaux Arts cette délicatesse de goût que les connoisseurs relevent tant.

I. Les beaux Arts.

L v

La nécessité de cette configuration organique se montre encore avec plus d'éclat dans la Musique : on voit des gens d'esprit, & même voluptueux, qui ne la sçauroient souffrir. Il est à croire que cette aversion vient de quelques piéces acoustiques mal constituées : les cordes sonores de leur machine ne sont pas sur le ton que l'harmonie musicale demande ; dans les uns elles sont ou trop longues, ou trop courtes : dans les autres elles seront trop grossieres, ou, au contraire, trop délicates. Ainsi comme dans le méchanisme de leur oreille il y aura quelque chose de vicieux, l'effet manquera, sinon en tout, au moins en partie.

II. *Les actes qui concernent l'imagination.*

On doit attribuer à la même cause divers effets qui regardent l'imagination. Les traces imprimées sur les fibres du cerveau paroissent contribuer infiniment à ces sortes d'actes : plus les traces seront claires, distinctes, délicates, plus aussi les perceptions de l'Ame qui atteignent ces images, seront parfaites. La qualité des esprits animaux, la disposition des fibres, concourent merveilleusement aux opérations dont je parle.

De-là cette étonnante variété d'imaginations qu'on remarque dans les hommes. Tandis que les uns ne reçoivent que des images foibles, confuses, décharnées, il en est d'autres chez qui elles sont toutes vives, distinctes, pleines d'éclat. Le pinceau des premiers est toujours pesant, celui des seconds toujours gracieux : la délicatesse, l'aménité, semblent être toujours à leur ordre. Il est donc indubitable que le méchanisme occasionne encore ces sortes d'actions.

Un bon Physicien ne manquera pas d'y joindre la mémoire, du moins celle qu'on nomme *mixte* : on doit même convenir qu'elle dépend presqu'en tout d'une heureuse conformation d'organes. Les fibres du cerveau sont-elles trop mollasses, ou, au contraire, trop dures ; dans ces deux cas il n'y aura aucune mémoire à attendre: dans le premier, elles ne pourront conserver les plis que le liquide animal y imprime; dans le second, elles ne pourront être pliées de maniere à recevoir

III. La mémoire mixte.

l'impression que les nouveaux objets devroient y graver. Les enfans au berceau, & les vieillards, du moins en grand nombre, sont dans ces deux différens états : mais si les fibres sont constituées de façon qu'en même temps elles puissent facilement être fléchies, & conserver les plis qu'elles reçoivent, la mémoire sera très-heureuse.

Que le méchanisme que je viens de décrire soit réel, ou qu'il y en ait un autre que nous ignorions, il faut toujours convenir en général qu'il en est un, & que les opérations dont il s'agit, en dépendent. Lorsqu'on se tient dans ces bornes, on n'avance rien que de conforme à l'expérience, & au plan du Créateur.

ARTICLE SECOND.

Que les différences qui sont entre les Ames, au moins depuis leur création, sont internes, & qu'elles ne consistent point dans la seule organisation.

Je viens de montrer qu'il y a quantité d'actions très-brillantes de

DE LA NATURE DE L'AME. 253
l'homme, dont le méchanisme du corps est la cause occasionnelle: mais ce méchanisme fait-il tout? Les différences qui sont entre les Ames depuis qu'elles sont sorties des mains de Dieu, n'ont-elles rien que d'intrinséque? Ces différences ne consistent-elles que dans la seule & unique conformation des organes? Tel est, Théodore, le point controversé dont il s'agit.

Il y a quelques Auteurs qui embrassent l'affirmative. » Toutes les » Ames, dit un sçavant Anatomiste » du seizieme Siécle, par leur na- » ture, sont entiérement égales: » *Omnino uniformes sunt.* Et il n'y » a absolument aucune différence » entre l'Ame du plus insensé des » hommes, & celle du plus sage. » Que si nous voyons quelquefois » qu'une personne a plus d'esprit, » plus de pénétration qu'une autre, » cela ne vient point d'aucune » prééminence interne qu'ait son » esprit sur celui d'un autre ; c'est » uniquement l'effet des dispositions » organiques de son corps (a) «.

I. De quelques Auteurs qui mettent toutes les différences qui sont entre les Ames, dans la seule organisation du corps.

(a) *Omnes hominum Animæ dignitate naturæ omninò uniformes sunt : nec inter stul-*

Ce systême vient d'être renouvellé dans un Ouvrage très-connu : « Si l'on considére que Dieu *a dû créer les Ames essentiellement les mêmes*, comme sa bonté nous engage à le croire, les Ames ne doivent être différemment modifiées que par leur union avec les corps.... Nous avons cru pouvoir admettre l'homogénéité des Ames, selon qu'il nous a paru être de la justice de Dieu. Ainsi, cette variété infinie qui se rencontre dans les esprits des hommes, ne peut partir que de la seule organisation de leurs corps ».

L'Auteur va plus loin : il prétend que « l'Ame, par sa nature, n'est pas capable d'errer dans ses raisonnemens, de renverser l'ordre de ses idées, ni de tirer de fausses conséquences ; que tout cela ne peut provenir que des

_{Médec. de l'Esprit, t. 1, page 7.}

_{T. 2, p. 308.}

tissimi cujuspiam & sapientissimi animos ulla plané diversitas reperiri potest. Quòd si interdùm videamus hominem alterum alteri, ingenii acumine, & intelligendi vi excellere, hanc varietatem certum est non à majori, minorive intellectûs præstantiâ oriri, sed ex organi dispositione & aptitudine diversâ proficisci. *Antonii Zara Anatomia Ingeniorum & Scientiar.*

» corps. . . . L'aberration de la
» justice dans un homme ne pa-
» roît pas pouvoir être rejettée sur
» l'Ame, qui par sa nature, aime
» la vérité, & aime toujours le
» bien ; mais sur le corps, qui est
» sujet à tant de vicissitudes. . . .
» Si nous considérons l'Ame en fai- T. 1, p. 125.
» sant abstraction des corps, nous
» la trouverons totalement livrée à
» l'intelligence la plus pure, & pos-
» sédée par l'amour de l'infiniment
» beau, & de l'infiniment bon «.

Je ne releverai point ce que cet Auteur avance ici touchant la prétendue impeccabilité de l'Ame. A l'entendre, cette substance, par sa nature, n'est pas capable ni d'errer dans ses raisonnemens, ni de s'écarter de la justice : en faisant abstraction du corps, on la trouvera toujours élevée à l'intelligence la plus pure, & possédée de l'amour de l'Etre infiniment bon : ces excès sont trop palpables, pour qu'il soit besoin de les réfuter.

Mais pour ce qui est de l'article dont il s'agit en cette question, cet Ecrivain s'en explique différemment : il soutient avec *Zara* la parfaite bomogénéité des Ames, non-seulement dans leur création, mais pendant tout le cours de leur vie. *Ainsi entre l'Ame du plus insensé des hommes, & celle du plus sage, il n'y a absolument aucune différence*: Rien donc qui les différencie intrinséquement. *La prééminence* de l'une sur l'autre *est uniquement l'effet* des dispositions organiques de son corps.

Je ne doute pas, Théodore, que cette opinion ne vous paroisse insoutenable. On ne peut prétendre, sans absurdité, que les différences qui sont entre les Ames, leur soient totalement extrinséques. Pour en être pleinement convaincus, examinons ce qu'est l'Ame, soit dans ses actes passagers, soit dans ses habitudes ; & jettons en même temps les yeux sur quelques points essentiels de notre sainte Religion.

II. Les actes internes de l'Ame, dans ses actions particulieres, montrent combien l'hypothèse exposée est insoutenable.

Quand l'homme agit, ses actes ne consistent pas seulement dans les opérations de sa machine, mais ils ont aussi quelque chose d'interne : cela même ne sçauroit être autrement. En effet, lorsque je connois & que j'aime quelque objet, ma modalité, c'est-à-dire ma connoissance

& mon amour, ne sont assurément point logés dans les fibres de mon cerveau ; il n'y a qu'un pur Matérialiste qui le puisse prétendre : cette modalité réside donc intrinséquement dans mon Ame. Or, cela posé, est-il possible qu'un esprit, après un certain nombre de modalités qu'il éprouve, demeure entiérement le même qu'il étoit à sa création ? On nous soutiendra sans doute que l'Ame d'Adam, après sa chute, demeura précisément dans le même état que Dieu l'avoit placée en la créant ; qu'elle s'élevoit encore vers les biens célestes avec une connoissance aussi pure, & un amour aussi intense, que lorsqu'elle étoit parfaitement saine.

Je suis bien sûr qu'un homme qui a quelques grains de bon sens, ne tiendra jamais un tel langage. On ne peut donc nier que les modalités particulieres de connoissance & d'amour ne soient intrinséques à l'Ame ; qu'elles ne la changent véritablement : si elles sont conformes à l'ordre, elles la perfectionnent ; si elles y sont contraires, elles la dégradent. Par conséquent, si de l'oxercice de certains actes, il naît quelque différence entre plusieurs Ames, il seroit absurde de la faire consister dans la seule organisation du corps.

III. Les habitudes de l'Ame démontrent la même vérité.

Les habitudes nous fournissent une preuve encore plus péremptoire de la même vérité : avec quelle apparence de raison pourroit-on dire que ces habitudes sont purement corporelles ? Je suppose un homme qui, par de sérieuses réflexions sur ses idées, s'est mis dans l'usage de raisonner assez juste : il a pour maxime de n'asseoir ses jugemens que sur des notions attentivement réfléchies ; cette pratique à laquelle il s'est exercé, ne lui coûte plus rien.

Quel parti les défenseurs du pur méchanisme prendront-ils ici ? Soutiendront-ils que cette habitude ne consiste que dans une certaine disposition des fibres de la machine ? Si cela est, ils doivent convenir qu'en cet homme qui s'est ainsi formé à bien juger de tout, c'est la partie la plus vile de lui-même qui possède ce riche trésor : son Ame exerce bien les actes que l'habitude contractée par le corps demande ;

mais c'est le corps qui joue ici le principale rôle ; l'Ame n'est pour ainsi-dire que sa machine. De telles absurdités démontrent sensiblement le vicieux de ce système : le soutenir, c'est dégrader l'Ame, & élever le corps au sublime rang des esprits.

Quelque choquante que cette opinion paroisse lorsqu'on l'envisage sous les rapports dont je viens de parler, elle l'est incomparablement plus dans l'ordre de la Religion. Si les Ames conservent une entière homogénéité, c'est-à-dire si elles demeurent toujours les mêmes qu'elles étoient au premier moment de leur création, en quoi le péché & la justice qui l'efface consisteront-ils ? Posé ce bisarre système, il est visible que le péché originel ne sçauroit être que dans une certaine configuration du corps, des tendons montés plutôt sur un tel ton que sur un autre, des fibrilles nerveuses pliées en un sens contraire à celui qu'elles auroient dû avoir ; pareille altération dans le mouvement du sang & dans les esprits animaux ; c'est ce qui seroit proprement le pé-

IV.
Le système dont il s'agit est révoltant lorsqu'on l'envisage du côté de la religion.

ché originel. Il en sera de même de l'habitude des autres péchés : ainsi le penchant qu'un homme a pour certains vices, ne sera pas réellement dans son Ame, mais dans le pli défectueux que les parties organiques de sa machine auront pris.

Comme dans un moulin à eau ce qui fait tout mouvoir, c'est l'action du fluide, qui étant déterminé à couler dans un certain sens, pousse, détermine aussi la machine sur laquelle il agit à se mettre en mouvement, de même aussi les fibres de la machine humaine étant inclinées par une longue habitude, de maniere à exercer leur vibratilité plutôt vers un certain côté que vers un autre, pousseront l'Ame à certains péchés. La pente au mal résidera donc fonciérement dans cette vicieuse disposition des organes.

Suivant ces beaux principes, Théodore, vous voyez assez quelle sera la destinée de la grace sanctifiante : dans son district, elle jouera à peu près le même personnage que le péché dans le sien. Cette divine grace ne déploira point son efficace sur l'Ame : car en agissant ainsi elle mettroit entre l'Ame qu'elle sanctifie, & celle qui demeure dans le péché, une différence interne qui seroit infiniment sensible. Voici à quoi se réduira sa force victorieuse : elle agira puissamment sur la machine de l'homme ; d'une part elle rétablira les nerfs du cerveau, de l'autre elle allongera une partie des fibres musculaires du cœur ; tandis qu'elle accourcira les autres, elle donnera au liquide animal la louable fluidité qu'il doit avoir. Ses organes ont-ils acquis cette heureuse symétrie, cet homme deviendra un être nouveau, & il sera pleinement juste.

Ces maximes font horreur : mais il ne paroît pas qu'on les puisse éviter, si l'on soutient que ce qui différencie les Ames entr'elles, se tire uniquement de la seule organisation: c'est donc une hypothèse inadmissible & monstrueuse.

Article Troisieme.

Où l'on examine si les différences internes qui sont entre les Ames, viennent, au moins occasionnellement, de la seule organisation.

Ici, Théodore, on ne sçauroit marcher avec trop de circonspection. Soutenir d'une part que la différence interne qui est entre toutes les Ames, vient uniquement de la configuration de la machine, ce seroit une assertion intolérable: prétendre de l'autre qu'elle n'en vient en aucune façon, c'est un autre excès que la vérité rejette également.

<small>Premiere Verité. L'organisation corporelle occasionne jusqu'à un certain point la différence interne qui est entre les Ames.</small>

C'est un fait constant, ainsi que je l'ai fait voir dans le premier Article, qu'il y a plusieurs opérations de l'homme auxquelles le méchanisme corporel concourt. Mais si ce principe est certain, on ne peut se dispenser de convenir que le même méchanisme va plus loin, qu'il contribue aussi jusqu'à un certain point à différencier les ames. En effet, les actions auxquelles l'organisation a quelque part, ne sçausoient s'exercer sans des perceptions réelles. Mais comme ces perceptions, quoique passageres, sont internes, elles doivent nécessairement différencier l'Ame qui les a de celle qui ne les a pas. Combien ce principe est-il plus vrai à l'égard des habitudes que l'Ame a contractées par un long exercice ! Ces vues ne sont que générales. Mais venons à quelque chose de plus précis.

L'Ame d'un grand génie, tel qu'étoit Archimede, est certainement beaucoup plus parfaite que celle d'un stupide, ce qui doit s'entendre, non dans l'ordre des mœurs, mais dans l'ordre physique. Le premier a des modalités infiniment plus nobles, plus dignes de l'homme, que le second. Il y a donc une différence interne entre l'Ame d'Archimede & celle du stupide : Car de croire, comme quelques Auteurs le prétendent, que ces deux Ames sont parfaitement égales, c'est à quoi, selon les apparences, vous ne pourrez vous résoudre. Or n'y a-t-il pas tout lieu de penser que l'heureuse organisation du grand Géometre dont je parle, entroit pour quelque chose, au moins comme cause occasionnelle, dans la différence interne qui étoit entre son Ame & celle d'un hébété ? Si ce sublime génie avoit eu une machine aussi mal constituée que celle de l'imbécille, selon le cours ordinaire il ne seroit jamais parvenu à ces rares découvertes qui l'ont rendu l'admiration de l'Univers.

On a vu briller dans quelques Payens des vertus humaines fort estimables : magnanimes, brûlans de zele pour leur patrie, abhorrans les richesses & les plaisirs, bienfaisans envers tout le monde, que de brillans traits ! Ces grandes Ames étoient assurément plus parfaites que celles des scélérats & d'autres grossiérement plongés dans le crime. Or je ne vois aucun inconvénient à dire que le méchanisme corporel pouvoit concourir à ces sortes d'actions. Le tissu des fibres, la nature & la qualité des esprits animaux, le mouvement du sang, qui doute que toutes ces causes, quoique méchaniques, n'occasionnent souvent dans l'Ame des mouvemens de magnanimité & d'héroïsme ? Ces principes

principes renfermés dans de justes bornes sont indubitables. La saine Physique porte à les admettre, & la Religion ne les contredit point.

Mais en avouant ces vérités, en conclurai-je que la différence interne qui est entre toutes les Ames, naisse uniquement de la conformation des organes ? L'homme peut être envisagé sous deux rapports, ou dans l'ordre civil, ou dans l'ordre de la Religion : de quelque côté qu'on le considere, l'assertion dont il s'agit ne peut se soutenir.

Jettons les yeux sur quelque homme célebre de l'Antiquité, tel que *Ciceron* : on avouera, sans doute, qu'il y avoit dans cet illustre Romain beaucoup plus de perfection que dans *Antoine*. Il y avoit donc, selon les principes que j'ai exposés plus haut, une différence interne entre l'Ame de l'un & l'Ame de l'autre. Au reste, je ne considere en eux que des qualités purement humaines : l'homme d'Etat, l'homme de Lettres, l'Orateur, & le Philosophe. Selon les connoisseurs, Ciceron réunissoit dans un éminent degré ces quatre personnages, & An-

SECONDE VERITÉ.
On ne peut rapporter à la seule organisation corporelle toutes les différences internes qui sont entre les Ames.

PREMIERE PREUVE.

toine au contraire n'en avoit aucun.

J'avoue, Théodore, que l'excellente organisation de l'Orateur Romain contribuoit beaucoup à la prééminence qu'il avoit sur son Antagoniste. Mais cette organisation s'appliquoit-elle au bon usage des talens dont elle pouvoit être l'occasion ? De ce qu'il s'adonne à l'éloquence, & non à la crapule comme Antoine, de ce que dans son loisir il se tourne vers la Philosophie, & non vers l'Agriculture, de ce qu'il préfere le bien public à ses intérêts particuliers, tout cela étoit-il uniquement l'effet d'une certaine température des esprits animaux ? Dans l'hypothèse de ceux qui le prétendent, il n'y auroit en lui que des perfections purement méchaniques. A cet égard il en seroit de ce grand homme à peu près comme d'un excellent chien de chasse, qui doit foncierement à sa bonne organisation ce qui le distingue d'un tournebroche. Ce parallele semble risible, mais il découle naturellement du systême que je réfute.

SECONDE PREUVE. Nous admirons les sages Payens en qui on a vu éclater une vertu héroïque. Les Epaminondas, les Aristide, les Phocion, les Camille, arrachent des louanges aux Lecteurs même les plus insensibles. Au contraire les Catilina, les Tibere, les Caligula, nous les abhorrons comme malgré nous. Mais selon le systéme ces divers sentimens sont déplacés. Ces héros & ces monstres que j'ai cités, ont obéi aux impressions de leurs machines. Qu'on ne blâme donc plus ces Princes qui ont été l'horreur du genre humain : ils ont fait ce que leur constitution organique demandoit : si elle eût été mieux montée, ils eussent été meilleurs.

Vous l'entendez mal, s'écriront ici les Partisans du pur Matérialisme. L'homme est essentiellement libre ; quand il fait le bien, ce choix vient du bon usage qu'il fait de sa liberté ; lorsqu'il fait le mal, c'est qu'il ne veut pas user du pouvoir qu'il a de bien faire.

Sans doute ; mais ce principe ne contredit-il pas le premier ? Si le bon usage de la liberté est la cause fonciere de la vertu, dès-lors le méchanisme ne tient plus le premier rang. Un Prince avec le corps le mieux organisé pourra devenir un Domitien; un autre, au contraire, dont l'organisation sera très-vicieuse, pourra devenir un Tite.

Mais la vérité est que, posé l'hypothèse qui fait naître de la seule organisation la différence interne qui est entre les Ames, la liberté ne doit-être qu'un phantôme. Comme les Ames ne reçoivent du Créateur aucun don qui les différencie, c'est la configuration organique du corps qui fait tout. La machine est-elle bien conformée, la vertu coulera de source; est-elle viciée, ou dans la disposition de ses pieces, ou dans la nature des esprits animaux, l'homme sera méchaniquement vicieux. Par conséquent les passions brutales qu'on abhorroit dans les mauvais Princes, les vertus qu'on admire encore dans les plus grands personnages du Paganisme, tout se réduisoit en eux à une véritable fatalité.

Troisieme Verité. Rapporter toutes les différences in-
Envisageons cette même hypothèse du côté de la Religion. Sous ce rapport en peut-on souffrir tranquillement la vue? Si c'est la seule

organisation qui occasionne la différence interne qui est entre les Ames, il faudra la regarder comme le premier mobile de ce qu'il y a de plus grand dans la vertu chrétienne. Demandai je à un partisan de ce système d'où venoit la prodigieuse différence qui étoit entre l'Ame de Néron & celle de S. Paul ? s'il est conséquent dans ses idées, il me répondra que les fibres du cerveau du grand Apôtre, & les esprits animaux qui les mettoient en état d'exercer leur vibrabilité, avoient en lui une plus heureuse température que dans la tête de Néron. Avec les organes de Paul, Néron auroit converti toute la terre ; peut être auroit-il été élevé jusqu'au troisieme Ciel. Il faudroit n'avoir ni bon sens ni religion pour adopter de telles horreurs.

De même, un grand pécheur vient-il à se convertir ? les Défenseurs de l'hypothèse dont il s'agit, conviendront bien qu'il se fait une création nouvelle dans l'Ame de cet homme ; mais selon leurs principes ils doivent ajouter que cet heureux changement vient foncierement de quel-

ternes qui sont entre les Ames à la seule organisation, c'est un sentiment peu compatible avec la Religion.

que harmonieuse & louable conformation d'organes : plus cette conformation sera parfaite, plus la conversion du pécheur sera totale. Quels principes ! quelle extravagance !

COROLLAIRE.

Ces affreuses maximes nous font voir que pour expliquer la différence interne qu'on remarque entre les Ames, outre les dispositions organiques du corps, il faut nécessairement reconnoître divers dons purement gratuits que le Créateur accorde à l'homme. Ces dons, soit naturels, soit surnaturels, sont la cause principale qui différencie intrinsèquement les Ames : ainsi l'organisation n'y contribue que comme une cause éloignée & seulement occasionnelle.

CHAPITRE NEUVIEME.

Des Actions purement intellectuelles de l'Ame.

C'EST à dessein, Théodore, que j'ai différé ce qui regarde les actions qu'on nomme purement intellectuelles. Traitant de l'Ame, il convenoit que je commençasse par ses opérations les plus communes, afin de parvenir à ce qu'elle a de plus sublime ; car on doit en convenir, ce sont les actions intellectuelles qui font son excellence. Dans la sensation, l'imagination, &c. comme elle a les corps pour objet, sa perfection a moins d'éclat, elle est même insensible aux yeux de bien des hommes.

Mais dans les fonctions intellectuelles l'Ame se montre pour ce qu'elle est, véritablement Ame, substance immatérielle, esprit ; desorte qu'envisager l'Ame sous ce rapport, c'est la considérer sur son trône. Les actions intellectuelles sont de deux sortes : les unes regardent l'entendement, & les autres la volonté.

1. L'Entendement pur.

L'entendement pur est cet acte de l'ame par lequel elle connoît un être quel qu'il soit, sans qu'elle s'en forme une image sensible. Ce n'est pas néanmoins qu'il n'arrive très-souvent qu'en ces pures perceptions même, l'Ame accoutumée comme elle est au sensible, ne joigne à sa perception intellectuelle l'image de quelque corps. Mais alors comme elle connoît que cette image n'appartient pas à l'être qu'elle conçoit, elle l'écarte autant qu'elle peut, elle en désavoue la représentation. Quand l'Ame conçoit de cette manière, c'est un acte de pur entendement, ou de pure intellection : l'image qui s'y joindroit contre son gré ne dégraderoit point cet acte. C'est ainsi que nous concevons Dieu, sa spiritualité, sa justice, sa vérité, la nature des esprits, &c.

Cette propriété essentielle de l'entendement pur montre clairement en quoi il differe des actions qu'on nomme sensitives : celles-ci n'ont pour objet que les corps ; au lieu que la pure intellection s'étend également aux corps & aux choses spirituelles. Elle conçoit les esprits en les considérant selon leur propre nature, & elle conçoit les corps en prenant seulement l'idée intellectuelle de la matiere, & en écartant de cette perception toute image qui se présenteroit.

Comme lorsque j'examine l'idée de l'Ame, & que mon imagination nourrie aux choses sensibles m'offre quelque phantôme corporel, je lui dis bien nettement qu'il n'appartient pas à la nature d'une substance spirituelle ; de même quand je conçois la matiere par pure intellection, & que néanmoins j'y joins malgré moi l'image de quelque corps, j'écarte cette image : je me dis à moi-même que l'idée pure de la matiere est totalement intellectuelle. C'est ce qui fait que malgré la présence de cette image sensible qui veut s'immiscer dans mon acte, je conçois toujours l'idée de la matiere par pur entendement.

Au reste, Théodore, quand je parle d'entendement pur, je ne veux pas marquer qu'il y en ait un autre qu'on puisse appeller l'entendement sensible. Ce n'est pas là ma pensée. On ne nomme entendement pur, les opérations que j'ai marquées, que pour se mieux faire entendre : car quiconque veut parler avec exactitude de l'entendement, n'en doit admettre qu'une seule espece, qui est simplement l'entendement. C'est ce qu'il seroit aisé de prouver : mais cette discussion m'écarteroit trop. Je dois suivre le fil de mon sujet.

II. Actions intellectuelles de la volonté.

Comme l'entendement a des perceptions purement intellectuelles, il n'est point de doute que la volonté n'ait aussi des volitions de même nature. Ainsi la volonté agit intellectuellement, lorsqu'elle aime des objets qui ne tombent point sous les sens. Ces objets intellectuels sont de deux sortes, les uns que l'Ame considere comme étant en Dieu même, où elle les conçoit & les aime ; tel est Dieu, l'infinité de ses perfections, &c. des volitions si pures sont le plus bel apanage de la volonté. Qu'elle seroit grande, qu'elle seroit parfaite, si elle n'en avoit point d'autres, ou si ses volitions pour les biens sensibles y étoient toujours subordonnées !

Il est d'autres objets intellectuels que la volonté aime, mais qu'il lui arrive souvent de ne pas aimer dans leur véritable source. Je m'explique. On a remarqué dans certains Payens un amour ardent pour la vérité. Les Socrate, les Platon, les Archimede, les Ciceron, en sont des exemples. L'amour du vrai excitoit quelquefois en eux les plus vifs transports. Mais ce vrai intellectuel, où l'aimoient-ils ? Est-ce dans l'Etre divin qui est la Vérité même ? C'est ce qu'on ne peut dire ; car ils n'adoroient ni ne servoient Dieu. Ainsi en aimant le vrai comme ils faisoient, ils aimoient bien un être intellectuel, mais ils ne l'aimoient que pour eux-mêmes. Ils vous blessoient donc, ô chaste, ô adorable Vérité ! quoique d'ailleurs ils eussent quelque sorte d'attachement pour vous. Ils vous blessoient, en ne rapportant qu'à des vues terrestres les divins objets que vous leur montriez.

Ce n'est pas là l'amour que les saintes Ames ont pour le vrai, & pour tout ce qui est de l'ordre intellectuel. La moindre vérité qu'elles connoissent, ne fût-elle que spéculative, elles ne l'aiment qu'en Dieu & que pour Dieu. Ainsi leurs volitions intellectuelles sont conformes à l'ordre : elles n'y deviennent contraires que quand elles les rapportent à quelque bien passager.

CHAPITRE DIXIEME.

Digression sur la nature de l'Ame immatérielle & destructible, que des Auteurs modernes admettent dans les bêtes.

SURCHARGÉ de matieres comme je le suis, peut-être trouverez-vous, Théodore, que j'aurois dû éviter cette question. Mais si vous daignez envisager la liaison qu'elle a avec le sujet que je traite, & les dangereux coups qu'une telle hypothèse porte sourdement à l'immortalité de l'Ame, je suis convaincu que vous ne me blâmerez point d'en parler.

Vous sçavez qu'on peut réduire à deux classes ceux qui admettent une

Ame proprement dire dans les bêtes : les uns prétendent qu'elle est matérielle, c'est le sentiment de MM. Locke, Stillingfleet ; & les autres la font spirituelle. Je ne parlerai point de l'opinion des premiers, les mêmes raisons qui prouvent l'immatérialité de l'Ame humaine, démontrent aussi la même chose à l'égard des bêtes. La pensée, si elle est dans les brutes, doit y avoir les mêmes caracteres que dans l'homme. Simple, incapable de composition, elle ne sçauroit se rencontrer que dans une substance spirituelle. D'où il suit que la matérialité de l'Ame des bêtes est inadmissible.

Mais ne pourroit-on pas reconnoître en elles une Ame immatérielle, & qui néanmoins périroit quand elles meurent ? C'est ce que quelques Philosophes modernes prétendent. Ils soutiennent, 1°. que tous les animaux, grands & petits, palpables ou imperceptibles, ont une ame spirituelle destinée à animer leur machine : 2°. que cette ame est anéantie à leur mort, parce que les fonctions animales de la brute venant à cesser, la fin pour laquelle cette ame lui avoit été donnée, n'a plus lieu. D'où ils concluent que cette Ame immatérielle doit retomber dans le néant. Les bornes que je me suis prescrites ne me permettent pas de réfuter avec étendue tout ce qu'il y a de vicieux dans ce système ; mais je ne puis me dispenser de faire au moins à ce sujet quelques réflexions succintes.

Je ne nie pas, Théodore, que la question de l'Ame des bêtes ne soit hérissée d'épines. Eh! qui pourroit envisager mûrement cette matiere sans les voir? Dès l'enfance un préjugé fondé sur les sens nous dit d'un ton ferme & assuré, que les animaux ont part à la pensée aussi-bien que l'homme. L'âge assez souvent, au lieu de nous ôter cette opinion, ne fait que nous y confirmer. Si les préjugés de l'enfance ne sont combattus par une mûre réflexion, ils ne font que s'accroître. De plus, ce que nous appercevons d'ingénieux dans les bêtes est fort frappant : mais tandis que cette admirable sagacité nous frappe d'une maniere si vive, les moyens d'en expliquer physiquement tout le méchanisme nous manquent. Lorsqu'on envisage la question sous ce rapport, comment le système qui met une Ame dans les bêtes pourroit-il ne pas triompher? Les premiers jugemens formés avec précipitation dans l'enfance, & souvent nourris par l'âge, lui donnent gain de cause; & les observations mêmes faites sur ce sujet, au gré de bien des gens, semblent appuyer cette opinion.

Cependant, comme l'homme doit avoir pour maxime de ne se rendre qu'à la vérité clairement connue, & qu'il y a d'ailleurs sur la question de l'Ame des bêtes, des principes évidens qui détruisent, & les préventions de l'enfance, & les observations qui viennent à leur appui, tâchons d'en faire usage. Il en est de cette question comme de la divisibilité de la matiere, &c. Envisagée sous une certaine face, elle vous offre des difficultés qui semblent insurmontables; considérée sous une autre qui n'est pas moins réelle, elle vous présente les vérités les plus lumineuses. Vous comprenez par-là que les terribles difficultés qui vous frappent, ne sont point des preuves, mais de simples difficultés: entrons en matiere.

Premiere Preuve contre le systême exposé. Nous ne sommes pas invinciblement portés à croire que les bêtes ont des Ames.

Une des principales raisons sur laquelle les Partisans de l'Ame immatérielle des bêtes se fondent, c'est que s'il n'y avoit en elles aucun principe pensant, *Dieu nous tromperoit*; car en les voyant agir comme elles font, nous croyons naturellement qu'elles pensent.

Cette preuve seroit bonne, si l'homme étoit invinciblement porté à former ce jugement: mais, graces au Ciel, Théodore, nous ne sommes pas dans ces termes-là. Qu'un homme capable de réfléchir voie un singe faire différens tours fort ingénieux, & qui semblent même raisonnés, ce spectacle ne manquera certainement pas de le surprendre: s'il n'écoutoit que ses yeux & les premieres pensées qui lui viennent, le singe auroit sûrement une Ame. Mais si cet homme est tel que je le suppose, exact en ses jugemens, prononcera-t-il que l'animal qu'il voit agir, pense véritablement? Pour ne se point méprendre, il examinera d'abord ce qu'une Ame spirituelle feroit dans une brute, & s'il est absolument nécessaire qu'il y en ait. 2°. Il considérera ce que cette Ame deviendroit à la mort de l'Animal ; sera-t-elle anéantie, ou vivra-t-elle éternellement ?

Tel est le procédé qu'un homme qui veut juger sainement, doit suivre. S'il y manque, c'est la précipitation qui l'emporte ; il n'a pas assez réfléchi sur ses idées : il est donc en faute. Or en ce cas, lorsqu'il donne une Ame au singe, est-ce la lumiere du vrai qui l'éclaire ? Est-il contraint par l'évidence de porter un tel jugement ?

Dieu nous tromperoit, dit-on, si les bêtes ne pensoient pas : mais si un bon Canadois nouvellement débarqué à Paris, eût vu le flûteur de M. de *Vocançon*, n'étant instruit de rien, il auroit juré que cette machine avoit une Ame ; auprès de l'ingénieux flûteur, le singe lui eût paru un stupide : dira-t-on qu'alors M. de Vocançon l'eût trompé ? Dans le fond, l'habile Méchaniste n'en auroit pas plus imposé à ce Canadois, qu'à MM. de *Fontenelle* & de *Mairan* : il n'y auroit eu que son ignorance & sa précipitation qui l'eussent induit en erreur : il n'avoit qu'à suspendre sa décision jusqu'à ce qu'il eût vu les ressorts secrets de ce brillant ouvrage, & il en auroit jugé sainement : c'auroit donc été en lui une extravagante puérilité de s'en prendre à M. de Vocançon.

Voilà néanmoins, Théodore, ce qui nous arrive : ce que ce Sauvage eût fait à l'égard des machines de l'Artiste François, nous le faisons touchant celles du Tout-puissant : parce que nous ne voyons ni les piéces, ni les ressorts qui font agir les bêtes, nous prononçons aussitôt qu'elles ont une Ame : mais un jugement auquel l'ignorance préside, est-il un jugement philosophique ?

SECONDE PREUVE. La destination d'une Ame immatérielle dans les bêtes seroit indigne de Dieu.

On convient dans l'hypothèse dont il s'agit, que l'Ame des bêtes n'auroit pour objet que des fonctions sensibles, comme de voir, de connoître, de sentir tout ce qui est ou nécessaire, ou contraire à la conservation de leurs machines : ses vues ne s'éleveroient pas plus haut : que dis-je ? elles ne le pourroient. Or un tel plan est-il bien digne de la sagesse divine ? Tirer du néant une substance spirituelle, qui n'aura d'autre emploi que d'engraisser un corps, quelle destination ! Si une fin si basse a lieu, pourquoi n'admettroit-on pas de même une Ame dans les végétaux ? Cette petite Ame, par le moyen de la radicale, iroit chercher dans la terre le suc nourricier propre à faire croître la plante qu'elle anime : elle choisiroit le bon, & écarteroit le mauvais ; une Ame de cette trempe répugne-t-elle plus dans un potiron, que dans une huître ?

Ce qui trompe bien des personnes sur ce point, c'est qu'elles croient que l'Ame de l'homme n'est destinée qu'à remplir certaines fonctions de la vie animale, ou de la vie civile : mais c'est une erreur manifeste. L'Ame est créée pour Dieu ; le servir & l'aimer, c'est sa premiere destination. Elle n'anime un corps que pour l'arracher aux imperfections de la matiere, & le mettre en état de jouir avec elle de sa bienheureuse immortalité. La terre est pour elle une espece de noviciat, où elle doit tendre à mériter le ciel. Tel est le but de la Sagesse suprême dans l'union de l'Ame & du corps: tout y est digne de Dieu & de l'excellence de l'homme.

Mais, selon le système opposé, quelle conduite fait-on tenir à ce divin Être? Par une institution primitive il assujettit la substance la plus noble à la plus vile: l'Ame de la brute n'est créée & ne pense que pour le corps; elle en est constituée l'humble servante: c'est-là sa destination. Il seroit difficile de ne pas voir ici un renversement entier de toutes les idées de l'ordre.

Troisieme Preuve. Il y auroit des millions d'Ames que Dieu créeroit & anéantiroit le même jour.

Dès que l'on reconnoît une Ame spirituelle dans les bêtes, il faut l'accorder à toutes sans exception: ainsi, depuis l'éléphant jusqu'à la mite la plus exigue, toutes auront une Ame; & combien de temps vivra-t-elle? Dans quelques-unes un mois, en d'autres une semaine ou deux; il en est même qui ne vont pas si loin, elles ne durent qu'un jour: on en voit des milliers qui naissent, vivent & meurent ainsi. Voilà donc des milliers d'Ames créées & anéanties le meme jour. Des Philosophes parlent-ils sérieusement quand ils avancent de tels propos ?

De plus, les hommes font quelquefois périr un grand nombre de ces petits animaux : que des enfans trouvent une fourmillere, communément ils ne lui font pas de grace ; la détruire, est pour eux une espece de fête : ils ravissent donc le jour à toutes les Ames de cette peuplade ; nous-mêmes nous écrasons souvent tous les insectes que nous pouvons saisir ; si nous ne nous en faisons pas un plaisir comme les enfans, du moins nous nous y portons sans remords. Or ceux qui agissent ainsi, selon le systême exposé, contribuent à l'anéantissement des Ames qui animent ces petites machines ; s'ils ne les détruisent pas directement, au moins ils forcent le Moteur suprême à les anéantir. Or une telle action est-elle innocente ? N'est-ce pas une espece d'assassinat ? Heureusement le ridicule fait ici disparoître le danger.

QUATRIEME PREUVE. Ce seroit une espece d'assassinat, de faire mourir les bêtes.

L'hypothése que j'examine accorde aux corps un avantage bien marqué sur l'Ame ; car le corps d'un animal qui meurt, n'est pas anéan-

CINQUIEME PREUVE. La substance de l'Ame seroit totale-

ment anéantie, pendant que celle du corps subsisteroit toujours.

ti. Qu'une mouche périsse, de toutes les parties qui composoient son petit corselage, il n'y en a aucune qui tombe dans le néant; les Partisans du système en conviennent: mais ici, Théodore, quel contraste ! quel paradoxe ! L'existence perpétuelle qu'ils accordent aux parties intégrantes d'une mouche, ils la refusent à son Ame : la matiere dont elle étoit composée, quoique sous différentes formes, bravera toutes les injures du temps, elle subsistera autant que le monde même ; & la substance spirituelle de cette mouche, après quelques jours de durée, aura l'anéantissement en partage. Le système envisagé sous ce point de vue est-il supportable ?

SIXIEME PREUVE. *Ce sentiment donne atteinte à l'immortalité de l'Ame humaine.*

Ce que j'ai exposé jusqu'ici de cette hypothèse ne renferme que de simples absurdités ; mais voici un article bien plus important : elle donne sourdement atteinte à l'immortalité de l'Ame. Les Auteurs qui l'adoptent, soutiennent que nous ne sommes assûrés de l'immortalité de notre Ame, que par la Foi. Or de-là que suit-il ? Qu'il n'y aura que ceux qui respectent sincérement la révélation, pour qui l'immortalité de l'Ame soit un dogme certain. Quant à ceux qui nient ouvertement cette divine révélation, ou qui la mutilent, cette preuve deviendra totalement caduque. L'immortalité de l'Ame les incommode-t-elle ? ils la rejetteront, & le Partisan du système en question ne pourra la leur prouver.

En effet, Théodore, supposons qu'un de ces Auteurs veuille convaincre un incrédule, il ne manquera pas de mettre l'immortalité de l'Ame dans le catalogue des vérités dogmatiques que son Prosélyte doit croire ; mais si ce dernier est instruit des sentimens de notre nouveau Métaphysicien, se rendra-t-il à sa décision ? Pour peu qu'il ait l'esprit délié, il rétorquera contre l'immortalité de l'Ame humaine ce que son Convertisseur soutient touchant l'Ame des bêtes.

Tout ce qu'on remarque d'ingénieux dans la plupart des insectes ; l'adresse inimitable de l'abeille, qui à peine éclose devient Géometre, &, pour coup d'essai, fait des chefs-d'œuvre dont un *Archimede* seroit incapable : la sagacité du Polipe, qui en fait de stratagêmes & de ruses de guerre est à la naissance ce que les *Hannibal* & les *Scanderberg* ne sont devenus qu'après plusieurs années : ces brillants traits, & mille autres semblables, n'échapperoient point à un incrédule un peu avisé ; dressant toutes ces batteries, il fera une vive décharge sur son Antagoniste. Vous paroît-il convenable, lui dira-t-il, que des créatures si parfaites soient anéanties à leur mort ? &, comme notre Convertisseur avouera qu'il n'y trouve aucune répugnance, que c'est même l'unique sentiment auquel il faut s'en tenir, l'incrédule en tirera contre lui un argument *ad hominem*.

Puisque l'Ame de l'ingénieuse abeille, continuera-t-il, doit être anéantie à sa mort, comment celle d'un *Huron*, qui a été la stupidité même pendant sa vie, subsistera-t-elle éternellement ? Vous prétendez que l'immortalité de l'Ame humaine appartient à la Foi, au lieu que l'anéantissement de l'Ame spirituelle des bêtes est du ressort

de

de la raison : mais où sont les preuves de cette belle Métaphysique ? La raison ne nous apprend sûrement point qu'une substance, de quelque nature qu'elle soit, tombe dans un anéantissement réel ; l'expérience nous démontre le contraire. Vous ne pouvez donc être instruit du prétendu anéantissement de l'Ame des bêtes, que par la révélation : mais est-il révélé qu'un moucheron est animé par une substance immatérielle, qui sera anéantie à sa mort ? Votre système est donc absurde : vous révoltez ma raison par une assertion insoutenable touchant l'anéantissement de l'Ame spirituelle des bêtes même les plus ingénieuses; & vous voulez que je vous croie, quand vous me prêchez l'immortalité de l'Ame d'un *Huron !* Je croirai aussi peu l'un que l'autre.

C'est ainsi qu'un incrédule qui aura quelque esprit, ne manquera pas de répondre : qu'en arrivera-t-il ? Il demeurera plus enfoncé que jamais dans le gouffre d'où on le vouloit tirer ; &, ce qu'il y a de plus triste, ce seront les principes de son Convertisseur même qui l'y précipiteront. Je ne prétends pas néanmoins, Théodore, que le sentiment de ceux qui admettent une Ame immatérielle & destructible dans les bêtes, soit directement contre la Foi ; mais il l'affoiblit, il rend l'immortalité de l'Ame humaine moins croyable, & donne aux impies des armes pour la combattre. Ainsi, quand cette opinion ne renfermeroit pas les absurdités que nous y avons vues, le respect dû à tout ce qui tient à la Foi, devroit seul la faire rejetter.

CHAPITRE ONZIEME.

Vérités qui naissent des principes établis touchant la nature de l'Ame : 1°. Elle est la vive image de Dieu.

SI les principes que j'ai établis jusqu'à présent sur la nature de l'Ame sont véritables, ils ne peuvent demeurer stériles ; ils doivent être liés à d'autres qui en sont comme l'apanage ; c'est aussi, Théodore, ce qu'un peu d'attention fait ici remarquer. Quoique je ne vous aie présenté qu'un foible crayon de l'essence & des perfections de l'Ame, cependant de cette esquisse même on voit éclore diverses conséquences extrêmement intéressantes. Les unes font connoître à l'homme sa grandeur, les autres lui montrent l'étendue de ses devoirs.

La premiere regarde la ressemblance de l'Ame avec Dieu : quoique créée, elle est la vive image de son Créateur : elle pense toujours ; elle est libre ; elle agit toute entiere où elle est ; elle peut avoir diverses actions à la fois : telles sont les principales propriétés qui éclatent en elle : que ne puis-je peindre dignement tant de sublimes traits !

1. Ressemblance de l'homme avec Dieu.

Quand nous réfléchissons sur les attributs de Dieu, il paroît que le premier qui se présente, c'est l'*être*, & l'être d'un esprit pur ; mais comme l'être, la pensée, l'action en Dieu sont la même chose, il s'ensuit qu'il ne peut non plus cesser de penser, que d'être.

L'Ame humaine nous offre sur ce point un éclatant rapport avec son divin Auteur : depuis qu'elle est

Premier Rapport. L'Ame pense toujours

tirée du néant, elle pense, elle ne cesse point de penser, & elle pensera toujours. L'Eternel qui a voulu que notre Ame trouvât en elle-même une image de la perpétuité de son être, lui a donné une perpétuité d'action que rien ne sçauroit interrompre. Les corps les plus actifs peuvent être dépouillés de leur activité, sans cesser d'être ; mais les intelligences que vous avez créées, ô Eternel, n'ont point à craindre un tel sort. L'Ame humaine que vous avez formée à votre ressemblance, a la pensée pour essence : elle ne la peut perdre sans être anéantie.

Second Rapport. La liberté. La liberté nous fait appercevoir un autre rapport bien sensible entre Dieu & l'homme. » Dieu est libre » à faire ou à ne pas faire au de- » hors tout ce qui lui plaît, parce » qu'il n'a besoin de rien : qu'il fasse » cent mille mondes, il n'en est pas » plus grand ; qu'il n'en fasse aucun, » il ne l'est pas moins. . . . Le » néant ou l'être lui est égal ; & il » est maître ou de ne rien faire, ou » de faire tout ce qu'il veut. Que » l'Ame puisse aussi faire d'elle, ou » du corps qui lui est uni, ce qui

» lui plaît, c'est assurément une ad-
» mirable participation de l'Etre
» divin. Je ne suis rien ; mais parce
» qu'il a plu à Dieu de me faire à
» son image, je veux que ma main
» se leve, que mon bras s'étende,
» que mon corps se tourne ; cela se
» fait, & il n'y en a aucune raison
» que ma volonté : cela est parce
» que je le veux. Si je rentre au de-
» dans de moi, je puis appliquer
» mon intelligence à une infinité
» d'objets divers, à l'un plutôt qu'à
» l'autre, & à tous successivement :
» d'une infinité d'actes de ma vo-
» lonté je puis faire celui-ci, ou
» celui-là, sans qu'il y ait d'autres
» raisons, sinon que je le veux ».

Elevations, cinquieme semaine, troisieme Elevation.

Comme Dieu est essentiellement simple, & purement esprit, il existe tout entier où il est. Immense, il est par-tout, quoiqu'il ne soit contenu dans aucun lieu.

Malgré la distance infinie de la créature au Créateur, nous voyons dans l'Ame un tableau assez éclatant de cette divine perfection : l'Ame est unie au corps, mais elle n'y est pourtant pas contenue comme dans un lieu : le petit monde que sa

TROISIEME RAPPORT. L'Ame agit toute entiere où elle est.

machine renferme, n'a aucune partie où elle ne puisse agir : Or peut-elle y agir sans y être ? Et, comme elle est essentiellement simple, peut-elle être dans un endroit de son corps, qu'elle n'y soit toute entiere ? » L'Ame, dit S. Augustin, est toute » présente à toutes les parties de son » corps ; & elle est en même temps » toute entiere en chacune d'el- » les (*a*) «. Perfection vraiment incompréhensible, incontestable néanmoins; elle est de fait.

Dieu étant tout acte, & infiniment être, fait une infinité de choses à la fois : son acte, dans son immense unité, embrasse tout, le présent, le passé, l'avenir.

Quatrieme Rapport.
L'Ame peut faire diverses choses à la fois.

Il y auroit de l'extravagance à donner aux intelligences créées une si éminente perfection ; nous ne laissons pas néanmoins d'y en appercevoir quelques traits : combien d'actions diverses notre Ame ne peut-elle pas faire en même temps ?

(*a*) Anima non modò universæ moli corporis, sed etiam unicuique particulæ illius tota simul adest. . . . Tota simul singulis partibus adest, quæ tota simul sentit in singulis. *S. August. de immortalitate Animæ, n.* 25.

Voyez cet habile Simphoniste qui préside à un Concert : qu'il y ait cinquante voix ou cinquante instrumens tous différens, malgré leur diversité il a la sensation des divers tons qu'ils font entendre : voilà donc cinquante perceptions, distinctes, différentes, variées. Mais avec quelle étonnante facilité l'Ame de ce Musicien n'y agit-elle pas ? Son aisance à combiner toutes ces voix montre que quand, au lieu de cinquante, il y en auroit cinq cent, elle y fourniroit également. Admirable, prodigieuse capacité dans un être simple & un ! Le monde corporel nous offre-t-il l'ombre d'une telle perfection ?

Ne nous livrons pourtant pas à une vaine admiration : la ressemblance qu'a l'Ame avec Dieu est réelle, mais en même temps elle n'est que participée. Ces mêmes propriétés, quoique très-éclatantes, envisagées sous un autre point de vue, nous rappellent sans cesse à notre néant : je les reprends sommairement.

II. Différence sensible entre l'Ame & Dieu.

1°. L'Ame pense toujours : cependant la pensée lui échappe à chaque inſtant. Il n'y a que le fond de ton être, je veux dire la connoiſſance & l'amour de l'infini, qui lui demeure toujours: le reſte, ſçavoir les modalités particulieres, ſouffre des révolutions continuelles; elles naiſſent, elles ſe montrent avec éclat, s'éclipſent, & ſont remplacées par d'autres, qui paſſeront à leur tour. Ce changement perpétuel ne montre-t-il pas que ſi d'un côté notre Ame participe beaucoup à l'être, de l'autre elle participe encore plus au néant?

2°. L'Ame eſt libre: mais cette liberté la rend-elle indépendante? Ce Monarque qui fait trembler toute la terre, ne peut avec toute ſa puiſſance lever une ſimple paille qui eſt ſous ſes yeux. Quand il veut, il met en mouvement tous ſes Etats; cependant, s'il a le pouls trop accéléré, il n'en ſçauroit arrêter le battement. » L'Ame eſt libre,
» mais elle peut auſſi ſe détourner
» vers le mal: voilà donc dans ma
» liberté un trait défectueux, qui
» eſt de pouvoir mal faire: ce trait
» ne me vient pas de Dieu, mais
» du néant d'où je ſuis tiré. Dans

Elévations, cinquieme ſemaine, troiſieme Elévation.

» ce défaut je dégénère de Dieu qui
» m'a fait : voilà le défaut & le ca-
» ractére de la créature. Je ne suis
» pas une ressemblance parfaite de
» Dieu : je suis seulement fait à son
» image ; j'en ai quelques traits par
» ce que je suis, mais je n'ai pas
» tout «.

3°. L'Ame agit toute entiere où elle est : cependant cet admirable pouvoir s'étend-il hors de son corps ? L'homme fidele étoit lui-même assujetti à ces étroites bornes : à deux lignes du corps d'Adam il n'y avoit plus rien sur quoi il pût agir. En vain ce Roi de l'Univers eût commandé aux êtres qui étoient hors de lui, de se mouvoir ; il y eût échoué : le plus petit atome eût méconnu ses ordres. Quelle puissance ! mais en même temps quelle foiblesse !

4°. L'Ame peut faire différentes choses à la fois, mais souvent la vue des objets qu'elle connoît ne lui en montre que l'écorce. La moindre question qui se présente, si elle la veut bien saisir, il faut qu'elle la disséque, qu'elle s'attache à un point précis, en mettant tous les autres à l'écart. Cependant, malgré ces précautions, combien de particularités nécessaires ne lui échappent-elles pas? De-là cette foule d'erreurs & de téméraires décisions où elle se précipite.

Concevons donc, Théodore, que les rapports de l'Ame avec son Créateur, quoique réels, quoique brillans, sont aussi très-limités. Examinez-vous l'Ame dans l'être qu'elle a reçu de Dieu, vous voyez manifestement qu'elle en est la vive image: Envisagez-vous ce qui lui manque, son néant se présente de toutes parts.

III. *Les rapports de l'Ame avec Dieu, sous un autre point de vue, marquent à l'homme ses devoirs.*

Mais de quelque maniere que l'on considére ces rapports, ne fût-ce qu'avec l'imperfection qui leur est essentielle, en même temps qu'ils montrent à l'homme sa grandeur & son néant, ils sont pour lui une source de lumieres: il y voit tous ses devoirs tracés en lettres d'or.

L'Ame pense toujours: cette perpétuité d'action ne lui marque-t-elle pas qu'elle ne doit jamais cesser d'agir pour celui de qui elle tient tout ce qu'elle a d'être?

L'Ame est libre: quel doit être l'usage de cette éminente perfection, sinon de se porter avec un choix plus volontaire vers son souverain Béatificateur?

Elle agit toute entiere où elle est: nous voyons-là une perfection qui lui crie qu'il ne doit y avoir aucun partage dans son culte. Ses hommages ne seront parfaits qu'autant qu'ils seront entiers.

L'Ame peut faire plusieurs actions à la fois: je trouve encore ici une leçon perpétuelle sur mes devoirs. Cette grande prérogative me montre l'obligation où je suis de multiplier sans cesse mes adorations. L'Ame est une: mais dans son unité pouvant réunir divers actes, elle devient en quelque sorte multiple. Toutes ses puissances lui fournissent comme un monde d'adorateurs, qui glorifient librement, sans cesse, & tous à la fois, le Dieu saint qui les a formés. Si donc ces perfections font notre gloire, elles doivent aussi faire notre regle. O hommes, qui que vous soyez, Rois, simples Particuliers, Riches, Pauvres, ce n'est qu'en remplissant ces sublimes devoirs, que votre Ame devient véritablement l'image de Dieu!

CHAPITRE DOUZIEME.

Seconde Vérité: L'Ame, en quelque état que ce soit, est infiniment supérieure à tous les corps.

Nous venons de le voir, Théodore, les perfections de l'Ame ont un double point de vue: éminentes, pleines d'éclat sous un rapport, sous un autre elles sont visiblement bornées. Mais l'Ame ne s'est pas tenue au degré de finitude essentiel à tout être créé: d'imparfaite qu'elle est par sa nature, elle est devenue vicieuse; à moins que la grace du Médiateur ne la répare, elle n'a que des inclinations terrestres qui la souillent & la dégradent. *Homo, cùm in honore esset, non intellexit; comparatus est jumentis insipientibus, & similis factus est illis.*

On pourroit croire que l'Ame, dans un tel avilissement, est au-dessous de certains êtres sensibles que les hommes admirent; mais la moin-

DE LA NATURE DE L'AME. 301

dre attention fait connoître qu'elle garde toujours sur eux la prééminence la plus marquée.

Qu'on choisisse l'homme le plus abruti qu'il y ait dans le monde; qu'il soit même perdu dans ses mœurs : cependant on ne me contestera pas qu'il n'ait toujours une Ame ; & dès-lors, malgré l'humiliant état où elle est enfoncée, j'y vois l'image de la Trinité Divine. » semblable au Pere, elle a l'être : » semblable au Fils, elle a l'intelli- » gence : semblable à l'Esprit-Saint, » elle a l'amour, une même natu- » re, une même vie. Vous ne sçau- » riez lui rien ôter, sans lui ôter » tout «. Je l'avoue, ces divins caractéres se trouvent extrémement avilis dans une telle Ame ; mais ils sont essentiels à toute intelligence créée, & la vie la plus brutale ne les sçauroit effacer.

Prenons d'un autre côté les corps les plus éclatans de l'Univers ; ces astres qui roulent avec tant de majesté sur nos têtes, qu'y concevonsnous ? Un amas de parties déliées : c'est-là tout ce qui forme ces énormes masses. Si le Soleil occupe un

I. L'Ame la plus vile en apparence est toujours l'image de Dieu & de la Trinité.

Elévations, quatrieme semaine, septieme Elévation.

II. Tout le prix des corps les plus brillans vient de l'arrangement méchanique de la matiere.

si vaste champ dans le Ciel; s'il fait éclater à nos yeux une lumiere si brillante, c'est la matiere artistement configurée qui produit toutes ces merveilles: avec tout ce pompeux appareil il est toujours corps; jamais on n'en tirera une pensée: le dernier des *Hotentots* a un avantage inestimable sur cet astre: il connoît le Soleil, & le Soleil ne le connoît pas.

Pensée de M. Pascal.

Les animaux présentent à des yeux philosophiques un spectacle plus parfait: le méchanisme admirable qu'on remarque dans leurs organes, joint aux actions industrieuses qu'elles font, porte quantité d'esprits superficiels à croire qu'il y a des bêtes plus estimables que certains hommes; honteuse, absurde imagination! Toute l'excellence des bêtes se réduit à un méchanisme plus délié, la matiere en est toujours le fonds; & tout cet éclat vaut-il la moindre pensée?

De tous les êtres sensibles qu'on peut être tenté de comparer avec l'Ame, le corps humain est celui qui pourroit mieux soutenir ce parallele: mais je retrouve encore ici divers traits qui le mettent infiniment au-dessous de l'Ame. 1°. Le corps le mieux organisé, le plus parfait, est toujours moindre dans une partie que dans le tout ; ce n'est que l'assemblage des diverses substances qui en fait le prix. 2°. Tout ce que le corps humain a de grace & d'activité, lui vient de l'Ame, ou du moins c'est l'Ame qui l'occasionne.

Jettez les yeux sur un jeune homme qui vient de mourir : quel prodigieux changement ! Lorsqu'il étoit plein de vie, on le regardoit avec plaisir ; maintenant il n'offre plus rien que de hideux. Attendons-nous quelques jours après son trépas, la vue en est insuportable : le cadavre d'un pur animal seroit moins dégoûtant. Tant il est vrai que c'étoit de la présence de l'Ame que lui venoit tout son lustre : il est donc manifeste qu'en quelque état que soit l'Ame, innocente, ou pécheresse, elle est toujours infiniment supérieure à tous les corps.

CHAPITRE TREIZIEME.

Troisieme Vérité: Selon l'ordre primitif, l'Ame n'est unie à un corps que pour y servir Dieu, y mériter la bienheureuse Eternité, & la procurer à son propre corps.

PUISQU'IL n'y a aucun parallele à faire entre l'Ame & les corps même les plus parfaits, il s'ensuit qu'elle n'a été créée pour aucun d'eux, quel qu'il puisse être. Il en est un, je l'avoue, auquel elle paroît particuliérement destinée ; mais dans cette union même l'Ame demeure toujours ce qu'elle est : il n'y a que Dieu qui soit au-dessus d'elle. Ainsi c'est une folle idée de prétendre que l'Ame n'a été créée que pour animer une machine : les motifs de la Sagesse divine sont incomparablement plus relevés.

Premiere Vue.
L'Ame est créée pour servir Dieu dans le corps qu'elle anime.

Toute créature intelligente étant par sa nature destinée à glorifier le Créateur, à le connoître, à l'aimer, qu'elle subsiste seule, ou non, sa fin est toujours la même. Par conséquent, si elle est unie substantiellement à un corps, elle ne peut avoir d'autre destination que d'y servir Dieu. Il est bien vrai qu'étant liée à une autre substance avec laquelle elle ne doit faire qu'un seul tout, il convient, il faut même qu'elle l'anime; mais ce n'est-là qu'une seconde intention : la premiere, c'est la gloire du Créateur : un être infiniment parfait n'en peut avoir d'autre.

On peut même dire que par cet admirable moyen la matiere rend à Dieu tout l'hommage dont elle est capable : le Ciel & la Terre louent le Créateur en leur maniere ; mais le culte que lui rend le corps humain, est fort au-dessus. 1°. Ce corps est comme un extrait, un abrégé du monde corporel ; les principaux élémens qui composent l'Univers s'y trouvent réunis. 2°. Ce petit monde, par l'union substantielle de l'Ame avec le corps, devient comme un holocauste vivant, qu'elle peut sans cesse offrir à Dieu.

Combien de pieux actes de l'esprit auxquels le corps a part ! La tempérance, la pureté, le saint

Seconde vue. Mettre la matiere en état de rendre à Dieu tout l'hommage dont elle est capable.

usage des sens, ce sont des actions auxquelles le corps est appellé. La chair, quoique corruptible, dès que l'ordre regne en elle, est rendue le sanctuaire de la Divinité; en un mot, l'homme devient le Prêtre de la Nature, & les hommages du monde corporel, dont il est le précis, s'élevent par ses mains jusqu'au Trône de Dieu. Heureux, s'il étoit fidele à remplir ces augustes fonctions!

Troisieme Vue. *L'Ame unie au corps doit travailler à mériter la bienheureuse immortalité.*

Les vues de l'Etre suprême ne se bornent point à la gloire qui le concerne; il veut que l'Ame, pendant le séjour qu'elle fait dans son corps, travaille à son propre bonheur, qu'elle y mérite la bienheureuse immortalité. On ne peut douter que Dieu, en créant le premier homme, n'ait eu cette intention : la prévarication d'Adam l'auroit-elle changée? il seroit absurde de le prétendre. Cette intention primitive subsiste toujours : Oui, la premiere occupation de l'Ame dans le corps doit être de tendre au bonheur auquel elle est destinée ; elle s'avilit, elle se perd, si elle a d'autres vues. Il est vrai, les maladies qui nous font furvenues, nous rendent cette carriere plus épineufe; il y faut lutter fans ceffe contre des ennemis de tout genre; mais fi les travaux font grands, les fecours que nous devons attendre le font encore plus, & la récompenfe qui les doit fuivre, fera infinie.

Cette félicité néanmoins ne fera pas pour l'Ame feule; elle réjaillira fur fon propre corps. En effet, puifque celui-ci a part aux facrifices de l'ame, ne convient il pas qu'il la fuive dans le féjour de la gloire? Ainfi cet être vil & abject que notre ame habite, étant revêtu de la bienheureufe immortalité, deviendra en quelque forte fpirituel. Affocié aux combats de l'ame fur la terre, il fera affocié à fes triomphes dans le Ciel. Les Anges verront la pouffiere dont nos corps font compofés placée dans le fanctuaire du Dieu vivant.

QUATRIEME VUE.
L'Ame par fon union avec le corps lui doit procurer une heureufe immortalité.

Ces vues que vous attribuez à la Sageffe divine, me dira-t-on, font fort belles; mais par qui font-elles aujourd'hui remplies? La plupart des hommes ne vivent que pour leur corps, ou pour des biens auffi périffables.

Cela n'est que trop vrai : mais la dépravation de l'homme peut-elle anéantir l'ordre éternel ? Les droits du Créateur sur la créature sont aussi inaltérables que lui-même. Si la créature manque à ce qu'elle lui doit, elle se rend malheureuse : cependant elle ne fait point changer Dieu. Ainsi, Théodore, quand le nombre des hommes qui ne pensent qu'à la terre seroit encore plus grand, la regle subsiste toujours. Servir Dieu dans un corps, rendre ce corps & le monde corporel, par son entremise, adorateur de la Majesté suprême, travailler pendant ce séjour à mériter le Ciel, y attirer même ce corps qui a été l'instrument de ses travaux : tels sont les devoirs essentiels de l'Ame unie au corps : telles sont les vues du Tout-puissant dans cette admirable union.

CHAPITRE QUATORZIEME.

Quatrieme Vérité : Dans quelque état que l'homme soit en mourant, juste ou pécheur, son Ame est immortelle.

L'ARTICLE que j'entame ici, Théodore, est un des plus essentiels de la Métaphysique & de la Morale : il est la base de tout, tout en dépend. L'Ame périt-elle avec le corps, buvons, mangeons, livrons nous à toutes nos convoitises. Mais si l'Ame survit au corps, surtout si elle subsiste pour toujours, tout change de face. Le vice & la vertu ne peuvent manquer de recevoir la peine ou la récompense qui leur sont dûs. Eternité de maux d'une part, éternité de biens de l'autre : c'est l'un de ces deux états qui sera la destinée de l'homme. Est-on raisonnable quand on demeure indifférent sur ces importantes vérités ?

Il est inutile, disent quelques Auteurs, de tant insister touchant l'immortalité de l'Ame : ce dogme est incontestable. La certitude que nous en donne la révélation vaut infiniment mieux que tous les raisonnemens métaphysiques dont on voudroit s'appuyer.

Si ceux qui parlent ainsi agissoient sincerement, il n'y auroit rien à répondre : Car on n'en peut pas douter, celui qui adhere de bonne foi à la révélation, n'a aucun besoin de preuves philosophiques ; il trouve tout dans son humble créance. Mais aujourd'hui cette foi sincere est-elle bien commune ? Ceux que l'immortalité de l'Ame incommode, commencent par se défaire adroitement des raisons métaphysiques qui la prouvent : ils en renvoient donc la certitude à la révélation.

Mais ils trouvent en même temps le secret de ne pas croire celle-ci : par-là ils se débarrassent de tout, & des preuves philosophiques qu'ils ne veulent pas entendre, & de la révélation qu'ils refusent de croire. Vous voyez donc, Théodore, qu'il n'est nullement inutile d'appuyer un peu sur cette matiere. Je n'ai pourtant pas dessein d'exposer en détail toutes les preuves de l'immortalité de l'Ame ; j'en parcourrai seulement les principales.

Les ennemis de cette précieuse vérité sont de deux classes : les uns, qui donnent dans le pur Matérialisme, prétendent que l'Ame périt en même temps que le corps. Cela doit être ainsi dans leurs principes ; car comme l'Ame, selon eux, consiste dans la simple organisation du corps, dont elle n'est qu'une modification, il est visible que le corps périssant, l'Ame doit nécessairement avoir le même sort. L'Ame ne survit donc pas un instant à sa machine.

Les autres, soit qu'ils croient l'Ame spirituelle, soit qu'ils la matérialisent, la regardent comme une substance détachée du corps, qui peut lui survivre, & qui lui survit en effet ; mais ce n'est que pour quelque temps, après quoi elle est anéantie : car la double éternité des biens & des peines leur paroît une véritable chimere. C'est à combattre ces deux sentimens, que les preuves qui vont suivre sont destinées.

Article Premier.

Raisons qui font voir que l'Ame doit nécessairement survivre au corps.

Premiere Preuve. Que fait sur la terre ce Riche fortuné, qui depuis le matin jusqu'au soir ne pense qu'à augmenter ses trésors, ou à assouvir ses passions ? Il regorge de biens, tout lui rit, tout lui prospére. Ecraser les foibles, opprimer la Veuve & l'Orphelin, persécuter la vertu qui lui résiste, ou qui l'importune, couler tous ses jours dans la joie & dans le plaisir ; telle est la vie de cet Heureux du Siécle. Il descend au tombeau sans avoir connu ce que c'est que la misere & la souffrance.

D'un autre côté, je vois un homme vertueux, qui n'a d'autre ambition que de bien servir Dieu. Fidele à son Prince, juste envers son Prochain ; charitable, & même saintement prodigue envers le Pauvre, sa vie est un parfait modele de toutes sortes de vertus. Cependant, parce qu'il refuse de souscrire aux volontés iniques des méchans, il devient

vient malheureux : on le calomnie, on le perfécute ; il se voit même chargé de fers, & jetté dans une noire prifon. Il expire enfin dans le sein de la souffrance & de l'ignominie.

Or y auroit-il quelque juftice en Dieu, si les Ames de ces deux hommes périffoient entiérement à leur mort ? Car quel châtiment les crimes du premier ont-ils éprouvés, & quelle récompenfe les vertus du second ont-elles reçues ? Il faut donc néceffairement qu'il y ait une autre vie où l'un & l'autre, le jufte & l'impie, reçoivent le prix de leurs bonnes & de leurs mauvaifes actions : par conféquent l'Ame doit survivre au corps.

Cette conféquence eft mal tirée, s'écriera ici un Spinofifte : l'homme vertueux a été récompenfé par le plaifir intérieur qu'il a trouvé à faire le bien ; d'un autre côté, l'impie a été puni par les inquiétudes, les agitations, les remords de confcience, dont il étoit tourmenté.

Pitoyable faux-fuyant ! Pour que le plaifir qu'un homme jufte trouve dans la vertu, en pût être cenfé la récompense pendant cette vie, il faudroit qu'au milieu des souffrances qu'il endure il fût convaincu que sa conduite est dans l'ordre, qu'elle est agréable à Dieu, & qu'il sera récompensé au centuple des maux qu'il souffre pour la justice. En ce cas-là je conçois que ce juste malheureux pourra goûter une véritable paix, & qu'il sera même comblé de joie dans le fort de ses tourmens ; mais si la vie future n'est qu'un songe, si lorsque son corps est consumé par les flammes, son Ame s'éteint totalement, son espérance étoit sans fondement : & si l'attente d'un bonheur avenir lui donnoit quelque joie, il ne se nourrissoit que d'idées creuses & chimériques. Il n'a donc point été récompensé du bien qu'il a fait ; ou s'il l'a été, ce n'est qu'en songe.

Le méchant, continue l'incrédule, au milieu de ses plaisirs, est dévoré par les plus cuisans remords : mais 1°. cela n'est pas général ; il y a quantité de riches impies qui n'éprouvent point ces cruels tourmens : ces scélérats mourront donc sans avoir souffert aucune punition.

2°. Je veux bien qu'ils essuient réellement quelques-unes de ces peines intérieures ; mais ces foibles châtimens ont-ils quelque proportion avec leurs crimes ? Ce riche oppresseur qui s'est engraissé du sang des peuples, en est-il suffisamment puni par quelques remords qu'il ressent, quand il est prêt de ne plus être ?

Cette double disproportion de la récompense à la vertu, des châtimens aux crimes, pendant la vie présente, est donc manifeste. Elle démontre qu'on ne peut, sans extravagance, refuser d'admettre une autre vie, où le Dieu de la justice rend à chacun selon ses œuvres.

Seconde Preuve. Ou l'Ame, en quittant le corps, est dans la justice, ou elle est dans le péché ; dans l'amour de la vertu, ou dans l'amour du crime. L'homme meurt-il avec l'amour de la vertu, son Ame doit certainement en être récompensée : Est-ce avec l'amour du crime, elle doit être punie. Ainsi, soit dans l'un, soit dans l'autre de ces deux états, il est nécessaire que l'Ame survive à son corps.

1°. L'Ame sera récompensée si elle a fait le bien ; car étant juste en sortant du corps, elle aime Dieu par-dessus tout; elle desire de le voir, de l'aimer éternellement. Or Dieu anéantira-t-il au moment du trépas une Ame qui a de si saints sentimens? Plonger dans le néant un être parfaitement soumis à l'ordre, & plein de votre amour ! Non Seigneur, c'est ce qu'un Dieu qui est la justice, & la sainteté même, comme vous l'êtes, est incapable de faire. Il faut donc que dans cette premiere position l'Ame survive à la machine qu'elle animoit.

2°. La même chose doit arriver si l'Ame est criminelle; car, en quittant son corps, elle ne quitte point l'amour du mal. Elle a haï Dieu & sa loi; en quittant la terre elle continue dans cette haine impie. Or pendant qu'elle a ces horribles sentimens, la sainteté de Dieu ne demande-t-elle pas qu'elle soit punie? Il faut donc que cette Ame existe; & si cette haine qu'elle a pour Dieu dure toujours, ses supplices auront une égale durée: car persistant dans ces sacriléges dispositions, l'anéantissement pour elle seroit une espece de récompense,

Ainsi la durée d'être & de tourmens pour cette Ame criminelle doit répondre à la durée de son injustice.

Peut-être trouverez vous, Théodore, que cette raison ne prouve pas rigoureusement l'immortalité de l'Ame. L'idée de la justice nous apprend bien, direz-vous, qu'une Ame qui, lorsque le corps expire, est attachée au mal, mérite d'être punie ; mais elle ne nous montre pas que ces peines doivent être éternelles : c'est une vérité que nous ne pouvons sçavoir que par le canal de la révélation. Je pourrois répondre que, supposé que la mauvaise disposition de cette Ame subsiste toujours, la même justice qui a demandé qu'elle soit punie, demande que sa punition ne cesse point, tant que l'amour du péché persévérera.

Mais supposons, si vous voulez, que cette preuve, à l'égard des méchans, démontre uniquement que leur Ame ne périt point avec leur corps, & qu'elle doit nécessairement lui survivre, vous sentez bien que ce point est essentiel ; car ce que les Spinosistes & les purs Matérialistes demandent, c'est que l'Ame meure avec le corps : ils croient n'avoir rien gagné, si on ne leur accorde cet article. C'est donc mettre leur système en poudre, que de prouver que l'Ame doit survivre à la machine. Si ce point capital n'est pas vrai, nous ne sommes assurés de rien : l'évidence n'est qu'une chimere, & la religion qu'un jeu.

ARTICLE SECOND.

Raisons qui font voir que l'Ame non-seulement survit au corps, mais qu'elle est réellement immortelle.

Venons maintenant, Théodore, à la seconde branche des ennemis de l'immortalité de l'Ame : ceux-ci distinguant l'Ame du corps, conviennent bien qu'elle lui survit, pour être punie ou récompensée, selon qu'elle l'a mérité ; mais ils prétendent que cette durée ne sera point éternelle, & qu'au bout d'un certain temps, plus ou moins considérable, l'Ame sera réellement anéantie. Ce système étant différent du premier, les raisons qu'on doit employer pour le combattre, doivent aussi être différentes ; il faut prouver que l'Ame est véritablement immortelle : c'est à quoi tendent les réflexions suivantes.

Tous les hommes, sans exception, souhaitent d'être heureux, & ils souhaitent de l'être pour toujours. Ce desir n'est pas de notre choix : il naît avec nous, & il est insurmontable. D'où peut-il venir? Est-ce de notre corps, ou des êtres physiques qui nous entourent ? Faire les corps le principe d'un desir aussi pur, aussi sublime, ce seroit une idée extravagante. Puis donc que cette tendance au bonheur ne vient point de notre choix, & qu'il répugne que nous la tenions des êtres matériels, il est évident qu'il n'y a que Dieu seul qui en puisse être auteur. Or ne seroit-ce pas une impiété de dire qu'en cela ce divin Agent nous trompe, qu'il nous donne le desir invincible d'une immortalité qu'il nous refusera ? Que deviendroit donc la véracité du Dieu infiniment vrai ? Ainsi ce desir d'être heureux, & de l'être éternellement, par les caracteres dont il est revêtu,

PREMIERE PREUVE.
Desir naturel & invincible d'être heureux.

nous démontre que l'Ame doit être immortelle.

Seconde Preuve. *L'homme est fait pour l'infini.*

Dès qu'on anatomise l'homme, on voit manifestement qu'il est fait pour l'infini : la capacité qu'il a de connoître & d'aimer est immense ; tous les objets finis ne la sçauroient épuiser. De-là cette volage inquiétude qui l'agite dans tous les biens périssables après lesquels il court : les mêmes objets qui l'avoient d'abord enchanté, au bout de quelques momens le dégoûtent : nous n'en devons pas être surpris ; il y cherchoit l'infini, & ces biens n'en ont pas l'ombre. Mais, puisque cette capacité est infinie, l'Ame peut-elle ne pas être immortelle ? Desirer une infinité de biens & de jours, c'est assurément desirer l'immortalité. Nous devons donc regarder cette capacité immense comme une voix éclatante par laquelle Dieu nous appelle sans cesse à l'immortalité bienheureuse : *Creasti nos ad te, Domine, & cor nostrum irrequietum est, donec requiescat in te.* S. August. Confess. l. 1, c. 1.

On voit des personnes, je l'avoue, qui se donnent la mort ; &

qui, souhaitant de ne plus vivre, paroissent ne desirer aucunement l'infini : mais les Suicides n'ont pas éteint le desir de la félicité ; au contraire, c'est pour être heureux qu'ils se donnent la mort. Le trépas, dont ils considérent peu les suites, leur paroît être le tombeau de leurs souffrances ; ils croient y trouver le bonheur qu'ils cherchent. Ils l'aiment donc ce bonheur, même dans le sein de la mort : mais peuvent-ils avoir cet amour, sans aimer l'infini ? Le vrai bonheur & l'infini sont inséparables. Par conséquent, puisque les Suicides ne cessent point d'aimer le premier, par-là même ils aiment nécessairement le second.

A la bonne heure, dira quelqu'un de nos Esprits forts, que cela soit ainsi dans certains hommes ; mais vous ne pouvez soutenir ce principe à l'égard de tous : il est des gens qui souhaitent d'être entiérement anéantis à leur trépas ; ils comptent même que cela leur arrivera. Or des hommes qui pensent de cette maniere, n'aiment sûrement point l'infini : loin d'y tendre, ils n'ambitionnent que le non-être. Votre desir de l'infini n'est donc pas naturel à l'homme.

Le foible de ce raisonnement saute aux yeux : les impies dont on parle ici aiment réellement l'infini ; car pourquoi souhaiteroient-ils leur entiere destruction ? Pour peu qu'ils soient sinceres, ils avoueront que c'est parce qu'ils ne peuvent toujours vivre heureux sur la terre : s'ils le pouvoient, ils s'y rendroient immortels. Eh ! dans le fond, peuvent-ils avoir d'autres desirs ? N'aimant ni Dieu, ni les biens qu'il promet à ceux qui le servent, ils ne considérent qu'avec horreur le fatal moment qui doit trancher leurs jours. Ils aiment donc la vie présente, & ils l'aiment infiniment. Infinité de jours, infinité de plaisirs, infinité d'honneurs, tel est l'objet des vœux de l'impie.

Mais comment cet amour de l'infini s'accorde-t-il en lui avec le desir sincere de l'anéantissement ? C'est ce qui n'est pas difficile à concevoir. Il y a dans l'impie deux desirs tout contraires : d'un côté, il souhaite l'anéantissement, non d'une maniere directe, mais parce qu'il craint des maux infiniment plus terribles que l'anéantissement même : d'un autre part, il desire une infinité de jours. Le premier de ces desirs est foible, forcé, & le fruit de l'irréligion ; le second est naturel, & plein d'activité.

L'impie en fait un mauvais usage ; cela est visible. Cependant il ne péche pas précisément parce qu'il souhaite une infinité de jours ; les Martyrs en souhaitoient autant : mais son crime, c'est de souhaiter une infinité de jours consacrés au plaisir & à la vanité. Par conséquent, lorsqu'il semble braver la mort, & tendre à l'anéantissement, il aime aussi-bien l'infini que les autres : il annonce, malgré qu'il en ait, qu'il a reçu l'être pour ne le jamais perdre.

Le plus petit grain de matiere, depuis qu'il est créé, ne retombe point dans le néant : il y a six mille ans qu'il existe, & peut-être existera-t-il toujours : il pourra bien passer par une infinité de métamorphoses, être incorporé à ce solide, puis en être détaché pour entrer dans un

TROISIEME PREUVE. Tirée de la supériorité de l'Ame sur la matiere, dont le moindre grain ne s'anéantit point.

autre, & ainsi essuyer des millions de formes différentes : mais le pur entendement nous le fait toujours concevoir comme un grain de matiere qui subsiste, qui, semblable au Phœnix, renaît en quelque sorte de ses cendres, en un mot qui n'est jamais anéanti.

Jettons maintenant les yeux sur l'Ame. Cette substance est essentiellement simple, une, indivisible : elle ne renferme en elle aucun principe de destruction. Voilà des caracteres qui mettent l'Ame infiniment au-dessus, je ne dis pas du grain de matiere dont j'ai parlé, mais du ciel & de la terre. Cependant, Théodore, si l'Ame venoit à être anéantie après un certain nombre d'années, ou même après plusieurs siecles, cette admirable prééminence subsisteroit-elle ? Quoi ! ce vil atome, quoique composé d'une infinité de parties différentes, joüira de l'être pendant des siecles innombrables ; & l'Ame, cette substance spirituelle, une, simple, qui n'a en elle-même aucune semence d'altération, l'Ame après quelque durée aura le néant pour partage

Il faudroit oublier les idées les plus évidentes de l'ordre éternel pour adopter une telle hypothèse.

La dignité de l'Ame, envisagée sous un autre rapport, nous fournit une preuve encore plus invincible de la même vérité. 1°. L'Ame a été tirée du néant : mais depuis qu'elle en est sortie, la perpétuité d'acte qui est en elle, sa vie, qui est la pensée, n'a jamais souffert la moindre interruption : les maladies les plus aiguës ne sçauroient y donner atteinte. 2°. Quelle est sa principale destination ? Nous l'avons vu plus haut : c'est de connoître, d'aimer, d'adorer le Dieu saint qui la créée. La fonction qu'elle exerce, en animant un corps, n'est qu'une fin subordonnée à la premiere.

Quatrieme Preuve. La dignité de l'Ame & sa destination montrent qu'elle doit être immortelle.

Réunissons ces deux caracteres. L'Ame sortie des mains du Créateur trouve dans son être le principe d'une vie perpétuelle ; elle est primitivement destinée à servir Dieu. Par la création elle est entrée dans la société des Esprits : elle doit composer avec eux la Cour du Dieu de gloire, & célébrer ses louanges à jamais. Cette auguste destination est en même temps & certaine & invariable : or de si sublimes caracteres dans l'Ame ne sont-ils pas un gage, une assurance de son immortalité ? Ne nous font-ils pas voir manifestement qu'une substance si noble, si parfaite, & en quelque maniere si divine, ne sera jamais entamée par le néant ?

Article Troisieme.

Réflexions sur les Principes qui viennent d'être établis.

L'immortalité de l'Ame, démontrée par les principes qui l'établissent, nous offre une conséquence sur laquelle nous ne sçaurions trop réfléchir. Il n'y a rien de médiocre dans la destinée de l'homme. S'il répond à la fin pour laquelle il est créé, tous les trésors du Dieu de gloire lui sont ouverts : son Ame en quittant le corps ne perd rien ; au contraire, elle devient plus vivante, & le bonheur dont elle jouira, n'aura point d'autre fin que l'éternité.

Mais si l'homme oublie cette glorieuse vocation, s'il met son bonheur dans quelque objet terrestre, il se dégrade, & dès-lors l'éternité de biens qui attend les justes, se changera pour lui en une éternité de maux : le desir inné de l'infini le suivra au milieu de ses tourmens, & par une juste punition il y mettra le comble.

Quel sort pour cette Ame criminelle ! désirant sans cesse l'infini, & n'y pouvant atteindre ; toujours mourante, & toujours vivante ; souhaitant une immortalité d'être, & sentant que cette immortalité ne sera que pour souffrir.

Nos Esprits forts regardent ces principes comme de belles chimeres : mais en les niant, viendront-ils à bout de les détruire ? Déplorable illusion ! Ils se flattent qu'en mourant ils seront totalement anéantis ; & par la mort même ils deviennent plus vivans que jamais : car cet état de l'Ame à la sortie du corps est commun à l'impie comme au juste. L'action de l'Ame, quand elle est dégagée de la matiere, en est infiniment plus vive : elle voit plus clair, & elle aime avec une intensité incomparablement plus grande ce qui a été l'objet de ses desirs sur la terre.

On ne peut donc douter que tandis que les hommes saints subsisteront toujours pour être souverainement heureux, les méchans ne subsistent aussi que pour être souverainement malheureux. » Depuis que le » Créateur, dit le grand Bossuet, » a tiré l'Ame du néant pour jouir » de lui, il n'y a plus de néant » pour elle : car comme celui qui » s'attache à ce souverain Etre, mé- » rite plus que jamais de vivre dans » ce bonheur, & de le voir durer » éternellement ; de même aussi » quiconque s'en prive & s'en éloi- » gne, mérite de voir durer éter- » nellement la peine de sa défec- » tion.

Connoissance de Dieu & de soi-même.

CHAPITRE QUINZIEME.

Notice abrégée des principales opérations de l'Ame relativement à sa spiritualité & à sa simplicité.

Quoique l'Ame soit essentiellement simple, elle a pourtant diverses opérations qui, loin d'être identiques, nous offrent des idées assez différentes. Sa connoissance & son amour, qui sont ses deux facultés générales, prennent encore chacune diverses formes. Tout cela, Théodore, au premier coup d'œil paroît jetter certains nuages sur sa simplicité : ainsi pour avoir sur ce sujet des notions nettes & précises, il seroit bon de se former comme une espece de dictionnaire de l'Ame; par ce moyen les idées confuses tomberoient : on verroit que la simplicité essentielle de cette substance, & la diversité de ses opérations, sont pleinement d'accord.

Commençons par la connoissance; voici ce qu'on en pourroit dire.

1. L'entendement.

La faculté de connoître n'est autre chose que l'Ame même, en tant qu'elle connoît, qu'elle apperçoit un objet quel qu'il puisse être : mais comme l'Ame n'apperçoit jamais un objet en général, & que c'est toujours quelque être en particulier, suivons-la, s'il est possible, dans ses connoissances particulieres.

L'entendement pur. L'entendement pur est l'Ame même, en tant qu'elle connoît quelque chose de spirituel, dont elle écarte autant qu'elle peut toute image sensible. Cette pure intellection a lieu non-seulement pour les être immatériels par leur nature, mais même pour les corporels : l'Ame conçoit ceux-ci en les envisageant d'une maniere purement intellectuelle ; ce qui se fait lorsqu'elle n'apperçoit que les idées des corps.

La sensation. La sensation est l'Ame même ; appercevant un objet corporel & sensible, l'impression agit sur les organes de son corps : comme l'idée de cet être est pure & immatérielle, l'Ame la revêt en quelque sorte de sa propre modalité, de sa sensation ; par ce moyen l'idée immatérielle

DE LA NATURE DE L'AME. 331
de l'objet nous devient comme palpable.

L'imagination est encore l'Ame même, qui apperçoit l'image d'un objet sensible, mais absent; & dont par conséquent l'impression actuelle ne peut agir sur les organes du corps.

L'imagination.

Ce que je viens de marquer, Théodore, convient à l'entendement considéré par rapport aux objets qu'il s'applique à connoître : mais quand on l'envisage en lui-même selon les diverses manieres dont il se porte vers les choses qu'il considere, on lui donne divers noms; tantôt on l'appelle *génie*, tantôt on le nomme *raison* ou *jugement* : dans d'autres opérations on l'appelle *goût* ; tout cela peut se réduire à des notions précises conformes à la nature & à la simplicité de l'Ame.

Nous dirons donc que le génie est l'Ame même, qui invente, qui pénetre, qui approfondit, & cela dans les sujets où les génies ordinaires ne peuvent percer. Cette carriere est extrémement vaste : un Poëte, un Orateur, un Historien,

Le génie.

un Astronome, pourvu qu'ils inventent, qu'ils creusent dans les matieres qui sont de leur compétence, sont des hommes de *génie* ; ce titre ne leur convient pas moins dans leur sphere qu'au Méchanicien & qu'au Géometre dans la leur : chez les uns & chez les autres le génie est leur ame même, qui invente ou qui perfectionne ce qui auparavant étoit enseveli dans les ténebres.

La raison, ou le jugement. De même le jugement ou la raison, c'est l'Ame, en tant qu'elle juge d'une chose, qu'elle s'applique à discerner le vrai d'avec le faux, le bien d'avec le mal.

Le goût. Le goût dont on parle tant dans les beaux Arts, est l'Ame même qui, soit par un don naturel, soit par l'usage & l'exercice, est en état de sentir tout ce qu'il y a de grand, de fin, de délicat, de beau en un mot dans un Ouvrage d'esprit. J'ai montré ailleurs que la conformation organique du corps contribuoit extrêmement à ces sortes d'opérations, & principalement à celle du goût : mais quoique ce méchanisme soit très-réel, le principe que j'expose n'en est pas moins vrai. Le goût réside proprement dans l'Ame, & la belle organisation du corps n'en est que la cause occasionnelle.

La méthode dont je viens de faire usage peut s'appliquer aux opérations de la volonté. Celle-ci en général est la faculté par laquelle l'Ame aime un objet qu'elle considere comme bien : mais parce que l'Ame se porte directement vers les objets qu'elle aime, on lui donne aussi divers noms, tantôt on l'appelle partie supérieure, tantôt partie inférieure.

II. La volonté.

La partie supérieure de l'Ame est l'Ame même, qui par son propre choix, & avec un plein consentement, se porte à la poursuite de quelque bien, ou intellectuel ou sensible.

La partie supérieure.

La partie inférieure est encore l'Ame, mais qui en tant qu'impressionnée par le mouvement rapide du sang & des esprits animaux, se tourne indélibérément vers les objets sensibles ; c'est à cette partie inférieure qu'il faut rapporter les *passions*. Ainsi les passions ne sont autre chose que l'Ame, qui à l'occasion des émotions qui s'élevent dans

La partie inférieure.

le corps, est elle-même vivement émue, & se porte à aimer ou à fuir certains objets.

Mais il faut remarquer que comme il n'y a dans l'Ame aucun acte d'amour sans connoissance, il n'y a aussi aucune connoissance sans amour : quelquefois même ces deux modalités se compliquent dans le même acte d'une maniere si intime, qu'on ne sçait presque à laquelle des deux on doit rapporter cet acte. C'est ce que j'ai observé à l'égard de la sensation. La connoissance, au moins sombre, en fait certainement partie : mais comme il y a aussi un mouvement d'amour qui s'y mêle, de-là naît selon les apparences le fond obscur qui caractérise cette modalité.

Il est bon d'observer encore qu'en parlant des actions de l'Ame, on dit souvent qu'elle se *meut*, qu'elle se *tourne*, qu'elle *s'élance* vers un objet; mais il n'y a dans ce langage que des expressions métaphoriques. L'Ame étant sans aucune étendue, même spirituelle, ne sçauroit ni se mouvoir ni se tourner; les mouvemens d'une substance immatérielle ne font autre chofe que les *volitions* de la volonté, ou les perceptions de l'entendement, qui ouvre pour ainfi dire les yeux pour appercevoir les objets que Dieu lui fait connoître.

CHAPITRE SEIZIEME.

Corollaires qui naiſſent des Principes établis dans cette premiere Partie.

AVANT de finir cette premiere Partie, vous voudrez bien que j'expofe ici quelques Corollaires affez importans, qui découlent des principes que j'y ai établis. Je dois d'autant moins les omettre, qu'en même temps qu'ils font le réfultat de ce que j'ai dit, ils font encore la bafe de ce qui me refte à montrer dans les Parties fuivantes.

COROLLAIRE PREMIER.

Lorfqu'on envifage l'Ame en elle-même, il paroît que l'idée la plus jufte qu'on puiffe s'en former, c'est de la regarder comme une substance spirituelle, simple, essentiellement pensante & immortelle. Vivre pour Dieu, le connoître & l'aimer, c'est sa premiere destination : elle peut bien par une fin subordonnée avoir été aussi formée pour régir un corps ; mais la fin principale subsiste. Un être intelligent ne peut avoir été primitivement créé que pour glorifier l'Etre suprême, & le posséder à jamais.

Corollaire Second.

L'Ame par son union avec le corps acquiert certaines opérations sensibles, qui semblent tenir un peu du corporel ; mais son immatérialité n'en souffre aucune atteinte. La sensation, même celle qui paroît la plus brute, ne sçauroit jamais être que dans une substance spirituelle ; & dans cette sensation, quand on l'examine bien, on trouve comme une portion intellectuelle qui ne peut appartenir qu'à l'esprit pur.

Corollaire Troisieme.

Nous ne connoissons clairement que

que deux sortes de causes: les unes immédiates, physiques, efficientes, & les autres occasionnelles. Le corps & l'ame qui composent l'homme étant d'une nature totalement différente, il est visible que ces deux substances ne peuvent agir immédiatement l'une sur l'autre; par conséquent elles ne sçauroient le faire que comme causes occasionnelles.

COROLLAIRE QUATRIEME.

L'Ame de l'homme ayant des opérations de deux ordres entiérement différens, il est clair que pour en bien étudier l'histoire, il faut nécessairement embrasser cette diversité d'opérations. Ainsi dans le même être individuel, indivisible, totalement un de l'Ame, distinguons bien les opérations sensitives d'avec les intellectuelles : les premieres se découvrent à ceux qui réfléchissent le moins ; comme elles sont du domaine des sens, ceux-ci les saisissent d'abord ; mais les secondes ne se rendent visibles qu'au pur entendement. Un Métaphysicien exact doit également porter son attention sur les unes & sur les autres : quiconque ne s'attacheroit qu'aux premieres, manqueroit entiérement *à la nature de l'Ame & à l'origine de ses connoissances.*

Je vous prie d'y faire attention, Théodore ; ce Corollaire est capital : son extrême importance se fera mieux sentir dans la suite.

SECONDE PARTIE.

DE L'ORIGINE DES CONNOISSANCES HUMAINES.

LA question qui concerne l'origine des idées vient naturellement après celle qui regarde la nature ; elle y est même étroitement liée : cependant quelle différence entr'elles ! Rien de plus doux pour un homme qui sçait s'élever au-dessus des sens, que de contempler les grandeurs de l'Ame : ce spectacle l'enchante ; les objets les plus gracieux de la Nature n'ont point de charmes qui y soient comparables.

Mais quand on se tourne vers la source des idées, la décoration change, le chemin devient plus scabreux. Entre les diverses routes qui se présentent, il n'y en a qu'une seule qu'on puisse tenir ; il faut donc fuir les autres, & marquer en même temps pourquoi on les évite. Que ces discussions sont pénibles ! Qu'elles sont désagréables ! On a souvent en tête des Auteurs fameux, qu'on est contraint de combattre ; on voudroit se conformer à l'idée qu'un certain Public en a, n'en parler par conséquent qu'avec éloge : cependant la vérité demande qu'on fasse le contraire ; qu'au lieu de louer, on désaprouve, & même qu'on réfute.

Telles sont les circonstances où je vais me trouver : cherchant à connoître l'origine de nos idées, il faut nécessairement que je parle de M. Locke ; comment pourrois-je m'en dispenser ? Ce Philosophe passe dans l'esprit d'un certain nombre de personnes pour avoir le mieux débrouillé cette question ; son systême est aujourd'hui le plus à la mode : mais si ce qu'il avance n'est pas conforme au vrai, on ne peut se dispenser d'en faire voir le vice : contrainte d'autant plus fâcheuse, qu'il ne s'agit pas de quelques opinions éparses & en petit nombre, mais d'un système entier, dont toutes les parties sont intimement liées. Aussi je vous l'avouerai sincérement, j'ai eu peine à finir la Partie précédente, & j'en ai encore eu davantage à commencer celle-ci.

Le système de M. Locke sera le seul que j'examinerai ; car d'y joindre la discussion de celui de M. Leibnitz, c'est à quoi je pense que vous ne me porterez pas. *L'harmonie préétablie* a aujourd'hui très-peu de Partisans, & selon les apparences elle en aura encore moins dans la suite : c'est donc à M. Locke que je me bornerai ; mais comme son hypothèse a été modifiée, ou, si l'on veut, même refondue par quelques Auteurs récens, je l'envisagerai dans ces deux états.

Voici le Plan que je me propose en cette Partie : je la partage en six Sections. Dans la premiere je discuterai le système littéral de M. Locke ; dans la seconde je parlerai de ce sentiment revêtu des nouveaux correctifs que quelques Modernes lui donnent ; les quatre suivantes seront employées à l'exposition du vrai sentiment qu'on doit embrasser sur l'origine des connoissances humaines. Ainsi, dans la troisieme Section je parlerai des idées innées, ou des idées que Dieu donne à l'Ame antérieurement à l'action des sens. La quatrieme traitera des idées que l'homme reçoit par l'action des sens. Dans la cinquieme j'examinerai quelles sont les idées qui nous viennent posterieurement à l'action des objets sensibles. J'en ajouterai une sixieme, dans laquelle je tâcherai d'éclaircir les principales difficultés qu'on a opposées au sentiment que j'embrasse.

PREMIERE SECTION.

Où l'on examine le Systême de M. Locke sur les idées, tel qu'il l'expose lui-même dans ses Ouvrages.

VOus ne vous attendez pas, Théodore, à un examen détaillé de tout le systême : M. Locke y consacre un *in-quarto* d'assez bonne taille, & cependant il a la modestie de ne regarder ce gros Livre que comme un simple *Essai*. Il me seroit impossible d'être aussi fécond ; il semble d'ailleurs qu'une discussion abrégée peut suffire : que sçais-je même si celle que je risque ici ne vous paroîtra point trop longue ?

<small>*Essai Philosophique sur l'entendement humain.*</small>

Piv

CHAPITRE PREMIER.

Exposé du Système.

CE n'est proprement que dans le second Livre de son grand Ouvrage, que l'Auteur commence à examiner quelle est la source des idées. Dans le premier il entreprend seulement de montrer qu'il n'y a aucun principe, ni spéculatif, ni pratique, qui soit inné : mais après avoir ainsi escarmouché, il vient enfin à l'action.

Examinant dans ce second Livre quelles sont les sources de toutes les idées, il en admet deux : une premiere primitive, qui est le fondement de tout, sçavoir *la sensation*, ou l'action des objets sensibles sur l'Ame. La seconde qui ne vient qu'à la suite de la premiere, il la nomme *la réflexion* : l'Ame l'acquiert en réfléchissant ou sur les idées qui lui sont venues par les sens, ou sur ses propres opérations;

DE LA NATURE DE L'AME. 345

mais il faut entendre M. Locke lui-même.

» Supposons qu'au commencement l'Ame est ce qu'on appelle *tabula rasa*, vuide de tous caractères, sans aucune idée, quelle qu'elle soit ; comment vient-elle à en recevoir quelques-unes ? Par quel moyen en acquiert-elle cette prodigieuse quantité que l'imagination de l'homme, toujours agissante & sans bornes, lui présente avec une variété presqu'infinie ? D'où puise-t-elle tous ces matériaux qui sont comme le fond de ses connoissances ? A cela je réponds en un mot, *de l'expérience* ; c'est le fonds d'où toutes nos idées tirent leur premiere origine. Les observations que nous faisons sur les objets extérieurs & sensibles, ou sur les opérations intérieures de notre Ame que nous appercevons, & sur lesquelles nous réfléchissons nous-mêmes, fournissent à notre Ame les matériaux de toutes ses pensées : ce sont-là deux sources d'où découlent toutes les idées que nous pouvons avoir naturellement «.

I. Précis du système de M. Locke.

Entendem. hum. L. 2, ch. 1, n. 2.

P v

Tel est le principe fondamental de notre Philosophe : les sens sont la source foncière de toutes les connoissances humaines ; car *l'expérience* qu'il préconise ici, comme il l'explique après, n'est autre chose que la sensation. Il faut donc que l'impression des corps commence ; sans elle l'Ame n'aura jamais ni idée, ni volition, de quelque nature que ce soit : mais après que leur action a été transmise à l'esprit, & que *la réflexion* a fait agir ses ressorts, le magasin de nos connoissances est ouvert ; il n'y a point d'idée dont nous ne puissions nous enrichir : c'est ce que M. Locke explique avec étendue.

» 1°. Nos sens étant frappés par
» certains objets extérieurs, font
» entrer dans nos Ames plusieurs
» perceptions distinctes : c'est ainsi
» que nous acquérons les idées du
» blanc, du jaune, du chaud, du
» froid, du doux, de l'amer, & de
» tout ce que nous appellons qua-
» lités sensibles. Cette grande sour-
» ce, qui se communique à l'enten-
» dement par le moyen de nos sens,
» je l'appelle *sensation*. L'autre

DE LA NATURE DE L'AME. 347
» source, c'est la perception des
» opérations de notre Ame sur les
» idées qu'elle a reçues par les sens;
» opérations qui produisent dans
» l'entendement une autre espece
» d'idées que les sens n'auroient pu
» lui fournir, telles que sont les
» idées de ce qu'on appelle *apper-*
» *cevoir, croire, raisonner, connoî-*
» *tre.* . . . Ce sont-là, à mon
» avis, *les seuls principes d'où toutes*
» *nos idées tirent leur origine :* sça-
» voir toutes les choses extérieures
» & matérielles, qui sont l'objet
» de la sensation ; & les opérations
» de notre esprit, qui sont l'ob-
» jet de la réflexion. *L'entendement*
» *ne me paroît avoir absolument au-*
» *cune idée, qu'il ne la reçoive de*
» *ces deux principes* «.

Entend. hu:
L. 2, c. 1
n. 4.

Ce morceau est un peu long,
(car, on doit l'avouer, la précision
n'est pas l'endroit brillant de M.
Locke;) mais j'ai cru devoir le rapporter dans tout son entier. En
voulant l'abréger, peut-être me se-
rois-je rendu suspect de prêter à ce
Philosophe mes propres pensées.
Jamais on ne saisit mieux un Auteur,
que quand il s'explique lui-même.

P. vj

II. Système de Bacon sur le même sujet.

Il ne sera pas inutile de joindre à cet extrait un précis d'un autre Philosophe Anglois dont je vous ai déjà parlé. » Il n'y a, dit Bacon, que » les individus qui frappent les sens » de l'homme ; & ces sens sont la » porte de l'entendement. Les ima- » ges des individus se gravent dans » la mémoire ; d'abord elles sont » entieres, & gardent le même or- » dre qu'elles avoient en y entrant ; » ensuite l'Ame les passe en revue, » &, pour ainsi dire, les rumine : » elle le fait en trois manieres ; car » ou elle les examine simplement ; » ou, par une fiction ingénieuse, » elle imite ces premieres impres- » sions ; ou enfin, soit en les unis- » sant, soit en les décomposant, » elle en fait des combinaisons nou- » velles. De ces trois opérations de » l'entendement, qui sont la mé- » moire, l'imagination & la rai- » son, naissent les trois sources gé- » nérales de nos connoissances, qui » forment l'histoire, la poësie & la » raison. *Il n'y a, & il ne peut y* » *avoir d'autres sources de nos idées,* » *que celles-là.* (a) «

(a) Individua sola sensum percellunt, qui

Ces paroles contiennent en abrégé tout le système de M. Locke sur les idées : celui-ci passe communément pour le créateur de ce grand morceau de Métaphysique ; mais il paroît que le fonds appartient réellement à son illustre Devancier. Aussi dans quelques Ouvrages modernes désigne-t-on le système des idées originaires des sens, sous le nom de *Baconisme* : cependant, qu'on en fasse honneur à celui qu'on voudra, c'est une mince discussion qui nous importe peu ; mais puisque M. Locke, inventeur, ou non, a traité cette question d'une maniere plus étendue & plus systématique, c'est à lui qu'il convient de s'arrêter principalement.

Dictionn. de l'Encyclopédie.

intellectûs sanna est. Individuorum imagines, sive impressiones à sensu exceptæ, figuntur in memoriâ, atque abeunt in eam, à principio tanquam integræ : eodem quo occurrunt modo, eas posteà recolit & ruminat Anima humana ; quas deinceps aut simpliciter recenset, aut lusu quodam imitatur, aut componendo, aut dividendo digerit. Itaque liquidò constat ex tribus illis fontibus memoriæ, phantasiæ & rationis, esse tres illas emanationes historiæ, poëseos & philosophiæ, nec alias aut plures esse posse. *Bacon, de augm. Scient. lib. 2, c. 10.*

CHAPITRE SECOND.

Premier défaut de l'hypothèse de M. Locke : L'Ame seroit créée dans un état purement animal, & même elle seroit beaucoup au-dessous des Animaux.

I.
L'état où l'Ame naîtroit, seroit purement animal.

LA maxime fondamentale du système, c'est qu'avant l'impression actuelle des objets sensibles, l'Ame n'a encore aucune idée ni de ce qui est hors d'elle, ni d'elle-même. Or de cette supposition, Théodore, naît, ce me semble, un défaut palpable, c'est que l'Ame seroit créée dans un état purement animal ; en effet, il n'est gueres possible de concevoir que cette substance, ainsi fabriquée, puisse être autre chose. Une Ame sans idées, sans volition, peut-elle différer de la brute ? Lui trouvons-nous quelque caractère de prééminence qui l'en distingue ?

Oui sans doute, repliqueroit M. Locke ; l'Ame, même dans ce premier état, est clairement différenciée d'avec la brute ; car elle naît non-seulement avec la faculté de penser, mais encore de réfléchir, de combiner diverses idées : perfection qui éleve l'Ame, même naissante, au-dessus de toutes les bêtes.

On pourroit d'abord mettre cette réponse en poudre, & montrer que l'Ame, dans l'état où le Philosophe Anglois la fait naître, n'a pas réellement cette faculté de penser à laquelle il a recours : mais je réserve cette preuve pour un autre endroit ; ainsi je veux bien passer la supposition.

Mais selon vos principes, dirai-je à M. Locke, cette Ame sera pendant quelque temps hors d'état de faire usage de ce pouvoir : s'il ne lui vient quelque impression de la part des corps qui l'environnent, elle se trouvera dans l'impossibilité physique de sortir de cette humiliante situation. Or pouvez-vous nier que dans ce premier état l'Ame ne soit de niveau avec la brute ? En effet, selon vous, Monsieur, la faculté de penser n'est pas un privilege particulier à l'homme ; vous l'accordez généreusement à tous les animaux ; les reptiles même ont part à vos largesses. Voilà donc l'Ame humaine & la brute précisément sur la même ligne : maintenant comment nous assignerez-vous leur différence ?

Si quelque Partisan de M. Locke me répond que l'Ame d'un enfant qui naît, aura un jour le pouvoir de raisonner, il me sera facile de l'arrêter tout court : car notre Philosophe, peu content d'accorder des perceptions réelles aux bêtes, pousse sa générosité plus loin ; il les décore de quelque degré de raison.

1°. Que l'Auteur leur donne la perception, c'est ce qui est palpable : » De la maniere dont est faite » *une huître ou un moule*, nous en » pouvons inférer que ces animaux » n'ont pas les sens ni si vifs, ni en » si grand nombre que l'hom- » me. . . . Cependant je ne sçau- » rois m'empêcher de croire que » dans ces animaux *il n'y ait quel- » que foible perception* «. Ainsi, selon le Philosophe Anglois, il n'y a pas jusqu'à l'huître, qui n'ait quelque grain de perception.

2°. Il met aussi la raison dans les animaux ; eh ! comment reculer, après l'assertion que nous venons d'entendre ? » Si les bêtes ont quel-
» ques idées, & ne sont pas de pures
» machines, comme quelques-uns
» le prétendent, nous ne sçaurions
» nier *qu'elles n'aient de la raison*
» *dans un certain degré.* Pour moi,
» il me paroît aussi évident qu'elles
» *raisonnent,* qu'il me paroît évi- C. 11, a. 15
» dent qu'elles ont du sentiment :
» mais c'est seulement sur des idées
» particulieres, selon que leurs sens
» les leur présentent «.

Ainsi, dans ce système, l'Ame humaine à sa naissance n'a rien qui la différencie de la bête : un jour à venir elle aura la raison dans un degré plus éminent que les animaux ; mais quand elle commence, il n'y a pas la moindre différence entr'elle & eux. Un *puceron*, de ce côté-là, a tout l'essentiel d'un enfant qui vient de naître.

Je n'en dis pas assez, Théodore : posé le système, l'Ame pendant les premieres années de son être seroit dans un état beaucoup plus bas que plusieurs animaux : un chien d'un an peut faire un excellent chasseur ; un serin, au bout de trois mois, sçait différens airs qu'on lui a appris ; mais un enfant à cet âge où en est-il ? Il se passe plusieurs années sans qu'on puisse lui rien mettre dans la tête. Ainsi ces petits animaux, graces à la Métaphysique de M. Locke, naissent plus près de la raison que l'enfant. Par conséquent celui-ci est créé dans un état beaucoup plus animal, que les animaux même.

II. A proprement parler, l'Ame au premier moment de sa naissance n'exerceroit pas même les fonctions animales.

Ce n'est pas tout, je pourrois ajouter, sans en imposer à M. Locke, que selon ses principes l'Ame dans ce premier état n'exerceroit pas même la moindre des fonctions animales : car le Philosophe suppose qu'avant la premiere action des sens, l'Ame n'a absolument aucune pensée, pas même l'ombre du plus petit sentiment. Or une Ame réduite à une telle pauvreté ne nous offre rien qui puisse appartenir à l'animal. Les brutes, selon M. Locke, dans quelque petitesse qu'elles soient, ont des sensations : mais *une table rase* en a-t-elle ? Puis donc qu'il y a dans cette Ame un néant absolu de sensation, il y a aussi en elle un néant de fonctions animales.

M. Locke, (faute d'y penser sans doute,) rend cette preuve péremptoire : écoutez-le, je vous prie. » On a raison de penser, dit-il, » que le fœtus, dans le sein de la » mere, ne différe pas *beaucoup de* » *l'état d'un végétable*; & qu'il passe » la plus grande partie du temps » sans perceptions ni pensées, ne » faisant gueres autre chose que » dormir «. Ce fœtus a de temps à autre quelques petites sensations; cependant, lorsque son Ame est endormie, ce qui lui est très-ordinaire, selon les principes de M. Locke, elle différe *peu d'un végétable*. Mais, cela posé, n'est-il pas manifeste que cette pauvre Ame, avant l'exercice des sens, loin d'être spirituelle, n'est pas même animale ? Je ne prête donc rien au Philosophe Anglois, quand je dis qu'il fait naître l'Ame humaine dans un état beaucoup plus rabaissé que les animaux.

L'unique échappatoire à laquelle il auroit pu avoir recours, consisteroit à soutenir que l'Ame d'un enfant, lors même qu'il est encore dans le sein de sa mere, a d'excellentes facultés qui feront un jour toute sa grandeur : quoiqu'elles ne soient pas encore développées, elles sont toujours d'un très-grand prix. Une perle, ajouteroit-il, quand même elle ne seroit encore qu'à demi-formée, à raison des parties internes qui la constituent, & du suc séminal qui coule dans ses veines, est infiniment plus précieuse qu'une masse de pierre ordinaire, toute formée.

1°. Une telle réponse supposeroit assez manifestement la matérialité de l'Ame ; car si la faculté de penser dans un enfant qui commence à voir le jour, consiste en ce que les parties qui le composent, sont plus fines, plus déliées que celles d'un *moule*, voilà donc l'Ame bien duement matérielle : toute la différence, c'est que sa matérialité sera d'un ordre supérieur à celle des animaux ; cependant ce sera toujours une vraie matérialité.

2°. Supposons que ces excellentes facultés que le Philosophe Anglois reconnoissoit, ne soient point matérielles, en quoi les sera-t-on consister ? Si M. Locke s'en fût tenu à ses principes, il lui eût été impossible d'expliquer ce phénomene. Regarderai-je comme revêtu de riches, d'éminentes facultés, un petit être qui n'a pas même les premiers élémens de la pensée ? Cette Ame est dans la plus affreuse indigence de tout ce qui fait un être pensant ; elle attend que l'action des sens lui donne le jour, mais elle n'en a pas encore les prémices. Par conséquent ces merveilleuses facultés dans un enfant qui entre dans la carriere de l'être, & qu'on fait sonner si haut, se réduisent à rien. Il est donc toujours constant que, selon le système de M. Locke, l'Ame d'un enfant qui vient d'être créé, dans ces premiers moments n'est pas même capable des fonctions animales.

Ce que je viens de marquer sur la dégradation de l'Ame, est manifeste. Cependant M. Locke ne produit pas ces odieux sentimens en termes exprès : mais l'Auteur Helvétique, qui a fait son apologie, n'est pas si réservé. Il étale ces conséquences avec une confiance que rien n'éton-

III. Cette doctrine plus cruement exprimée par l'Apologiste de M. Locke.

T. 2, Préface. » ne, » L'Ame ou l'être humain ne
» vient au monde que comme *ani-*
» *mal*, avec de simples capacités
» vuides : sa raison & sa personali-
» té se forment par dégré, par
» l'exercice actuel de cette capa-
» cité. Le premier état où l'Ame
» se trouve quand elle commence,
» c'est d'exister simplement comme
» *animalcule*, doué d'un principe
» de vie : de-là elle passe au second
» état, où devenue active elle par-
» vient à la capacité d'acquérir des
» idées.

Les étranges maximes que vous avez déja entendu es de cet Auteur, ont dû vous accoutumer à sa maniere de philosopher. Cependant, Théodore, ces nouveaux traits ne vous font-ils pas frémir ? Avancer hautement, comme un principe incontestable, que l'Ame d'un enfant n'est d'abord qu'un *animalcule* ; qu'elle ne parvient à avoir des idées que quand elle a passé à son second état où elle devient active, quel travers ! quoi de plus humiliant pour l'humanité !

IV.
Cette affreu- Mais remarquons-le bien, ces imaginations, quelque horribles

qu'elles soient, ne sont pas proprement de celui qui les avance; ce sont des conséquences naturelles du systême de M. Locke. En effet, s'il est vrai, comme il le prétend, que l'Ame n'apporte en naissant qu'une capacité vuide de tous caracteres, l'Apologiste a raison; cette effroyable maxime, *l'Ame ne vient au monde que comme animalcule*, ne peut lui être contestée. La doctrine de l'un & de l'autre dans le fond est la même; l'Auteur Helvétique n'a rien prêté à son héros; tout ce qu'il y met du sien, c'est la franchise, ou si l'on veut la crudité avec laquelle il s'exprime.

Sa doctrine n'est qu'une conséquence naturelle de celle de M. Locke.

CHAPITRE TROISIEME.

Second Vice: Les enfans n'arriveroient à la personnalité qu'au temps où ils seroient en état de réfléchir.

LE vice que je viens d'indiquer dans le systême de M. Locke en découvre un autre qui lui est étroitement uni. Non-seulement l'Ame viendroit au monde comme animal, ou, selon l'énergique expression de l'Apologiste, comme animalcule, mais même elle demeureroit pendant plusieurs années dans cet avilissement. Un enfant ne deviendroit ce qu'on appelle une *Personne*, que quand il commenceroit à réfléchir. Mais pour mieux faire entendre combien la doctrine de notre Philosophe est vicieuse sur ce point, je crois devoir expliquer ce qui constitue l'essence de la personnalité.

<small>I. En quoi consiste l'essence de la Personnalité: Ess. de Mor. Symb. T. 2, p. 160.</small>

» Par le terme de *personne* on » entend une nature raisonnable, » qui subsiste à part, qui n'est point » dominée, & qui ne fait point partie accessoire d'un autre être «. De ce principe suivent deux conséquences : d'abord la personnalité ne se trouve point dans les animaux ; elle est au contraire dans les enfans qui ne font que de naître.

1°. Elle ne se trouve point dans les animaux : car non-seulement ils ne sont point d'une nature raisonnable, mais il n'y a pas même en eux d'Ame sensitive. De plus, quand les bêtes auroient une Ame de cette trempe, seroient-elles de vraies personnes ?

sonnes ? La personnalité ne peut convenir qu'aux êtres doués de raison.

2°. Cette propriété réside au contraire dans les enfans, n'eussent-ils même qu'un jour. De ce qu'ils ne jouissent pas encore de l'usage de leur raison, c'est un pur accident. Si l'intégrité primitive de la nature humaine avoit encore lieu, on ne les verroit certainement point réduits à ce triste état. Tout nous montre que cette perfection, quoiqu'ils n'en puissent connoître le prix, est réellement de leur compétence.

II. La personnalité est réellement dans les enfans.

Il en est des enfans au berceau, par rapport à la personnalité, comme des hommes adultes pendant leur sommeil : or ceux-ci, quoique privés de l'exercice de la raison pendant qu'ils dorment, ne laissent pas d'être des personnes réelles. De même aussi l'impuissance où sont les enfans de faire usage de la raison, ne les dépouille pas de la personnalité: ils en conservent toujours le fond, *qui est d'être à soi, de n'être ni régi ni mu par un autre auquel on soit uni pour ne faire qu'un seul tout.* L'Ame d'un enfant ne fait

Première Preuve.

point partie accessoire d'un autre être: il a donc la personnalité en partage.

Seconde Preuve. Quoique l'Ame d'un enfant n'ait pas encore l'usage de la raison, elle en a pourtant l'essentiel; car elle connoît & aime l'infini, comme je le montrerai ailleurs. On ne dira pas, sans doute, qu'un tel amour soit irraisonnable; au contraire, il n'est rien de plus conforme à la raison. Quand les obstacles seront levés, cet amour qui nous paroît maintenant assoupi, se montrera dans tout son lustre.

Troisieme Preuve. Je ne vois aucun inconvénient à soutenir que l'Ame d'un enfant est à elle, & qu'elle exerce une vraie domination: elle n'est que cause occasionelle de tous les mouvemens de sa machine, j'en conviens; mais c'est sa présence dans le corps qui donne occasion à cet admirable méchanisme: c'est pour ainsi dire en son nom, & par son autorité, que toutes les opérations de la substance corporelle s'exécutent.

Et qu'on ne traite point cette pensée de chimere: il en est de l'enfant à cet égard, comme du plus grand Physicien de la terre par rapport à la circulation de son sang. Que ce Philosophe y pense, ou non; en vertu des loix de l'union, l'harmonie qui règne dans la machine s'y opere parfaitement, tout y est en ordre; & cette harmonie, c'est la présence de son ame qui l'occasionne. L'Ame de l'enfant encore au berceau fait le même personnage: les membres du corps qu'elle anime, sont comme ses états; tous les mouvemens qui s'y font, ne s'exercent qu'au nom de l'Ame.

Je l'avoue bien, l'Ame d'un enfant paroît plutôt mue & régie, que régir & gouverner: mais ne voit-on pas des hommes faits tyrannisés par leurs propres passions? La raison est alors comme dans les fers; cependant cette tyrannie ne leur ravit point la personnalité. On doit donc dire la même chose des enfans; quoiqu'ils soient sous la domination des sens, c'est leur Ame qui fait mouvoir tous les ressorts de leur machine.

Les Loix civiles supposent clairement la personnalité dans les enfans: en effet un enfant n'est-il cen-

Quatriesme Preuve.

sé devenir le fils de son pere, que quand il est parvenu à l'usage de la raison ? On mettroit aux Petites-Maisons celui qui le soutiendroit.

Selon nos Loix, qu'un Roi vienne à mourir, son fils, n'eût-il que deux jours, lui succéde; il est unanimement reconnu pour Roi. Or je ne pense pas que jamais homme osât prétendre que ce tendre & précieux enfant n'est qu'une ombre de personne. Quoi donc ! Seroit-ce un simple animalcule que nous honorerions dans cet enfant royal ? Il faudroit pourtant bien le dire, si la personnalité ne se trouve point en lui.

CINQUIEME PREUVE. La conduite de l'Eglise autorise incontestablement cette vérité : car si cette sainte Mere ne regardoit pas les enfans comme des personnes réelles, les admettroit-elle à la grace des Sacremens ? Compteroit-elle au nombre de ses enfans de purs animaux ? De semblables assertions feroient frémir. Ce sont néanmoins des conséquences inévitables, si l'on refuse la personnalité aux enfans.

CHAPITRE QUATRIÈME.

De l'essence de la Personnalité selon M. Locke.

Nous venons de voir, Théodore, quelle est dans le vrai l'essence de la Personnalité. Examinons maintenant ce qu'en dit M. Locke. « Pour trouver en quoi » consiste l'identité personnelle, il » faut sçavoir ce qu'emporte le mot » de *Personne* ; c'est à ce que je » crois un être puissant & intelli- » gent, capable de *raison & de ré-* » *flexion*, & qui se peut considé- » rer soi-même comme le même, » comme une même chose qui pen- » se en différens temps & en diffé- » rens lieux ; ce qu'il fait unique- » ment par le sentiment qu'il a de » ses propres actions... étant im- » possible à quelque être que ce soit » d'appercevoir, sans appercevoir » qu'il apperçoit.

Si le terme de *Personne* ne convient qu'à un être, qui non-seulement pense, *mais qui est capable de*

1. Une personne, selon M. Locke, est un être intelligent, qui se peut considérer comme le même qui pense en différens temps & en différens lieux.

T. 1, c. 27, nomb. 9.

réflexion, qui se peut considérer soi-même comme le même, comme une même chose qui pense en différens temps & en différens lieux, il est plus clair que le jour que les êtres qui seront incapables de ces opérations, seront aussi incapables de la personnalité : mais avant de marquer le vicieux de ces principes, pour ne nous point méprendre, continuons d'écouter M. Locke.

» Comme c'est la même conscien-
» ce qui fait qu'un homme est le
» même à lui-même, l'identité per-
» sonnelle ne dépend que de-là, soit
» que cette conscience ne soit at-
» tachée qu'à une seule substance
» individuelle, ou qu'elle puisse être
» continuée dans différentes substan-
» ces qui se succedent l'une à l'au-
» tre... C'est par la conscience que
» l'être intelligent a en lui-même
» de ses pensées & de ses opérations
» présentes, qu'il est dans ce mo-
» ment le même à lui-même, &
» par la même raison il sera le *mê-*
» *me soi* aussi long-temps que cet-
» te conscience peut penser aux
» actions où elle a existé en diffé-
» rens temps... L'identité de per-

» sonne ne consiste point dans l'i-
» dentité de substance, mais dans
» l'identité de conscience ; de sorte
» que si *Socrate* & le Roi de *Mogol*
» participent à cette derniere iden-
» tité, Socrate & le Roi de *Mogol*
» sont une même personne : que si
» même Socrate veillant & Socrate
» dormant ne participent pas à une
» seule & même conscience, Socra-
» te dormant & Socrate veillant
» ne sont pas la même personne.

N. 19.

Ces derniers traits, Théodore, doivent nous mettre parfaitement au fait du systême de M. Locke touchant l'essence de la personnalité. Ce qui la constitue, c'est l'identité de conscience. Un être peut-il se considérer comme le même soi, qui se souvient parfaitement d'avoir pensé en tel temps & en tel endroit, en ce cas-là ce sera la même personne. Un être n'a-t-il pas cette identité de conscience, quand ce seroit la même substance, ce ne seroit pas la même personne. Au contraire, cette identité de conscience se trouve-t-elle *dans différentes substances qui se succedent l'une à l'autre*, l'identité de personne s'y rencontrera.

II. Selon M. Locke, c'est l'identité de conscience seule qui fait l'essence de la personnalité.

CHAPITRE CINQUIEME.

Conséquences qui naissent des principes de M. Locke touchant l'essence de la Personnalité.

POUR peu qu'on réfléchisse sur les principes que nous venons d'entendre, on en voit découler une foule de conséquences plus étranges les unes que les autres. Pour être moins prolixe, je n'en remarquerai que quelques-unes.

PREM. CONSEQUENCE. Des substances totalement différentes, & qui n'auroient aucune liaison entr'elles, pourroient faire la même personne.

Voici la premiere. Des êtres distingués les uns des autres, & qui ne seroient point unis pour faire le même tout, pourroient faire la même personne. Les expressions de M. Locke sur ce point sont expresses. » Soit que la conscience, dit-il, » ne soit attachée qu'à une seule sub- » stance, soit qu'elle puisse être con- » tinuée dans différentes substances » qui se succedent l'une à l'autre, il » y aura là une identité personnel- » le ; desorte que si Socrate & le » Roi de *Mogol* participent à cette » identité de conscience, Socrate

» & le Roi de *Mogol* seront la mê-
» me personne «. Ainsi, Théodore, il ne répugne pas de dire que
depuis Socrate jusqu'au Roi de *Mogol* aujourd'hui regnant, il peut y
avoir eu comme une filiation d'A-
mes, qui, quoique toutes différentes
les unes des autres, se souviennent
pourtant d'avoir eu les mêmes pensées identiques de *Socrate* Athénien.
Et toutes ces Ames, fussent-elles
mille & plus, ne seront que la
même personne.

Pour la même raison il ne répugneroit pas de supposer que l'Ame
d'un Cartouche, au milieu de ses
vols & de ses massacres, se ressouve-
noit d'avoir pensé & fait de très-
belles choses pour le bien public
dans *Caton*, moyennant quoi *Caton*
& *Cartouche* participant à la même
identité de conscience, participe-
roient aussi à l'identité personnelle:
en un mot, le sage Caton & l'ho-
micide Cartouche seroient la même
personne.

Autre absurdité. Selon ce systê- SEC CONSE-
me il pourroit arriver qu'un im- QUENCE.
pie, un sacrilege, un profanateur Posé ce sys-
des choses les plus saintes, se mît tême, un sacrilege pour-

roit ne mériter que des récompenses, & un homme vertueux que des supplices.

fortement dans l'esprit qu'il est entiérement irréprochable dans sa conduite : s'identifiant avec un homme vertueux de sa connoissance, dont toutes les actions sont une suite continuelle de bonnes œuvres, il se représentera comme étant le même être, le même *soi*, qui en différens temps & en différens lieux a fait telle ou telle action sainte : cette identité de conscience produira l'identité personnelle. Ainsi ce sacrilege sera en quelque sorte métamorphosé en un homme vertueux, dont on ne sçauroit trop récompenser la bonne vie.

D'un autre côté, dans les principes de la même hypothése, il ne répugne point que l'homme vertueux, par l'effet d'une forte imagination, n'oublie tout ce qu'il a fait de bien pour s'approprier tous les attentats de l'impie dont j'ai parlé : ainsi son Ame se représentera comme ayant profané les lieux saints, brisé les vases sacrés, précisément dans les mêmes circonstances où le vrai sacrilege a commis ces crimes. Il y a donc en lui une identité de conscience par rapport aux attentats du sacrilege : d'où naît par conséquent une véritable identité personnelle.

Mais en ce cas, Théodore, quelle étrange métamorphose ! Voilà l'état & le sort de ces deux hommes totalement changés : le sacrilege, par un tour d'imagination s'appropriant les bonnes œuvres de l'homme vertueux, s'identifiant avec lui, ne mérite que des récompenses ; il ne doit plus être question de ses forfaits ; l'identité personnelle qu'il contracte avec l'homme de bien, le rend tout autre : c'est un digne personnage que la République doit récompenser, & que le Ciel couronnera. L'homme vertueux, au contraire, n'est plus rien de ce qu'il étoit, sa vertu s'est éclipsée. L'identité de conscience qui est en son ame touchant les crimes du sacrilege, lui en donne l'identité personnelle : par conséquent il doit être puni comme sacrilege ; la roue, le fer seront son partage. N'est-ce pas là le renversement total de la société & de la Religion ?

Dans cette bisarre hypothèse, l'homme le plus raisonnable pen-

TROIS. CONSEQUENCE. Les hommes

pendant un profond sommeil ne seroient p'us de véritables personnes.

dant son sommeil n'aura plus de part à la personnalité : car perdant ordinairement le souvenir des pensées réfléchies qui l'ont occupé pendant la veille, l'identité de conscience qu'il avoit en veillant est détruite; ce n'est plus le même *soi*. Ce grand Ministre s'est-il endormi, l'identité de conscience a disparu ; elle ne reviendra qu'à son réveil : ainsi l'identité de personne mourra & renaîtra chaque jour. Un Roi sera la même personne en veillant, & ne la sera point en dormant. L'homme de jour & l'homme de nuit seront tout différens.

Ce que nous venons de voir est seulement ridicule : mais voici quelque chose qui pourroit être plus sérieux. Si un meurtrier voulant égorger un homme prenoit le temps de son sommeil, & qu'il se trouvât dans un de ces momens où il ne conserveroit plus l'identité de conscience, qui fait l'identité personnelle, ce ne seroit plus la même personne que pendant la veille : à parler même rigoureusement, ce ne seroit plus un homme. Or en de telles circonstances le crime de l'assassin seroit beaucoup moindre : quand il a fait son coup, il a trouvé la personnalité de l'homme qu'il égorgeoit, profondément endormie ; les Juges devroient donc lui en tenir compte, & lui infliger des peines beaucoup moins rigoureuses.

La même hypothèse nous apprend à voir la personnalité dans plusieurs animaux. Selon M. Locke, tous ont de la perception, quelques-uns même sont plus illustrés ; à la mémoire ils joignent quelque dégré de raisonnement. Ainsi, lorsqu'un éléphant se souvient d'avoir déja passé par un chemin où on le ramene, il y a dans son ame une identité de conscience, par laquelle il se représente comme le *même être* qui quelques jours auparavant a passé dans ces endroits. Or puisque je trouve dans cet éléphant une identité de conscience, j'y dois voir aussi une identité de personne.

Mais, Théodore, il n'est pas nécessaire de s'élever si haut : une souris un peu fine, qui s'est souvent tirée des souricieres, & qui n'y veut plus tomber, selon notre Philosophe, raisonne jusqu'à un certain

QUAT. CONSEQUENCE. Les animaux qui ont de la mémoire, auroient par-là la personnalité.

point : *elle se représente comme le même soi* qui a passé par ces divers piéges ; d'où elle infere fort subtilement qu'en s'y engageant de nouveau elle y pourroit périr : il faut donc mettre aussi dans cet animal une véritable personnalité. En vain M. Locke se récrieroit-il sur cette conséquence, ses principes reclameroient contre lui-même : car cette souris pense, raisonne dans les objets que sa sphere renferme : elle peut donc se rappeller ses anciennes perceptions : par conséquent elle a l'essence de la personnalité.

Cinqu. Conséquence. Les enfans ne seroient point de véritables personnes.

Enfin cette perfection de la personnalité ne pourra être dans les enfans : la plus simple attention suffit pour s'en convaincre. Un enfant au berceau se peut-il *considérer soi-même comme le même* qui a été dans le sein de sa mere ? Se rappelle-t-il le personnage qu'il y faisoit ? Il faut donc le rayer du nombre des vraies personnes. Ainsi, pendant qu'une souris, pourvu qu'elle ait quelque mémoire, participe à la personnalité, l'enfant en sera exclus ; cette perfection n'est pas encore de saison pour lui : il ne l'aura que quand il pourra réfléchir. Par conséquent M. Locke ne peut se dispenser de conclure avec son Apologiste, » que la raison & la *personnalité* de » l'Ame se forment par degrés... » que le premier état où elle se » trouve, quand elle commence » d'être, c'est d'exister simplement » comme *Animalcule* «. Il faut nécessairement, ou que M. Locke admette ces conséquences, ou qu'il désavoue ses principes.

CHAPITRE SIXIEME.

Troisieme Vice : L'Ame ne pourroit être que matérielle.

AVANT que j'entame cet article, souffrez, Théodore, que je place ici deux observations qui me paroissent indispensables; elles serviront tant pour cet endroit, que pour divers autres qui viendront dans la suite.

1°. Par *Matérialiste*, on entend communément celui qui non-seulement matérialise tout, Dieu,

I. Observations préliminaires.

l'Ame, & généralement tous les esprits, (comme le fait l'Apologiste de M. Locke,) mais qui de plus prétend que l'Ame ne survit point au corps ; qui soutient que quand l'homme meurt, tout meurt en lui. Tels sont ceux qu'on nomme impies, Spinosistes, Athées, &c.

Or, je le déclare, je n'ai nullement intention de mettre M. Locke dans cette odieuse classe. Ce Philosophe n'étoit assurément point impie ; au contraire, il avoit des sentimens de religion : il reconnoissoit l'existence d'une vie future, d'un jugement dernier, &c. De plus, il soutient en divers endroits que Dieu ne peut être qu'immatériel, & pur esprit : quant à l'Ame, il la croit immortelle. Ainsi la note infamante de *Matérialiste*, telle qu'on l'entend aujourd'hui, ne lui convient en aucune façon.

2°. Quoique les principes de M. Locke touchant la nature de l'Ame portent directement à faire l'Ame matérielle, je conviens pourtant que les termes d'*étendue*, de *matérialité*, de *matérialisme*, ne se rencontrent pas expressément dans ſes Ouvrages : je dis expreſſément, on ſentira bientôt pourquoi je parle ainſi. Lors donc que l'on ſoutient que le Philoſophe Anglois admet la matérialité de l'Ame, c'eſt ſur ſon ſyſtême & ſur la liaiſon de ſes principes qu'on ſe fonde : après ces deux obſervations je viens au fait.

Lorſque dans la maniere dont l'Ame agit ſur le corps, & le corps ſur l'Ame, on ne reconnoît point d'autre opération qu'une action proprement dite, & immédiate de ces deux ſubſtances, il faut néceſſairement qu'on ſuppoſe l'Ame matérielle. Or telle eſt l'action que M. Locke admet ; j'en tire la preuve de ſes propres expreſſions.

II.
Preuves que M. Locke ſuppoſe l'Ame matérielle.

» 1°. Ma main droite écrit pen-
» dant que ma gauche eſt en repos :
» qu'eſt-ce qui cauſe le repos de
» l'une, & le mouvement de l'au-
» tre ? Ce n'eſt que ma volonté,
» une certaine penſée de mon eſ-
» prit : cette penſée vient-elle ſeu-
» lement à changer, ma main droite
» s'arrête auſſi-tôt, & la main gau-
» che commence à ſe mouvoir : c'eſt
» un point de fait qu'on ne peut
» nier ; expliquez comment cela ſe

PREMIERE RAISON.
Il admet une action proprement dite du corps ſur l'Ame, & de l'Ame ſur le corps.

» fait : *Rendez-le intelligible, & vous pourrez par le même moyen comprendre la création* «.

T. 4; ch. 10, n. 19.

Ces paroles font naître un raisonnement bien simple, & qui paroît sans réplique : quand l'Ame commande à quelqu'un des membres de la machine de se mouvoir, ou elle agit immédiatement sur son corps, ou elle ne le fait que comme cause occasionnelle; il n'y a point de milieu. Or, si l'Ame n'agit qu'en cette seconde maniere, si elle ne produit ce mouvement dans la main droite que comme occasion, dès-lors ce n'est pas elle qui le produit réellement, c'est l'Agent général qui, en vertu du desir de ma volonté, produit physiquement ce méchanisme : mais n'en déplaise à M. Locke, cette explication n'est pas un mystere ; je ne vois pas qu'en la donnant il faille s'écrier avec lui : *Expliquez comment cela se fait, & vous pourrez comprendre la création.*

Il est donc visible que notre Philosophe ne croit pas que l'Ame agisse sur le corps en qualité de cause occasionnelle : mais, comme je l'ai déjà marqué, si l'Ame n'agit pas ainsi sur sa machine, il faut nécessairement qu'elle le fasse comme cause immédiate. Or il est impossible qu'une substance immatérielle, en même temps créée finie, agisse immédiatement sur la matiere; car cette substance n'ayant aucune étendue, ne peut jamais, quelque hypothése qu'on adopte, faire passer son action à des parties étendues & matérielles. Puis donc que cette action de l'Ame sur le corps est physique, immédiate, il faut, dans les principes de l'Auteur, que l'Ame ait quelque étendue; par conséquent elle doit être réellement matérielle.

2°. Je viens à l'action du corps sur l'Ame : » Le mouvement ne » peut produire autre chose que du » mouvement, si nous nous en rap- » portons à tout ce que nos idées » nous peuvent fournir sur ce sujet: » de sorte que quand nous conve- » nons que le corps produit la dou- » leur, ou le plaisir, *nous sommes* » *contraints d'abandonner notre rai-* » *son, & d'aller au-delà de nos pro-* » *pres idées*, & d'attribuer cette » production au bon plaisir du Créa-

» teur. Car, puisque nous sommes
» obligés de reconnoître que Dieu
» *a communiqué au mouvement des*
» *effets que nous ne pouvons jamais*
» *comprendre*, quelle raison avons-
» nous de conclure qu'il ne pour-
» roit pas ordonner que ces effets
» soient produits dans un sujet que
» nous ne sçaurions concevoir ca-
» pable de les produire, aussi-bien
» que dans un sujet sur lequel nous
» ne sçaurions comprendre que le
» mouvement de la matiere puisse
L. 4, c. 3. » opérer en aucune façon ? «

La fin de ce long passage est un peu obscure ; (car il en est de la clarté comme de la précision, ce sont des qualités qui se font souvent desirer dans M. Locke :) mais, en revanche, le commencement est fort précis. » Quand nous conve-
» nons, dit-il, que le corps pro-
» duit le plaisir ou la douleur, nous
» sommes obligés d'abandonner no-
» tre raison, & d'aller au-delà de
» nos propres idées «. Oui, répondrai-je, cela est vrai, si le corps produit physiquement ces sortes d'effets: la production physique du plaisir dans l'Ame par un Agent

corporel, est un phénomene impossible, & par conséquent inconcevable. Mais en suivant la route que les plus excellens Physiciens de ces derniers temps nous ont tracée, nous trouvons-nous dans le triste défilé dont parle M. Locke ?

Quand on soutient avec ces illustres Auteurs, que le corps ne sçauroit, comme cause immédiate & physique, produire la moindre impression de plaisir ou de douleur dans l'Ame; qu'une telle production ne peut venir que du Moteur suprême, qui forme ces sentimens selon les loix qu'il a établies : lors, dis-je, qu'on tient ce langage, il me semble qu'on n'est pas *contraint d'abandonner sa raison, ni d'aller au-delà de ses propres idées*. On voit donc clairement pourquoi M. Locke trouve tant de mystere dans ces opérations du corps & de l'Ame : il croyoit que ces deux substances agissoient réciproquement l'une sur l'autre, comme des causes physiquement efficientes.

Je m'imagine voir un homme qui, de gaieté de cœur, se jette dans un bourbier affreux : après cette incartade, se voyant dans la fange jusqu'au col, il s'écrie qu'il ne s'en peut tirer. Un tel aveu ne rectifie assurément point sa folle imprudence. Tel est à peu près le procédé de M. Locke : il commence par accorder au corps & à l'esprit une influence physique qu'ils ne sçauroient avoir; & puis, quand il s'agit d'expliquer les ressorts secrets de cette action réciproque, il crie au mystere : est-ce procéder en Philosophe?

Seconde Raison. Selon M. Locke, les esprits créés ne sont pas totalement séparés de la matiere.

Je vous ai dit, Théodore, que quoique M. Locke ne se serve point du terme exprès de *Matérialité*, quand il parle de l'Ame, il en admet néanmoins l'équivalent : vous en allez être convaincu. » On pour- » roit conjecturer que les esprits » étant actifs & passifs, ne sont pas » *totalement séparés de la matiere;* » car l'Esprit pur, c'est-à-dire Dieu, » étant seulement actif, & la ma- » tiere simplement passive, on peut » croire que les autres êtres qui sont » actifs, & passifs tout ensemble, » *participent de l'un & de l'autre* «.

T. 2, ch. 25, n. 28.

L'Ame est incontestablement du nombre de ces esprits créés que l'Auteur dit être *actifs & passifs*, qui ne font pas *totalement féparés de la matiere*, qui participent de l'un & de l'autre, c'eſt-à-dire de la ſpiritualité des eſprits, & de l'étendue de la matiere. Mais, poſé ce principe, il nous faudra néceſſairement reconnoître dans l'Ame une vraie matérialité. Elle ne ſera pas totale, purement maſſive comme dans les corps groſſiers que nous voyons, mais elle aura toujours l'eſſence de l'étendue. En effet, puiſque l'Ame n'eſt pas totalement ſéparée de la matiere, il faut donc que la matiere ſe trouve réellement dans ſa ſubſtance; ainſi elle ſera tout à la fois eſprit & matiere : eſprit pour agir, & matiere pour recevoir l'impreſſion du corps & des autres êtres matériels.

A ces preuves j'en joins une autre qui ne paroît pas moins déciſive. M. Locke parlant de l'eſſence réelle qu'il diſtingue de la nominale, prétend que nous n'avons point de connoiſſance de la premiere : à cette occaſion voici de quelle maniere il s'exprime.

» Si nous connoiſſions *cette conſti-*
» *tution de l'homme d'où découlent ſes*

TROISIEME RAISON.
M. Locke fait dépendre de la conſtitution de l'homme la faculté de ſentir & de raiſonner : C'eſt cette conſtitution qui forme l'eſſence de l'homme.

» facultés de mouvoir, de sentir, de
» raisonner, & ses autres puissances,
» & d'où dépend *cette figure si ré-*
» *guliere*, comme le connoît celui
» qui en est l'Auteur, *nous aurions*
» *une idée de son essence* tout-à-fait
» différente de celle qui est présen-
» tement renfermée dans notre dé-
» finition de cette espece : & l'idée
» de chaque homme individuel se-
» roit aussi différente de celle que
» nous en avons à présent, que l'i-
» dée de celui qui connoît tous les
» ressorts, toutes les roues, & tous les
» mouvemens particuliers de cha-
» que piéce de la fameuse horloge
» de *Strasbourg*, est différente de
» celle qu'en a un Paysan grossier,
» qui voit simplement le mouve-
» ment de l'aiguille, qui entend le
» son du timbre, & qui n'observe
T. 3, c. 6, » que les parties extérieures de l'hor-
§. 3. » loge «.

Il est évident que *cette constitution*
de l'homme, d'où dépend la figure
si réguliere qu'on admire en lui, se
doit entendre, non de l'Ame, mais
de la disposition organique du corps;
cependant l'Auteur en fait découler
les facultés *de mouvoir, de sentir, de*
raisonner ;

DE LA NATURE DE L'AME. 385
raisonner : un Spinosiste, ce me semble, n'en demanderoit pas davantage. 2°. Le même Philosophe soutient que si nous connoissions pleinement cette constitution de l'homme, nous aurions *une idée de son essence tout-à-fait différente* de celle que nous avons aujourd'hui : donc, selon M. Locke, l'essence de l'homme consiste principalement dans la conformation des organes corporels. Donc, s'il y a autant de conformations organiques, qu'il y a d'hommes individuels, il y aura autant d'essences totalement différentes. Ici un pur Matérialiste donneroit encore très-volontiers la main à M. Locke.

Joignez, je vous prie, Théodore, les trois preuves dont je viens de faire usage : 1°. Selon le Philosophe Anglois, *vouloir expliquer comment la volonté peut mouvoir quelqu'un de nos membres, c'est vouloir expliquer la création. De même, quand nous convenons que le corps produit le plaisir ou la douleur, nous sommes contraints d'abandonner notre raison.* 2°. Dans les principes du même Auteur, *l'Ame, ainsi que tous*

Tome I. R

les autres esprits créés, n'est pas totalement séparée de la matiere. 3°. C'est de la constitution de l'homme, c'est-à-dire de la configuration de ses organes, que découlent les facultés de mouvoir, de sentir, de raisonner. La connoissance parfaite de cette constitution est absolument nécessaire pour connoître pleinement l'essence de l'homme. Or, je le demande, en réunissant ces principes, peut-on n'y pas voir l'enseignement d'une Ame matérielle ?

CHAPITRE SEPTIEME.

Eclaircissemens de quelques endroits de M. Locke qui semblent favorables à la pure immatérialité de l'Ame.

VOICI néanmoins une difficulté qu'on ne peut gueres manquer de me faire. M. Locke, diront ses Partisans, s'exprime en quelques endroits comme le plus zélé Immatérialiste pourroit faire ; c'est ce qu'il est aisé de voir en

ceux-ci : » Quoique la même sub- L.2,c.27,
» stance immatérielle, ou la même n.16.
» Ame, ne subsiste pas pour consti-
» tuer l'homme, il est pourtant vi-
» sible, &c. « De même dans cet autre : » Je tombe d'accord que l'opi- N. 26.
» nion la plus probable, c'est que
» le sentiment intérieur que nous
» avons de notre existence, est at-
» taché à une substance individuelle
» & immatérielle «. Or, après des
expressions si claires, si précises,
peut-on soupçonner M. Locke de
croire l'Ame matérielle ?

Lorsqu'on n'examine les choses I.
que superficiellement, on peut être Ce que M.
tenté d'en juger ainsi : mais avec tend par le
quelque attention l'on reconnoît terme d'im-
que cette prétendue immatérialité quand il parle
n'est que l'ombre de la véritable. de l'Ame.
1°. Quand M. Locke nomme l'A-
me une substance immatérielle, il
ne parle ainsi que relativement au
corps, qui de l'aveu de tout le monde forme une substance sensiblement différente de l'Ame. Dans l'endroit cité il examine ce qui constitue l'identité de *personne* : à cette
occasion il s'efforce de montrer que
ce n'est ni l'Ame précisément, ni le

R ij

corps, mais *l'identité de conscience*, qui fait que c'est *le même soi*, la *même personne*.

D'ailleurs, ce Philosophe regarde l'Ame comme une substance imperceptible, inaltérable, immortelle; tandis que le corps ne nous offre rien que de palpable, & de sujet à la corruption. Or il n'est pas étonnant que dans ces circonstances il nomme l'Ame immatérielle. Enfin le terme de matérialité est odieux; c'est se faire jetter la pierre, que d'afficher expressément ce titre. Qu'y a-t-il donc de merveilleux, si ceux qui en soutiennent la réalité, & qui en même temps ont quelque retenue, évitent une qualification si peu honorable?

II.
Preuve de l'esplication qu'on vient de donner, par l'Apologiste de M. Locke.

Les observations que je viens de faire, ne sont rien moins que des chicanes; j'en puis donner une preuve sans réplique. Qui jamais soutint la matérialité de l'Ame d'une maniere plus crue que l'Apologiste de M. Locke? Rien de plus affreux que ce qu'il en enseigne. » Les propriétés » & les fonctions que nous attri- » buons à l'Ame, ne sçauroient être » conçues dans un être absolu-

DE LA NATURE DE L'AME. 389
» ment non-étendu; & cette étendue
» consiste dans *un corps spirituel*,
» c'est-à-dire invisible, impalpable
» à nos sens grossiers, indivisible,
» immortel, dans *un corps organisé*.
» ... La pensée est un langage in-
» térieur ; ce langage ne peut être
» *conçu sans un son*; & un son ne
» peut être *conçu sans quelque mou-*
» *vement*. Toutes les idées de l'Ame
» ont une réalité effective ; l'esprit
» est passif dans la réception de cel-
» les qui lui viennent de dehors,
» & actif en formant les idées ab-
» straites & nominales «.

T. 2, Pré-face.

Si la matiere étoit moins sérieuse, il seroit difficile de ne pas rire
des extravagances que nous venons
d'entendre : mais ce qui tient du
prodige, ce qui paroît presqu'incroyable, c'est que ce même Auteur qui met *un corps organisé dans*
l'Ame, qui soutient que la pensée
ne peut être *conçue sans un son*, *& ce*
son sans mouvement, cet Auteur,
dis-je, ne laisse pas de se donner pour
immatérialiste. Vous ne m'en croiriez pas, Théodore, si je ne vous
citois ses propres paroles.
» Le Matérialisme , c'est le sen-
R iij

» timent impie de ceux qui difent
» que la matiere eſt le ſeul prin-
» cipe de tout ce qui exiſte dans l'U-
» nivers ; qui nient par conſéquent
» l'exiſtence d'un Dieu Créateur,
» comme ils nient la révélation, les
» cauſes finales, une vie à venir,
» & ſurtout ce que la Religion Chré-
» tienne enſeigne d'ailleurs. . . .
» Ce qui doit fermer entiérement
» la bouche à ces Meſſieurs, & leur
» faire comprendre qu'ils ne ſeroient
» pas bien venus à me traiter de
» *Matérialiſte* : c'eſt le témoignage
» d'un célébre Philoſophe (*) qui
» donne, ainſi que moi, *de l'étendue*
» *aux êtres ſpirituels :* cet Auteur
» qualifie d'*immatérialiſtes* ceux qui
» ſoutiennent ce ſentiment, quoi-
» que différens de ceux qui ſont
» pour la non étendue abſolue «.

(*) M. Cudworth, Auteur du Syſtême du monde intellectuel.

Rien de plus déciſif : M.' Cudworth, & après lui l'Auteur Helvétique, admet une étendue réelle dans les eſprits ; & cependant tous deux crient qu'ils ſont immatérialiſtes. M. Locke n'a ſurement pas été auſſi loin qu'eux : pourquoi ne ſe pareroit-il pas également du même titre ? il lui ſiéroit infiniment mieux. Ainsi, Théodore, ce terme de substance immatérielle dont il se sert en parlant de l'Ame, ne prouve rien : il pourroit parler encore plus fortement, & malgré cela admettre toujours une vraie étendue dans l'Ame : ses principes sont précis ; ils sont liés ; on n'en peut suivre le fil sans voir qu'ils conduisent à la matérialité de cette substance.

Je n'ai garde pourtant de mettre M. Locke & son Apologiste sur la même ligne ; la marche de l'un & celle de l'autre sont fort différentes. Si le premier tend au matérialisme de l'Ame, ce n'est que sourdement ; mais le second monte à l'escalade. Le Philosophe Anglois jette tous ses fondemens, les laisse pour ainsi dire à fleur de terre : l'Auteur Helvétique, plus hardi, bâtit dessus ; & l'ouvrage qu'il y éleve est vraiment dans un goût nouveau : idées, Ames, Dieu, chez lui tout est matériel : ne pas admettre dans l'esprit une étendue réelle, concevoir la pensée *autrement que comme un son*, c'est reconnoître des êtres chimériques.

Mais, ce qu'on doit bien remarquer, le Disciple ne lance presqu'aucun trait, qu'il ne le tire de l'Arsenal de son Maître : car le *nouveau* systême qu'il publie sur *la nature des êtres spirituels*, il le donne comme étant *fondé en partie sur les principes de M. Locke* : tel est le titre de son Ouvrage. Il croit ne faire que suppléer à ce que le Philosophe Anglois avoit laissé imparfait : cela veut dire en bon françois, que c'est un supplément *de la pure matérialité universelle.*

CHAPITRE HUITIEME.

Quatrieme Vice : Les Corps seroient le principe immédiat de la pensée.

JUSQU'ICI, Théodore, nous avons vu l'Ame horriblement dégradée de sa nature ; du moins la maniere dont elle reçoit ses connoissances, la tirera-t-elle de cet avilissement ? Mais helas ! vous vous en flatteriez en vain : si vous la considérez de près, cette malheureuse

Ame, vous la trouverez ici encore plus humiliée : car tout ce qu'elle a de connoiſſance, elle le doit originairement aux corps : c'eſt par leur canal immédiat qu'elle acquiert le premier fond de ſes idées.

En effet, on doit regarder comme le principe de la penſée dans l'eſprit, ce qui la produit comme cauſe efficiente : mais, ſelon M. Locke, n'eſt-ce pas là ce que font les corps ? Dans ſon hypothèſe l'Ame eſt d'abord créée ſans aucune penſée ; elle demeure dans cet état d'inſenſibilité juſqu'à ce qu'un corps, par le moyen des ſens, faſſe naître en elle quelque ſenſation qui la tire de ſon néant de ſubſtance penſante. Or cette premiere ſenſation, le corps ne la lui communique pas comme cauſe occaſionnelle ; car, en ce cas, ce ſeroit le ſouverain Moteur qui la produiroit physiquement ; l'impreſſion faite ſur les organes de nos ſens n'en ſeroit que l'occaſion : ce n'eſt pas là ce que veut M. Locke. Ce corps qui fait naître dans l'eſprit la premiere penſée, y agit comme cauſe réelle ; mais agir ainſi, & être le principe immédiat

I. Les corps ſeroient cauſe phyſique & efficiente de la penſée.

de la pensée, ce sont deux choses identiques. C'est donc cet être corporel qui donne à l'Ame le premier souffle de vie qui l'éleve à l'ordre sublime des êtres pensans.

M. Locke ne manqueroit pas de répondre, que quand les corps agissent avec tant d'efficace sur l'Ame, ce n'est point par leur propre puissance qu'ils le font : ils n'operent ainsi qu'en vertu du pouvoir dont le Tout-puissant les a doués. C'est pourquoi, ajouteroit-il, ce sont moins les corps qu'il faut considérer dans ce méchanisme, que l'Agent universel qui les met en mouvement. Il se sert de leur intervention pour produire dans l'Ame les pensées qu'il y veut faire naître.

C'est assurément ce que M. Locke & ses Partisans pourroient dire de mieux : mais qu'il est facile de leur enlever cette réplique ! Ne cherchons point à nous envelopper sous les mystérieux termes d'*harmonie*, *d'intérêt, de vertu secrette* ; ce langage obscur n'est bon qu'à tout embrouiller. Lorsqu'un corps produit dans l'Ame une premiere sensation, quel est l'Agent immédiat qui opere sur elle ? Est-ce Dieu ? Est-ce le corps même par l'entremise des sens? Qu'on nous donne une réponse nette & précise. Si c'est Dieu même, les corps, quels qu'ils soient, n'agissent point physiquement sur l'Ame, & dès-lors n'étant point des causes immédiates, l'Ame n'est nullement dégradée ; elle ne doit rien aux corps ; ce ne sont que de purs instrumens de sa connoissance : tout est dans l'ordre.

Mais si les Défenseurs de M. Locke répondent que ces agens immédiats, ce sont les corps, qui en tant que revêtus de la Puissance divine operent réellement sur l'Ame, en ce cas-là je nierai hautement l'assertion : quelque efficace que les corps aient reçu de Dieu, il est impossible qu'ils deviennent causes immédiates de la pensée dans l'Ame ; car, selon cette hypothèse, ils donneroient ce qu'ils n'ont pas.

En effet, cette sensation de plaisir que j'ai en voyant un arbrisseau chargé de fleurs, la sensation de blanc que j'éprouve en regardant une muraille, ces corps ne les ont certainement point ; M. Locke en convient lui-même : on ne peut pas dire non plus que ces corps aient quelque chose d'équivalent aux sensations qu'ils font naître. La matiere n'est jamais que matiere ; par quelque alambic qu'elle passe, l'équivalent d'une modalité spirituelle ne sçauroit y être contenu : il est donc absolument impossible que les corps, même revêtus de toute l'efficace imaginable, deviennent jamais causes immédiates de la sensation : c'est néanmoins ce qui arriveroit selon le système de M. Locke.

Donnons un autre tour à cette preuve. Un être créé, quelque supposition que l'on fasse, ne peut jamais devenir créateur : car la création est une perfection incommunicable de l'Etre infiniment parfait. Or si les corps, comme agens immédiats, donnent à l'Ame, encore non pensante, sa premiere pensée, ils sont réellement créateurs à son égard : en effet, la production de la pensée dans une substance où il n'y avoit d'abord qu'un néant de pensée, n'est autre chose qu'une véritable création. Les corps seront donc proprement créateurs : or quel est l'homme assez stupide pour ne pas voir combien cela répugne ? Par conséquent, de quelque pouvoir que M. Locke décore les êtres physiques, ils ne sçauroient jamais, comme cause immédiate, efficiente, être le principe de la pensée.

Le système envisagé sous une autre face nous présente une autre conséquence, aussi horrible qu'inévitable : la premiere sensation que les corps font naître dans l'Ame, est comme le premier mobile de toutes ses opérations. Ainsi, les pensées réfléchies, les notions les plus sublimes, les plus parfaites, si l'on remonte jusqu'à leur premiere origine, il se trouvera qu'elles viennent foncierement de l'impression de quelque corps : par conséquent c'est à cette source que nous devons tout, & même l'idée de Dieu.

II. Posé ce système, les corps seroient la source fonciere de l'idée de Dieu dans l'Ame.

Les subtilités qu'on pourroit employer ici seroient entierement inutiles : en effet, par le principe fondamental de M. Locke, ce sont les objets sensibles, ou les corps, qui donnent à l'Ame sa premiere sensation : à la suite de cette modalité viennent les pensées, par lesquelles l'Ame réfléchit sur ses propres opérations; de-là enfin, après différentes métamorphoses, on voit éclore l'idée de Dieu. Il est donc manifeste que les corps en sont originairement le principe.

<small>III. Cette hypothèse nous présente un monde renversé.</small>

Par ce bisarre arrangement l'Auteur est parvenu à offrir à ses Lecteurs un monde renversé. 1°. Au lieu que nous concevons communément la matiere comme simplement passive, le Philosophe Anglois nous la fait voir comme pleine d'activité : ce n'est pas assez, il l'a supposé capable de produire immédiatement ce qu'il y a de plus sublime dans un être : la création de la pensée est son ouvrage.

2°. Nous croyons que l'Ame étant essentiellement active, a pensé dès le premier moment de sa création : point du tout, voici un célébre Auteur qui nous soutient que l'Ame, dans les commencemens de son être, est comme une masse informe, sans vie, sans aucun sentiment.

3°. Les Philosophes modernes pensoient avoir démontré que les corps étant d'une nature infiniment différente de l'Ame, il eſt impoſſible qu'ils agiſſent réellement ſur elle. Que ces grands hommes étoient loin de leur compte ! Si j'en crois M. Locke, les corps ont une action proprement dite ſur l'Ame; ils vont même juſqu'à lui donner le premier germe de l'être ſpirituel qui doit l'ennoblir: la matiere eſt cauſe créante; ſans l'efficace de ſon opération l'Ame n'eſt rien. N'eſt-ce pas là un monde entierement nouveau? Mais auſſi, Théodore, il faut l'avouer, ſi nous voulions adhérer à de ſi étranges principes, pour me ſervir des expreſſions de M. Locke, *nous ſerions contraints d'abandonner notre raiſon, & d'aller au-delà de nos propres idées.*

CHAPITRE NEUVIEME.

Cinquieme Vice: L'Ame ſeroit incapable de réfléchir.

OUBLIONS pour un moment la ſource humiliante où M. Locke veut que l'Ame puiſe ſes premieres idées. Accordons aux corps l'éclatant pouvoir d'agir immédiatement sur elle ; qu'ils lui donnent effectivement sa premiere sensation ; & que par ce rare secret ils allument en elle le flambeau de la pensée. Je passe toutes ces absurdités : mais la thèse de notre Philosophe en sera-t-elle plus triomphante ? On a ici une question importante à lui faire. L'Ame avec le temps devient capable de réflexion, elle combine diverses idées, elle sépare les unes, identifie les autres, elle se connoît elle-même, elle réfléchit sur ses propres pensées ; comment, demanderai-je à M. Locke, comment l'Ame, telle que vous l'admettez, fournira-t-elle à ces admirables opérations ?

Dans le sentiment de ceux qui reconnoissent l'immatérialité absolue, la question que je viens de faire n'en est pas une : la puissance qu'a l'Ame de réfléchir, l'exercice qu'elle en fait, s'explique avec la plus grande facilité. Comme j'en ai parlé ailleurs (*a*), je n'en dirai

(*a*) *Voyez* la premiere Partie sur l'Immatérialité de l'Ame, pag. 14 & suiv.

rien ici. Mais dans l'hypothèse de M. Locke, où l'on suppose tacitement l'Ame étendue, il est aisé de voir que la réflexion seroit impossible.

Selon ce Philosophe, l'Ame n'est pas *totalement séparée de la matiere*; elle est donc au moins semi-matérielle. Cela posé, voici une difficulté qui ne paroît pas méprisable. Ou ces parties matérielles qui sont dans l'Ame, y sont comme un petit corps séparé de la portion spirituelle, ainsi qu'il arriveroit dans une médaille dont la moitié seroit d'or, & l'autre de cuivre doré; ou bien ces parties matérielles sont éparpillées dans toute la portion spirituelle. Quelque parti que M. Locke embrasse, l'Ame de sa fabrique ne pourra jamais réfléchir.

Dans le premier cas, la partie matérielle étant isolée d'avec la spirituelle, ces deux portions ne seront certainement ni la même substance, ni le même être: mais dèslors la partie spirituelle pourra-t-elle avoir la conscience, le sentiment intérieur de ce qui se passe dans la partie matérielle? Ce sont deux

I. L'Ame, de la maniere dont M. Locke la construit, seroit dans l'impossibilité physique de réfléchir.

petits mondes entierement différens, & totalement séparés. Ce ne seroit donc point son propre être que la portion spirituelle considéreroit. Par conséquent il n'y aura pas même l'ombre de la réflexion. Dans la seconde supposition où l'on diroit que les parties matérielles sont jonchées dans toute l'étendue de la portion spirituelle de l'Ame, les inconvéniens sont encore plus grands. Mais ces deux alternatives sont trop absurdes pour croire que M. Locke ait pu adopter l'une ou l'autre. Il auroit plutôt abandonné son principe, que d'avoir recours à des idées si extravagantes. Je coupe donc court sur cet article.

II. Quand même M. Locke n'admettroit qu'une étendue spirituelle dans l'Ame, la réflexion lui seroit également impossible.

Mais ne poussons point les choses à la rigueur. Oublions cette bisarre opinion de notre Philosophe, sçavoir que les *esprits ne sont pas totalement séparés de la matiere*. Supposons qu'il n'ait admis dans l'Ame qu'une étendue spirituelle, comme MM. Newton & Clark l'ont fait, je ne crains point de dire, Théodore, qu'en cette hypothèse même l'Ame seroit toujours incapable de réfléchir. Ce point est de la derniere importance ; car il regarde non-seulement l'Ame humaine, mais tous les Esprits, & Dieu même, auquel MM. les Anglois donnent communément une étendue spirituelle. Pour prouver ce que j'avance, il me suffit de reprendre sommairement quelques principes dont j'ai fait usage ailleurs.

1°. Réfléchir, c'est revenir par une espece de repli intérieur sur son propre être, sur sa propre pensée, sur sa réflexion même, qu'on veut mieux examiner. 2°. Quand l'Ame réfléchit sur elle-même, il faut nécessairement que son être soit entitativement le même que celui qui est l'objet de sa réflexion. Toutes les fois qu'un esprit agit ainsi, l'être qui apperçoit est la même chose que ce qui est apperçu ; c'est la même identité d'être. A la lumiere de ces deux principes, voyons si même dans l'hypothèse de l'étendue spirituelle de l'Ame la réflexion lui sera possible.

L'étendue spirituelle suppose nécessairement des parties de même nature, c'est-à-dire, des parties qui, quoique immatérielles, sont en même temps étendues & réellement différentes; cela ne se peut concevoir autrement: par conséquent, si l'on admet dans l'Ame une étendue spirituelle, les parties pensantes seront distinguées les unes des autres. Mais dans une telle position il est, ce me semble, inconcevable que l'Ame puisse réfléchir: car, puisque les parties spirituelles & pensantes sont distinguées les unes des autres, il s'ensuit que les parties réfléchissantes auront le même sort : par conséquent elles ne seront point le même tout, la même substance, le même être : par conséquent il n'y aura point une véritable identité entre l'être réfléchissant & l'être réfléchi. D'où nous devons conclure en derniere analyse, que jamais l'Ame ne pourra réfléchir sur elle-même.

J'ai dit, Théodore, que cet article mérite beaucoup d'attention: vous en sentez maintenant l'importance: car si l'Ame, dans laquelle on admet une étendue spirituelle, par cela même devient incapable de réflexion, il en doit être de même de l'Etre souverain, puisqu'on reconnoit en lui une étendue du même genre. Par conséquent l'être infiniment parfait ne pourra lui-même réfléchir : conséquence qui fait horreur, & que jamais personne n'avouera.

Il ne paroît pas que M. Locke se soit borné à n'admettre dans l'Ame qu'une étendue spirituelle. Ses principes & ses expressions vont plus loin. Mais qu'on juge maintenant ce que l'Ame, telle qu'il la construit, peut faire. Si une intelligence dans laquelle on n'admettroit qu'une étendue spirituelle, se trouve dans l'impossibilité physique de réfléchir, comment une Ame matérielle, ou du moins sémi-matérielle, comme M. Locke la suppose, pourra-t-elle atteindre à cette opération ? Il est donc manifeste que dans le systême de cet Auteur la *réflexion* ne sçauroit être le partage de l'Ame.

CHAPITRE DIXIEME,

Sixieme Vice : L'idée de Dieu ne seroit que factice.

ICI, Théodore, il semble, que les actions de l'Ame vont remonter. Cette même substance qui dans son origine n'étoit qu'*animalcule*, M. Locke nous la présente maintenant comme se donnant à elle-même l'idée de Dieu : Sublime pouvoir qui doit nous faire voir en elle le théatre le plus éclatant.

I. Formation basse & indigne de l'idée de Dieu.

Ne vous fiez pourtant pas à ces belles apparences. Notre sort n'en deviendra pas plus brillant. Quand on examine un peu ce que c'est que cette idée de Dieu que l'Ame se donne, on trouve l'homme aussi pauvre que s'il ne se la donnoit pas. Cette magnifique production, dans le vrai, n'est qu'une idée factice, composée de diverses pieces que l'esprit rassemble à sa guise. Est-ce-là de quoi relever les actions de l'Ame ? Cependant n'avançons rien sans preuve.

DE LA NATURE DE L'AME. 407

» Si vous examinez l'idée que   L. 2, c. 13
» nous avons de l'Etre suprême,   n. 23.
» vous trouverez que nous l'acqué-
» rons par la même voie (de la fen-
» fation & de la réflexion). Par
» exemple, après avoir formé, par
» la confidération de ce que nous
» éprouvons en nous-mêmes, les
» idées d'exiftence & de durée, de
» connoiffance, de puiffance, de
» plaifir, de bonheur, & de plufieurs
» autres qualités qu'il eft plus a-
» vantageux d'avoir que de n'avoir
» pas; lorfque nous voulons former
» l'idée de Dieu la plus convena-
» ble *qu'il nous eft poffible d'imagi-*
» *ner*, nous étendons chacune de
» ces idées par le moyen de celle
» de l'infini que nous avons, & joi-
» gnant toutes ces idées enfemble,
» nous formons notre idée comple-
» xe de Dieu.

Admirable opération! L'homme
veut-il avoir l'idée de l'Etre infiniment parfait, fon efprit eft pleinement maître de cette conftruction:
il taille, il coupe, il ajoute, il é-
tend comme il lui plaît; l'ouvrage
cependant n'eft pas facile: *Pericu-
lofæ, plenum opus aleæ*. Mais en pre-

nant bien ses dimensions, on y peut réussir. L'Ame trouve en elle-même, & dans les objets sensibles, toutes les pieces propres à entrer dans ce divin édifice. S'enfermant, pour ainsi dire, dans son laboratoire, notre opératrice se met en besogne. De cet objet elle tirera l'idée de puissance, de cet autre l'idée de sagesse, & les mettant toutes à bout les unes des autres, décorant ce bisarre assemblage d'un petit vernis d'*infinité* qui est aussi de sa façon, elle en forme l'idée de l'Etre suprême. Dieu du Ciel, est-ce là l'idée que nous avons de vous? Si notre Ame pour vous connoître employoit un tel méchanisme, seroit-ce l'Etre infiniment parfait qu'elle concevroit?

M. Locke parloit sérieusement, j'en suis convaincu; les sentimens de religion qu'il a toujours témoignés, le caractere de sincérité qui regne dans ses Ouvrages ne permettent pas d'en douter: mais ceux qui jugeroient de cet homme célébre par la maniere dont il s'exprime, en penseroient autrement.

Qu'un impie, par exemple, du nombre de ceux que l'on appelle Esprits

prits forts, écoute M. Locke lorsqu'il dit : » Après nous être formé, » par la considération de ce que » nous éprouvons en nous-mêmes, » l'idée d'existence, &c. nous étendons chacune de ces idées, & les » joignant ensemble, &c. « Qu'un impie, dis-je, entende ces paroles, n'est-il pas à craindre qu'il les prenne pour une dérision de la Divinité ? Il pensera que notre Philosophe fait à l'égard de Dieu ce qu'un Poëte Horace payen fait à l'égard d'une ridicule idole.

Olim truncus eram ficulnus, inutile lignum;
Cùm Faber incertus scamnum faceretne
    Priapum,
Maluit esse Deum : Deus inde ego, &c.

Cette application n'est point alambiquée. Les étranges machines que l'Auteur Anglois fait jouer, l'amenent naturellement. Quand l'homme entreprend de construire l'idée de Dieu, il trouve *en lui-même les idées d'existence, de durée, de connoissance, de plaisir, de bonheur, &c.* Tout cela est bien : mais tandis qu'il en restera-là, ces notions ne lui fourniront que l'idée d'une simple créature ; ainsi il n'y aura dans ces vils matériaux que *ficulnus, inutile lignum*. Que fait donc l'esprit pour avoir la notion du Créateur ? Il étend chacune de ses idées par celle de l'infini, il les enfle, il les joint, & il en fait éclore l'idée de Dieu. Voilà précisément ce qu'ajoute le Poëte : *Cùm Faber incertus scamnum faceretne Priapum ; Maluit esse Deum, Deus inde ego*. Je le répete, les impies qui parodieroient ainsi M. Locke, lui imposeroient des sentimens qu'il n'avoit sûrement pas, mais ses principes & ses expressions les y autoriseroient.

II. L'idée de Dieu seroit totalement l'ouvrage de l'esprit humain.

De cette hypothèse naît une conséquence naturelle : l'homme seroit le seul auteur de l'idée de Dieu, En effet, je dois regarder comme le seul ouvrage de l'esprit humain une notion dont sa propre réflexion est la productrice : or tel est le sort de l'idée de Dieu dans ce systême. L'homme se la forme quand il réunit en une seule idée complexe diverses idées que sa réflexion lui montre, ou en lui-même, ou dans les autres êtres créés. M. Locke l'avoue.

» Si je trouve, dit-il, que je con- L. 2; c. 2 » çois un petit nombre de choses, n.° 34. » & encore d'une maniere impar-
» faite, je puis former l'idée d'un
» être qui en connoît deux fois au-
» tant, que je puis doubler encore,
» & ainsi augmenter mon idée de
» connoissance, en étendant sa
» compréhension à toutes les choses
» qui existent, ou qui peuvent exis-
» ter. . . . Les degrés, ou l'éten-
» due dans laquelle nous attribuons
» à Dieu l'existence, la puissance...
» ces degrés, dis-je, étant infinis,
» nous nous formons par-là la meil-
» leure idée que notre esprit soit
» capable de se former de ce sou-
» verain Etre. Et tout cela se fait
» *en élargissant ces idées simples qui*
» *nous viennent des opérations de no-*
» *tre esprit, par la réflexion, ou des*
» *choses extérieures, par le moyen des*
» *sens*, jusqu'à cette prodigieuse
» étendue où l'infini peut les por-
» ter «.

Voilà donc la maniere dont l'Ame procéde : en *élargissant* les idées simples qui lui viennent, ou de sa propre réflexion, ou du canal des sens. Des expressions si crues n'ont pas besoin de commentaire : elles ne permettent point de douter que, selon l'Auteur, notre idée de Dieu ne vienne entiérement de nous-mêmes : de sorte qu'appuyé sur ce système, l'homme pourroit dire avec confiance : Que Dieu me donne les matériaux nécessaires, sçavoir des idées simples, c'en est encore trop; qu'il laisse agir les corps extérieurs sur mes sens, pour former en moi ces premieres idées ; je ferai le reste. En réfléchissant sur ces idées des sens, & sur mes propres opérations, je me donnerai l'idée de Dieu, sans qu'il soit besoin qu'il s'en mêle.

III. Cette formation de l'idée de Dieu est nécessaire dans le système de l'Auteur.

Ce qu'il y a de plus fâcheux, Théodore, c'est que notre Philosophe ne pouvoit s'y prendre autrement ; car, en faisant dériver toutes les idées de *la sensation*, qui est comme la tige, & dont la réflexion est la branche principale, il faut nécessairement que ce soit dans cette source que l'homme puise l'idée de Dieu.

Ici, je l'avoue, les merveilles, ou, si vous le voulez, les paradoxes se montrent de toutes parts; l'existence de l'homme n'est que com-

DE LA NATURE DE L'AME. 413
tingente; sa durée n'est que de quelques moments courts & successifs; sa puissance se réduit presqu'à rien; son bonheur sur la terre n'est qu'imaginaire : & néanmoins ces néants d'idées deviendront pour l'Ame les élémens d'une existence nécessaire, d'une véritable éternité, d'une puissance infinie, d'un bonheur inaltérable. L'esprit, en *élargissant* ses propres idées, s'élevera jusqu'au sommet de l'infini. L'homme, quoique tiré du néant, se donnera la connoissance de l'Etre incréé; il formera non-seulement le tableau de l'infini, mais il en sera tout à la fois le Peintre & l'original. Que ces merveilles sont ravissantes! Pourquoi faut-il qu'elles ne soient que des chiméres?

Au reste, je l'ai déjà marqué, tous ces écarts sont systématiques; ils coulent de source : pour n'y point tomber, il auroit fallu que M. Locke se fût grossiérement contredit.

CHAPITRE ONZIEME.

De quelques brouilleries de l'Auteur touchant l'idée de l'Infini.

LA discussion où je vais entrer, Théodore, vous paroîtra peut-être un peu séche & aride; mais elle est indispensable : l'intérêt de la vérité, & la justice que je dois à M. Locke, exigent nécessairement ce détail.

Dans le passage que j'ai cité, & dans quelques autres endroits, il y a des expressions assez éblouissantes dont on pourroit être frappé :

L. 2, c. 23, p. 36.
» Nous étendons, dit-il, chacune
» de ces idées, (de l'existence, de
» la durée, &c.) par le moyen de
» celle de l'infini que nous avons....
» Excepté l'infinité, il n'y a aucune
» idée que nous attribuyons à Dieu,
» qui ne soit aussi une partie de l'i-
» dée complexe que nous avons des
» autres esprits, &c «. Ces paroles portent naturellement à croire que M. Locke reconnoît dans l'Ame une

véritable idée de l'infini: il ne regarde donc pas comme factice celle que nous avons.

Je vous l'avouerai, la premiere lecture de ces paroles me le fit penser. N'est-ce pas, me disois-je, une horrible calomnie d'accuser ce grand Philosophe de faire l'idée de Dieu factice? Il établit tout le contraire: mais une seconde lecture plus attentive m'enleva cette flatteuse pensée; je reconnus que l'idée de l'infini, telle que M. Locke l'admet, n'est que le phantôme de la véritable. Par l'infini dont il parle, il n'entend pas un infini actuel, comme la Religion & la bonne Philosophie le demandent; ce n'est qu'un infini en puissance. Que ne puis-je ensevelir dans les ténèbres le souvenir d'un si déplorable écart! Cependant, puisque je suis contraint d'en parler, trouvez bon que j'établisse quelques principes qui puissent me guider dans ce qu'il en faut dire.

L'infini actuel, entendu de Dieu, & l'infiniment parfait, sont précisément la même chose. Il faut donc nécessairement en conclure que *l'infini actuel*, l'infini en tout sens,

I. L'Infini actuel est infini en tout sens.

ne se trouve que dans Dieu seul.

II. L'infini en puissance est tout différent. L'infini en puissance est d'une nature toute différente : il consiste en ce que la modalité qui le constitue, peut être augmentée de plus en plus, sans que jamais on arrive à un terme auquel elle ne puisse plus être augmentée. Nous avons plusieurs infinis de cette espece : tels sont *la durée, l'espace, les nombres* : je conçois, par exemple, la durée d'un mois ; mais je puis l'augmenter à l'infini, en accumulant par l'esprit des mois, des années, des siécles, les doublant, les multipliant toujours, sans que je puisse atteindre au dernier terme de la durée. La divisibilité de la matiere nous fournit un autre exemple de l'infini en puissance, mais dans un ordre renversé.

III. Les propriétés de ces deux infinis sont diamétralement opposées. L'essence de ces deux infinis nous découvrent aussi leurs propriétés. 1°. Dans l'infini actuel il n'y a rien qui ne soit positivement infini ; ce que nous n'en concevons pas est réellement infini, car ces perfections même qui ne nous sont pas connues, sont renfermées dans celles que nous concevons. Je ne puis comprendre comment la liberté de Dieu s'accorde avec son immutabilité ; mais comme je conçois que Dieu est infiniment parfait, je comprends aussi que l'union de l'immutabilité & de la liberté, qui passe mon intelligence, est positivement renfermée dans la perfection infinie que je conçois. Il n'y a donc rien dans l'infini actuel, qui ne soit positivement infini.

2°. Cette premiere propriété nous en découvre une autre : dans l'infini actuel tout est souverainement simple ; car puisque cet infini est infiniment parfait, il est exempt de toute composition : Par conséquent il est essentiellement un, simple, & indivisible.

Les propriétés de l'infini en puissance sont bien différentes. 1°. Cet infini n'est pas positivement infini : à un million d'unités que je conçois, je puis ajouter un autre million ; à quelque somme que je sois parvenu, je comprends que je puis aller plus loin : ce qui démontre que cette espece d'infini n'est point l'infini actuel, ou qu'il n'est pas positivement nfini.

2°. La même raison fait voir que cet infini en puissance n'est pas simple : qu'un homme conçoive l'espace le plus grand qu'il puisse concevoir, il y apperçoit différentes parties réellement distinguées. La partie de cet espace qui répond à *la Chine*, est totalement différente de celle qui répond à *l'Amérique*. Qui ne reconnoît ici des caracteres diamétralement opposés à ceux de l'infini actuel ?

IV. Cette doctrine enseignée par des Auteurs célèbres.

Les principes que je viens d'exposer sont indubitables ; mais d'ailleurs ils sont reconnus par les plus illustres Auteurs. Sans remonter jusqu'à S. Augustin & à Descartes, qui les ont expressément soutenus, je ne citerai que deux Ecrivains modernes, tous deux contemporains de M. Locke.

Recueil de Piéces diverses, T. 2.

» Je crois, dit *Leibnitz*, » qu'il n'y a point d'espace de temps, » ni de nombre, qui soit infini... » & qu'ainsi le véritable infini ne » se trouve point dans un tout composé de parties. Cependant cet infini ne laisse pas de se trouver ailleurs, sçavoir dans l'absolu. On » peut dire qu'il y a en ce sens une » idée positive de l'infini, & qu'elle » est antérieure à celle du fini «.

M. *de Fenelon* soutient la même

DE LA NATURE DE L'AME. 419
vérité avec plus de précision : « Je ne sçaurois concevoir, dit-il, qu'un seul infini, c'est-à-dire que l'être infiniment parfait, ou infini en tout genre. Tout infini qui ne seroit infini qu'en un seul genre, *ne seroit pas un infini véritable.* Quiconque dit un genre, dit manifestement une borne, & l'exclusion de toute réalité ultérieure : ce qui établit un être fini & borné.... Il est visible que l'infini ne peut se trouver que dans l'universalité de l'Etre qui est l'Etre infiniment parfait, & infiniment simple. *Un infini qui ne seroit pas simple, ne seroit pas véritablement infini.* Le défaut de simplicité est une imperfection. Or une imperfection est une borne. Donc une imperfection est opposée à la nature du véritable infini, qui n'a aucune borne ».

Lettres sur la nature de l'Infini.

L'évidence de ces principes sur la nature de l'infini nous force d'en tirer une conséquence qui n'est pas moins évidente que les principes même. L'infini en puissance est réellement quelque chose de fini ; car je ne sçaurois nommer autrement que

V.
L'infini en puissance est réellement fini.

S vj

finie, une grandeur qui peut être augmentée de plus en plus, & qui est composée de diverses parties totalement distinguées les unes des autres. Or telle est la nature de l'infini en puissance : il n'est ni positivement infini, ni infiniment simple. Il a des bornes, & il est composé. Par conséquent cet infini prétendu est nécessairement borné & fini.

CHAPITRE DOUZIEME.

Où l'on montre que l'Infini, tel que l'admet M. Locke, n'est qu'un Infini en puissance.

IL est temps de revenir à M. Locke : j'ai dit, Théodore, que l'infini dont il admet l'idée dans l'Ame, n'est autre chose qu'un infini en puissance ; il en faut administrer les preuves : malheureusement il n'y en a que trop.

PREMIERE PREUVE. Selon M. Locke, le fini & l'infini

» Il me semble que le fini & l'infini sont regardés comme des modes de la quantité ; & ils ne sont attribués dans leur premiere dé-

» nomination *qu'aux choses qui ont des parties, & qui sont capables du plus ou du moins, par l'addition ou la soustraction de la moindre partie ; telles sont les idées de l'espace, de la durée, & du nombre* «.

sont des modes de la quantité, & ne conviennent qu'aux choses qui ont des parties.

T. 2, c. 17, n. 1.

On prétend que M. Locke est quelquefois obscur, & je n'ai garde de m'inscrire en faux contre cette accusation ; mais ici l'on ne peut lui faire ce reproche, ses paroles sont claires. L'infini qu'il admet, ainsi que le fini, est un mode de la quantité ; il ne convient qu'*aux choses qui ont des parties, & qui sont capables du plus ou du moins*. Ainsi, lorsque nous attribuons à Dieu l'infinité, nous ne le faisons que parce que nous concevons en lui *de la quantité, des parties, & un être capable du plus ou du moins*. Rien de plus précis ; mais aussi, rien qui dégrade davantage l'Etre suprême.

» A la vérité, continue notre
» Philosophe, nous ne pouvons
» qu'être persuadés que Dieu est in-
» concevablement infini : cepen-
» dant lorsque nous appliquons,

» dans notre entendement, notre
» idée de l'infini à ce premier Etre,
» nous le faisons originairement par
» rapport à sa durée, à son ubiqui-
» té, & encore plus à l'égard de ses
» attributs, qui sont effectivement
» inépuisables : car lorsque nous
» appellons ces attributs *infinis*,
» nous n'avons aucune autre idée de
» cette infinité, que celle qui nous
» porte à réfléchir sur le nombre
» & l'étendue des actes de la sages-
» se, de la puissance, &c. de Dieu:
» actes qui ne peuvent jamais être
» supposés en si grand nombre,
» qu'ils ne soient toujours bien au-
» delà, quoique nous les multi-
» plyions sans fin «.

Adoptez-vous ces lumineux principes? Quand vous concevez Dieu,
vous le faites originairement par
rapport à sa durée, à son ubiquité,
& au nombre de ses perfections;
mais, selon l'Auteur, ces propriétés, *la durée, l'ubiquité, le nombre*,
sont des modes de la quantité, qui
ne sont attribués qu'*aux choses qui
ont des parties*: il faut donc en conclure que, quand vous concevez ces
perfections en Dieu, vous les y con-

cevez avec les vices essentiels que la quantité, le plus ou le moins renferment.

Peut-on faire un plus injuste procès à M. Locke, répliquera ici quelqu'un de ses Partisans ? Ce Philosophe convient expressément que Dieu est infiniment parfait : Cet Etre suprême est *inconcevablement infini*, ce sont ses termes ; ce qu'il soutient seulement, c'est que l'idée que nous en avons, est formée de celle de l'espace, de la durée, & du nombre. Or ces deux choses sont fort différentes : notre idée de l'espace, &c. même appliquée à Dieu, est toujours très-imparfaite ; cela n'empêche pas néanmoins que Dieu ne soit infiniment parfait, & c'est ce que M. Locke soutient.

Le vicieux de cette solution se montre sensiblement. Ou l'idée par laquelle, selon M. Locke, nous concevons l'infinité de Dieu, nous le représente tel qu'il est, ou elle ne le représente pas ainsi : de quelque côté que M. Locke se tourne, ce qu'il avouera est insoutenable. Veut-il que l'idée que nous avons de l'infinité, nous la peigne telle qu'elle est elle-même ? Dès-lors nous concevons dans l'infinité de Dieu *de la quantité, des parties, du plus ou du moins :* car notre idée de l'infini, selon que le Philosophe Anglois la construit, renferme tous ces vices.

Si l'Auteur avoue que, quoique Dieu soit infiniment parfait, l'idée que nous nous formons de son infinité, ne le montre pourtant pas comme elle est elle-même, il donne contre un autre écueil : l'idée qu'il fait sonner si haut, n'est représentative ni de Dieu, ni de son infinité. 1°. Elle n'est pas représentative de Dieu : en effet elle me le fait voir comme un Etre en qui il y a *des parties, du plus ou du moins :* imperfections sensibles, que la vraie notion de l'Etre infiniment parfait ne sçauroit admettre. 2°. Elle n'est pas non plus représentative de l'infinité divine : car Dieu & son infinité sont identiquement le même être. Ainsi cette notion tant préconisée, telle que nous l'avons, n'est nullement l'idée de Dieu. Mais dès-lors, demanderois-je à M. Locke, comment sçavons-nous que ce divin Etre est positivement infini ? Comment son son idée, qui ne le représente pas, peut elle nous l'apprendre ?

Je passe à une autre preuve : notre Philosophe prétend que nous n'avons point l'idée positive de l'infini. » Il y a des gens qui se persuadent » avoir des idées positives d'une du- » rée infinie, & d'un espace infini : » mais pour anéantir une telle idée » de l'infini, il suffit de leur deman- » der s'ils pourroient ajouter quel- » que chose à cette idée, ou non.... » *Tout ce que nous assemblons dans no-* » *tre esprit est positif; & c'est, je crois,* » *toute l'idée que nous avons de l'in-* » *fini :* de sorte que tout ce qui est » au-delà de notre idée positive, à » l'égard de l'infini, n'excite dans » notre esprit qu'*une confusion indé-* » *terminée d'une idée négative* «.

Un Réfutateur peu indulgent ne manqueroit pas de relever cette expression inintelligible : *une confusion indéterminée*. Qu'est-ce que M. Locke entend par-là ? Y a-t-il donc une confusion déterminée ? Mais ce sont-là des minuties ; je ne dois m'arrêter qu'à la conséquence qui résulte

Seconde Preuve. Nous n'avons aucune idée positive de l'Infini.

L. 2, c. 17; n. 13.

du principe qu'il avance. Si nous en croyons ce Philosophe, l'homme n'a point d'idée positive d'un infini actuel ; celle qu'il en a n'est que *négative*. La conclusion qu'il en faut tirer, saute aux yeux. Donc l'infini dont l'homme a l'idée, n'est qu'un infini en puissance.

Mais la maniere dont l'Auteur s'y prend pour prouver cette thèse, ne se peut assez remarquer : il se retranche dans la notion que la durée, l'espace & les nombres nous donnent de l'infini ; il tourne & retourne ce triple objet en mille manieres différentes ; & après il en conclut que nous n'avons pas d'idée positive de l'infini.

C'est comme si je vous disois, Théodore, je n'apperçois la vraie éternité ni dans les corps, ni dans les esprits créés. Donc la véritable éternité n'existe nulle part : la conclusion de M. Locke est dans le même goût. Il met à l'écart l'être infiniment parfait, dans lequel seul l'infini actuel & positif peut être : & dès-lors où le trouvera-t-il ? Il faudroit donc qu'il en vît la véritable idée dans ce qui n'en a que l'ombre : admirable méthode ! M. Locke tourne le dos à la lumiere, & néanmoins il se flatte de la bien voir.

Ce qui l'a probablement trompé, c'est l'idée peu exacte qu'il s'étoit formée des perfections de Dieu. Ce divin Etre étant infiniment simple, ses perfections le sont aussi : qui en voit une, les voit toutes, au moins d'une maniere implicite. Et puisque l'idée de cette unique perfection, distinctement apperçue, est très-positive, l'idée des autres qui en sont inséparables, ne l'est pas moins. Or, pour que cela se fasse ainsi, il faut que l'idée par laquelle l'esprit apperçoit ces perfections, soit parfaitement simple & une ; qu'elle atteigne tout Dieu & tous ses attributs. Telle est, dans le vrai, notre idée de Dieu.

Pourquoi faut-il que celle que M. Locke nous présente, n'ait rien de ces augustes caracteres ? Son idée de Dieu, loin d'être simple, est réellement composée : assemblage de diverses idées simples, prises çà & là ; il semble que pour la former, l'esprit mette toute la nature à contribution. Ce simulacre d'idée de l'infini ne peut donc nous représenter l'Etre infiniment simple & infiniment parfait. Est-il étonnant, qu'en ne consultant qu'une idée de cette sorte, M. Locke croie n'y rien voir qui soit positivement infini ?

Troisieme Preuve. L'idée de l'Infini, selon M. Locke, nous vient de la sensation & de la réflexion.

Les preuves que j'ai apportées paroissent incontestables ; mais quand on voudroit chicaner, en voici une qui vraisemblablement n'éprouvera pas le même fort. Le Philosophe Anglois ne fait pas descendre du Ciel l'idée que l'Ame a de l'infini ; il la puise dans la même source d'où il fait sortir toutes nos connoissances, pour la former, il ne lui faut que la sensation & la réflexion. « L'idée que nous avons de l'infinité, quelqu'éloignée qu'elle paroisse d'aucun objet des sens, ou d'aucune opération de l'esprit, aussi-bien que toutes les autres idées, *ne laisse pas de tirer son origine de la sensation & de la réflexion*.... Les Mathématiciens eux-mêmes ont eu, comme le reste des hommes, les premieres idées de l'infinité *par la sensation & la réflexion* ».

L. 2, c. 17. p. 22.

M. Locke n'est pas plus difficile pour l'idée de l'infinité que pour toutes les autres : ses deux grandes sources générales lui suffisent ; la sensation commence, & la reflexion acheve. Ainsi ce magnifique infini tant vanté par l'Auteur, à quoi se réduit-il ? à une production de l'esprit humain, au simple & pur fini. J'en demeure-là pour le présent, je reprendrai cet article dans un autre endroit.

Mais en finissant, souffrez, Théodore, que je fasse une légere observation sur les tristes suites qu'ont ordinairement les faux principes. Lorsqu'un Auteur en est une fois saisi, la plus éclatante lumiere ne l'en peut faire revenir. M. Locke cherche sincérement à connoître la nature de l'infini ; il en parle quelquefois comme l'appercevant. » L'esprit, après avoir étendu au- » tant qu'il a voulu l'idée sur la- » quelle il s'est une fois fixé, voit » qu'il n'a aucune raison de s'arrê- » ter ; & qu'il ne se trouve pas d'un » point plus avancé de la fin de ces » sortes de multiplications, qu'il » étoit lorsqu'il les a commencées«.

Il est manifeste qu'en parlant ainsi, M. Locke apperçoit un infini véritable & actuel : car son esprit auroit-il pu voir que ces multiplications à l'infini étoient impossibles, s'il n'eût apperçu quelque chose d'infini, avec quoi il les comparoit facilement ? Il va donc reconnoître que nous avons l'idée positive de ce parfait infini ; mais non, il n'en fera rien : comme il s'est mis dans la tête que toutes les idées de l'homme lui viennent de la sensation & de la réflexion, cette fausse maxime rendra vaine toute la lumiere qui l'éclaire.

Au moment qu'il voit l'idée du véritable infini, qu'il la touche, qu'il la saisit, elle lui échappe. Attiré par les vaines bluettes dont il s'est laissé éprendre, au lieu de l'infini qu'il nous faut, il ne nous présente qu'un infini en peinture ; cependant c'est avec ce chimérique infini que l'Ame se bâtira l'idée de Dieu : déplorable effet des faux engagemens ! Les plus grands écarts deviennent inévitables ; on se jette systématiquement dans des abîmes sans fond.

CHAPITRE TREIZIEME.

Source des écarts de M. Locke touchant l'origine des idées.

LES fautes des grands hommes, quand ce n'est point la malignité qui nous y rend attentifs, peuvent être très-utiles. Outre que nous y voyons de quoi l'esprit humain est capable, lorsqu'il n'a pas la lumiere souveraine pour guide, les chutes qui leur arrivent, nous frappent infiniment plus que celles des hommes vulgaires : en nous humiliant, elles nous instruisent : la connoissance que nous en acquérons nous apprend à les éviter, & à nous mieux tenir sur nos gardes.

C'est dans cette vue, Théodore, que j'expose ici les méprises de l'homme célébre dont je parle : vous en avez déjà vu un grand nombre, vous en verrez encore d'autres dans la suite ; mais nous seroit-il défendu de remonter à la source de ces écarts ? Comme je n'ai, du moins autant qu'il me paroît, aucun deſſein ni de ſatisfaire ma propre malignité, ni de nourrir celle des autres, mais ſeulement de me rendre utile à ceux qui daigneront lire cet Ecrit, il me ſemble que je puis, ſans troubler les cendres de M. Locke, entrer dans cet examen.

On peut marquer deux cauſes générales de ſes mépriſes: la premiere regarde la Phyſique; c'eſt la fauſſe idée que ce Philoſophe s'étoit formée de la nature du mouvement. La ſeconde regarde la Métaphyſique; elle conſiſte dans la maniere défectueuſe dont l'Auteur s'y eſt pris pour étudier l'hiſtoire de l'Ame. Je vais diſcuter ſéparément ces deux points.

Article Premier.

Premiere cauſe des mépriſes de M. Locke en cette queſtion: Fauſſe idée qu'il s'étoit faite ſur la nature du mouvement.

Je commence par l'idée peu exacte que ce Philoſophe avoit du mouvement; car il paroît que c'eſt de cette

cette fausse notion que tous les écarts sont sortis.

Les nouveaux Physiciens ont démontré que le mouvement n'est autre chose que *le transport passif d'un corps d'un lieu dans un autre.* Les raisons sur lesquelles ils appuient ce principe sont évidentes : les corps étant par eux-mêmes incapables de toute action, ils peuvent aussi peu se mouvoir, que se donner l'être. Le mouvement envisagé sous ce rapport n'est plus *un je ne sçais quoi* inintelligible, comme les Péripatéticiens se l'imaginoient ; ce n'est que le mode d'un corps mu. Et, comme le mode d'une substance n'est que la substance même, en tant que modifiée d'une certaine façon, il s'ensuit que le mouvement d'un corps est ce corps même, transporté successivement d'un lieu dans un autre.

Il y a d'autres Physiciens qui croient que pour rendre cette idée plus juste, il faut considérer le mouvement comme *une force appliquée aux corps, qui les sépare, qui les unit, & se transmet des uns aux autres :* mais par cette force ils entendent l'action de la cause première

1. Notion du mouvement, selon les nouveaux Physiciens.

même, qui meut les corps selon certaines loix qu'elle a établies. Ainsi cette idée éclaircit, mais ne change point, la notion que les premiers Physiciens nous ont donnée du mouvement.

II.
PREM. CONSEQUENCE,
Qui naît de ces principes. La cause physique du mouvement est Dieu seul.

De ces principes découlent deux conséquences incontestables : la premiere regarde la cause physique du mouvement. Il n'y en a qu'une seule, qui est l'Agent suprême : car pouvant seul créer & conserver les corps, il est aussi le seul qui les puisse transporter successivement d'un lieu dans un autre.

Ainsi, lorsque la bille *A* communique tout son mouvement à la bille *B*, il ne passe aucune entité de l'une dans l'autre ; mais on doit concevoir que la force mouvante, ou, pour parler plus exactement, le Moteur souverain, déterminé par la rencontre de la bille *B*, cesse de mouvoir *A*, pour transporter *B* de la même maniere qu'il avoit fait à l'égard d'*A*. Ce principe, Théodore, ne met aucune activité dans les corps ; purement passifs, ils n'agissent les uns sur les autres que comme des causes occasionnelles.

La seconde conséquence est aussi certaine, mais beaucoup plus intéressante, surtout pour le sujet que je traite : le mouvement ne peut convenir qu'aux êtres matériels ; car, comme ils sont les seuls qui aient des parties posées les unes hors des autres, & qui correspondent à différens points de l'espace, ils sont aussi les seuls qui puissent être transportés d'un lieu dans un autre ; ainsi il est impossible qu'une substance immatérielle, comme est l'Ame, soit mue, ou reçoive immédiatement quelque impression d'un corps.

III. SEC. CONSEQUENCE. Les esprits ne sont point susceptibles d'un mouvement proprement dit.

En effet ce qui n'est pas dans le lieu, ne sçauroit être transporté d'un endroit dans un autre : or ni l'Ame, ni aucun esprit, quel qu'il soit, à parler philosophiquement, n'est dans le lieu. L'Ame ne peut donc ni être mûe, ni passer d'un lieu dans un autre ; & quand nous disons, comme on le fait ordinairement, que l'Ame est dans le corps, ce n'est qu'une expression impropre ; nous ne parlons ainsi que pour marquer que l'Ame, qui est une substance immatérielle, mais bornée par la volonté du Créateur, a une corres-

T ij

pondance intime d'actions qui sont étroitement liées à celles du corps. Puis donc que l'Ame ne sçauroit être localement dans le lieu, il s'ensuit qu'elle ne peut être transportée d'un lieu dans un autre, & qu'ainsi le mouvement ne convient qu'aux corps seuls.

IV. Ecarts de M. Locke sur ce point.

Les principes des Physiciens modernes que je viens d'exposer sur le mouvement, paroissent assez corrects : il faut pourtant que M. Locke ne les ait pas jugés tels : il s'est tourné d'un autre côté ; a-t-il mieux fait ? vous en allez juger. Remarquant qu'à la suite de l'impression faite par les objets extérieurs sur nos organes, l'Ame aussi-tôt ressent certaines perceptions, il en a conclu que ces objets, par le moyen des sens, agissent réellement sur l'esprit.

Mais d'une autre part, pour que l'Ame puisse recevoir cette action, il faut qu'elle ait quelque affinité avec la matiere ; car si elle étoit absolument inétendue, les corps même les plus déliés ne pourroient avoir aucune prise sur elle. C'est ce qui probablement fait dire à ce Philosophe, *que les esprits créés,*

DE LA NATURE DE L'AME. 437
(& l'Ame par conséquent,) *ne sont pas totalement séparés de la matiere.* Effectivement une Ame de cette trempe paroît assez propre à recevoir l'impression réelle des objets sensibles.

Or comment, Théodore, M. Locke est-il venu à ce malheureux terme ? Il y a tout lieu de croire que c'est par la fausse idée qu'il s'est faite de la nature du mouvement. Il la regardoit comme une qualité réelle qui est dans le corps mu, & qu'une force mouvante lui communique. La maniere dont un corps peut faire passer une telle qualité dans un autre, la façon dont l'Ame transmet cette secrette vertu dans une masse aussi grossiere que son corps, tout cela certainement ne se connoît pas : c'étoit un vrai mystere pour M. Locke. » A l'égard de la communi-
» cation du mouvement, par où un
» corps perd autant de mouvement
» qu'un autre en reçoit, *nous ne con-*
» *cevons par-là rien autre chose qu'un*
» *mouvement qui passe d'un corps dans*
» *un autre :* ce qui est, je crois, aussi
» inconcevable que la maniere dont
» notre esprit met en mouvement,

V. Mystere impénétrable que M. Locke trouve dans le mouvement.

L. 2, c. 23. n. 28.

T iij

» ou arrête notre corps par la pen-
» sée «.

Mais est-il étonnant que nous ne voyions plus, quand nous commençons par éteindre la seule lumiere qui pouvoit nous guider ? Si M. Locke eût cherché la source du mouvement dans sa vraie cause, qui est l'action du Moteur suprême, mouvant, conservant, créant les corps successivement en divers lieux, il ne se seroit pas trouvé réduit aux épaisses ténébres dont il se plaint.

J'avoue que quand même on considére le mouvement dans sa vraie cause, cette matiere est encore enveloppée de sombres nuages : mais autre chose est de convenir que la question du mouvement renferme de grandes difficultés, (& quelle est celle qui n'en renferme pas ?) autre chose de prétendre que tout y est inconcevable.

VI. L'idée que M. Locke se forme du mouvement, retombe dans le Péripatéticisme.

J'ai dit que M. Locke regardoit le mouvement comme une force réelle & interne : eh ! dans son système peut-il faire autrement ? Puisque la force mouvante n'est pas l'action de l'Agent universel, qui crée le corps successivement en divers lieux, il faut nécessairement que ce soit quelque vertu secrette que l'on ne conçoit pas. Ainsi quand le Philosophe Anglois regardoit un objet, comme le portrait de Bacon son illustre Devancier, il croyoit que le mouvement des rayons réfléchis par ce tableau, passoit de l'air dans la prunelle de son œil ; qu'il couloit ensuite jusqu'au nerf optique ; & que du nerf optique ce mouvement, avec son petit attirail, passoit jusques dans son Ame. Mais qu'est ce que son Ame recevoit par une telle impression ? Etoit-ce l'image matérielle, quoiqu'en raccourci, de *Bacon*, & de son portrait ? Etoit-ce plutôt une petite entité équivalente à cette image ? Ici, Théodore, on sent que la réponse du Philosophe ne pouvoit être que pitoyable : dans le premier cas, il admettroit l'Ame grossierement matériélle ; dans le second, à la matérialité de l'Ame il joindroit l'efficace des qualités occultes. Ce seroit donc le Péripatéticisme renouvellé, ou récrépi.

Article Second.

Autre cause des méprises de M. Locke : Maniere défectueuse avec laquelle il a considéré l'Ame.

L'erreur que je viens d'indiquer regarde uniquement la Physique : en voici une autre touchant la Métaphysique, qui mérite l'attention la plus sérieuse. Elle consiste dans la maniere dont l'Auteur s'y est pris pour parvenir à la connoissance de l'Ame.

I. Vraie maniere dont on doit étudier l'Ame & ses opérations.

Daignez vous rappeller, Théodore, ce que j'ai montré dans la premiere Partie : l'Ame, quoique purement spirituelle, a néanmoins des opérations de deux especes différentes ; les unes sensitives, & les autres intellectuelles. J'ai fait voir en même temps que ces dernieres opérations étant essentielles à une nature intelligente, il faut nécessairement les comprendre dans l'examen que l'on fait de l'Ame. Ces deux articles sont inséparables : un Métaphysicien un peu exact ne doit ni les omettre, ni les désunir,

Je n'en dis pas assez : pour ne donner dans aucun écueil, ce Philosophe doit porter ses premiers regards sur la nature de la pensée, & de-là s'élever à l'examen de ce qui fait l'essence de l'Ame ; considérer meurement si une substance qui pense, peut être matérielle, ou non. Ce n'est qu'après ces meures réflexions qu'il doit passer aux opérations sensitives : quand il aura des idées nettes & claires sur le premier chef, la lumiere ne manquera pas de le suivre dans le second. Telle doit être, ce me semble, la marche d'un fidele Observateur dans l'étude de l'Ame. En procédant ainsi, il se mettra à l'abri des principales erreurs qu'on rencontre en cette route.

M. Locke a pris tout le contre-pied : il auroit dû commencer par la nature de l'Ame & de la pensée, ou du moins embrasser cette substance toute entiere, en s'arrêtant principalement à ses fonctions intellectuelles ; mais loin de le faire, il n'a considéré qu'une partie de l'Ame, & même la plus vile : il s'est totalement rabattu sur les opéra-

II. Maniere défectueuse dont M. Locke s'y est pris : il ne considére que les actions sensitives de l'Ame.

tions sensitives: ayant observé que les premieres actions qui se produisent dans un enfant, sont des sensations, il en a doctement conclu qu'il n'y avoit rien qui y fût antérieur; & qu'ainsi, entre toutes les opérations de l'Ame, la sensation est la premiere en date.

III. Erreurs où ce premier écart a jetté M. Locke.

Ce Philosophe, en homme conséquent, n'en est pas resté-là; croyant que la sensation donne à l'Ame la premiere idée qu'elle peut avoir, & ne voyant dans les enfans que des sensations diversifiées selon les objets qui se présentent, il en a tiré deux conséquences générales.

La premiere, c'est qu'il n'y a aucune idée innée, & qu'ainsi l'on ne peut dire que l'idée de Dieu, l'idée de la loi naturelle & des premiers principes, aient été gravées dans l'homme dès le premier instant de sa création. Il n'est pas étonnant que M. Locke ait tiré cette conséquence; elle se présente d'elle-même: son principe sur la priorité de la sensation l'amene nécessairement.

Mais il n'a pu avancer cette conséquence, qu'à l'aide des paradoxes les plus révoltans. 1°. Il soutient que l'Ame n'a de vraies connoissances, que celles qu'elle apperçoit d'une maniere expresse : erreur palpable, puisque l'expérience nous fait voir que nous avons quantité de notions habituelles, que notre Ame n'apperçoit pas actuellement. 2°. Le même Philosophe, par une suite de ce premier écart, nie qu'il y ait dans l'esprit d'autres connoissances que celles qui sont explicites, distinctes, déterminées : celles qui ne montreroient leur objet que d'une maniere sombre, lui paroissent purement chimériques : autre assertion évidemment fausse. Mais je tranche court ici sur ces idées paradoxales ; je serai obligé dans la suite d'en parler avec plus d'étendue.

La seconde conséquence que M. Locke tire de son principe, regarde l'efficace suréminente de la *sensation* : cette modalité est la source fonciere de toutes les lumieres de l'Ame. La *sensation* donne le jour à la *réflexion* ; &, quand celle-ci est une fois née, son admirable fécondité procure à l'Ame cette diversité de connoissances claires, évidentes, incontestables, qui sont ses plus grandes richesses.

Tels sont les tristes écarts où M. Locke s'est jetté par son défectueux examen de la métaphysique de l'Ame ; au lieu de commencer par l'essentiel, il débute par l'accessoire, & il en fait son capital : je dis l'accessoire, car les opérations sensitives ne sont pas absolument nécessaires à une substance immatérielle. La premiere, la principale, & par conséquent la plus essentielle des opérations d'un esprit créé, c'est de connoître & d'aimer le bien suprême : opération totalement intellectuelle. Ainsi quand il s'agit de l'étude expérimentale de l'Ame, ne pas donner le premier rang à ces sublimes fonctions, c'est risquer de faire naufrage : les négliger totalement, c'est se précipiter dans des gouffres sans fond.

M. Locke, comme je l'ai dit, s'est frayé une route toute différente : devons-nous donc être surpris si ses chutes sont si fréquentes ? Tandis qu'on ne procédera en cette matiere que par des expériences superficielles, qu'on mettra la sensation à la tête de tout, & qu'on ne verra qu'à la lumiere de son flambeau, ce

DE LA NATURE DE L'AME. 445
ne sera jamais qu'une Ame imaginaire qu'on étudiera.

Je reprends en deux mots ce que j'ai dit dans ce Chapitre : deux causes générales auxquelles on peut attribuer les malheureux succès de M. Locke touchant l'origine des idées. 1°. La fausse notion qu'il s'étoit faite sur la nature du mouvement, l'a porté à croire que les objets extérieurs, par le moyen des sens, transmettent immédiatement à l'Ame leurs impressions : ce qui conduit à supposer l'Ame au moins *semi-matérielle*. 2°. La voie qu'il a prise dans l'étude de l'Ame ne l'a pas moins égaré. Arrêtant sa vue sur la sensation, il en fait la base de tout : génératrice de toutes les connoissances humaines, cette modalité voit sortir de son sein les fruits les plus précieux. Qu'arrive-t-il de-là ? Tandis que la partie intellectuelle de l'esprit nous demeure inconnue, on ne nous offre qu'une Ame animale, & des connoissances paîtries de la main des sens.

CHAPITRE QUATORZIEME.

Contradictions de l'Auteur sur quelques points importans de son Système.

IL n'y a que le vrai qui soit toujours d'accord avec lui-même : tout ce qui s'en écarte ne sçauroit y atteindre, surtout si c'est un Ouvrage systématique. Dès que le faux en est la base, il faudra nécessairement que la contradiction s'y montre : ainsi, Théodore, après tous les défauts que nous avons déjà remarqués dans l'hypothèse de M. Locke, ce ne seroit pas une chose bien merveilleuse qu'elle se trouvât encore chargée de ce nouveau vice.

I.
Sur la source générale des idées.

Le principe fondamental du système, c'est que la sensation & la réflexion fournissent à l'Ame toutes les idées qu'elle peut avoir : » Ce » sont-là les deux sources d'où toutes nos connoissances découlent....

L. 4, c. 1, n. 4.
» Ce sont, à mon avis, les seuls » principes d'où toutes nos idées ti-

» rent leur origine.... L'enten-
» dement ne me paroît avoir abso-
» lument aucune idée qu'il ne re-
» çoive de l'un de ces deux princi-
» pes «.

Rien de plus précis : cependant le même Philosophe ne laisse pas de reconnoître ailleurs un troisieme canal par lequel nous recevons quelques idées, au moins sombres & confuses. »•J'avoue, dit-il, qu'il y a
» une autre idée qu'il seroit géné-
» ralement avantageux aux hom-
» mes d'avoir.... C'est celle de
» la substance, *que nous n'avons ni*
» *ne pouvons avoir par voie de sen-*
» *sation, ou de réflexion....* parce
» que cette idée ne nous vient pas
» par les mêmes voies que les au-
» tres ; nous ne la connoissons point
» du tout d'une maniere distincte «.

Que de brouilleries dans ce peu de mots! Puisque nous ne connoissons pas distinctement la substance, au moins, de l'aveu de l'Auteur, nous la connoissons obscurément. Or, cette idée, d'où nous vient-elle? Car enfin nous l'avons : M. Locke qui se débat de son mieux, pour montrer que la notion de substance n'a rien de clair, l'avoit lui-même dans cet état d'obscurité qu'il prétend lui être essentielle. Une telle idée en lui n'étoit-elle qu'un pur néant ? Jamais ce Philosophe n'en seroit convenu ; c'est donc une connoissance réelle, quoique moins éclatante. Par conséquent, puisque cette notion ne nous vient ni par *sensation*, ni par *réflexion*, il faut admettre une troisieme source de nos idées. Quoi de plus contradictoire au principe fondamental du système ?

II. Sur l'idée que nous avons de la substance, d'une part ; & de l'autre, des êtres purement matériels & pensans.

Vous venez de voir que, selon M. Locke, l'homme n'a aucune idée distincte de la substance. » Ce » terme n'emporte autre chose à » notre égard, qu'un certain su- » jet général & indéterminé, que » nous ne connoissons point ; c'est- » à-dire quelque chose dont nous » n'avons aucune idée particuliere, » distincte & positive «. Si ce principe est vrai, soit dit par parenthèse, il n'y a aucune substance, quelle qu'elle soit, spirituelle ou corporelle, dont l'homme puisse avoir une idée distincte. Par conséquent il ne pourra rien prononcer ni de la substance en général, ni d'aucune substance en particulier. Mais il n'est pas ici question de réfuter le vicieux de ce principe.

Quoique l'assertion que nous venons d'entendre soit bien positive, le Philosophe Anglois, par oubli sans doute, enseigne ailleurs que » l'homme ne connoît ou ne con- » çoit dans ce Monde que deux sor- » tes d'êtres : 1°. Ceux qui sont pu- » rement materiels, qui n'ont ni » sentiment ni perception, comme » *l'extremité des poils de la barbe, & » les rognures des ongles* : 2°. Des » êtres qui ont du sentiment, de la » perception, des pensées, telles que » nous en reconnoissons en nous- » mêmes «. L. 4, c. 10, n. 9.

Vous me prévenez, Théodore : comment cette proposition s'accorde-t-elle avec ce que l'Auteur établit touchant la substance ? Si celle-ci ne nous est pas connue d'une maniere distincte, peut-on soutenir qu'il y a des êtres purement matériels ? Selon vous, aurois-je dit à M. Locke, nous n'avons aucune idée de la substance en général ; il se peut donc faire que dans cette substance particuliere *des poils de la barbe*, ou dans celle *des rognures d'ongles*, il y ait quelque perception secrette. Pourquoi donc releguez-vous ces pauvres substances parmi les êtres purement matériels ? C'est témérité de refuser si hardiment la perception à des substances que vous avouez ne pas connoître. Ou abandonnez l'un de vos deux principes, ou, si vous les voulez retenir tous les deux ensemble, convenez que vous ne vous accordez pas avec vous-même.

III. M. Locke doute si la matiere peut penser, & néanmoins il la suppose effectivement pensante.

Le fameux doute de M. Locke sur la possibilité du matérialisme de l'Ame, fournit une preuve encore plus sensible de ces contradictions. » Nous avons des idées de la ma- » tiere & de la pensée : mais peut- » être ne serons-nous jamais capa- » bles de connoître si un être pu- » rement matériel pense, ou non, » par la raison qu'il nous est im- » possible de découvrir, *sans révé-* » *lation*, si Dieu n'a pas donné à » quelque amas de matieres dispo- » sées comme il le veut, la puis- » sance d'appercevoir & de pen- » ser «.

Jamais M. Locke ne s'exprima plus nettement: malgré cela néanmoins il soutient dans d'autres endroits que les brutes, qui, selon lui, ne sont que de la matiere, pensent, & même raisonnent: car ce Philosophe ne donnoit certainement point aux animaux une Ame spirituelle & immortelle; il traite cette opinion d'absurde. » Si le Docteur » Stillingfleet, dit-il, donne du » sentiment aux bêtes, il reconnoît » ou que Dieu peut donner, & » donne actuellement la puissance » de penser à certaines particules de » matiere; ou que les bêtes ont des » Ames *immatérielles*, & par consé- » quent immortelles. Mais dire que » les mouches & les cirons ont des » Ames immortelles, aussi-bien que » les hommes, c'est ce qu'on regar- » dera comme une assertion qui a » bien la mine de n'avoir été avan- » cée que pour faire valoir une hy- » pothése «.

Réplique au Docteur Stillingfleet.

Notre Philosophe regarde, (& avec raison,) comme ridicule l'opinion de ceux qui donnent aux bêtes une Ame immatérielle. Cependant, Théodore, il n'hésite point à ériger les brutes en êtres pensans : il faut donc qu'il spiritualise la matiere en elles, qu'il la suppose pensante. Avoit-il appris ce principe par révélation ? Dans son second Livre, où il donne de la perception aux mouches & aux huîtres même, il sçait qu'un amas de matiere peut avoir la pensée & la raison même en partage, & dans le quatrieme il ne le sçait plus : parler sur des tons si différens, ce n'est sûrement point s'accorder avec soi-même.

IV. L'Auteur nie toutes les idées innées, & d'une autre part il reconnoît des penchans innés.

L'exemple qui va suivre, est d'autant plus frappant, qu'il concerne la piéce fondamentale du systême. Notre Philosophe, dans tout son Ouvrage déclare une guerre irréconciliable aux idées innées ; il suppose par-tout que l'Ame, avant l'action des sens, n'a rien qui ait trait à la pensée : cela n'empêche pourtant pas qu'en chemin faisant il ne releve ce même édifice qu'il s'efforce presque par-tout de détruire ; car il reconnoît des inclinations véritablement innées.

L. 1, c. 2, p. 3.
» Je conviens, dit-il, qu'il y a
» dans l'Ame certains penchans
» qui y sont *imprimés naturellement*,

« & qu'en conséquence des premieres impressions que les hommes reçoivent par le moyen des sens, il se trouve certaines choses pour lesquelles ils ont du penchant, & d'autres qu'ils ont en aversion.... J'avoue que la Nature a mis dans tous les hommes l'envie d'être heureux, & une forte aversion pour la misere ».

Ici qu'il me soit permis d'adresser un moment la parole à M. Locke. Vous convenez donc, Monsieur, qu'il y a dans l'Ame *des penchans imprimés naturellement, des principes de pratique véritablement innés;* mais ne voyez-vous pas que par cet aveu vous détruisez toutes vos batteries? Car dans une telle position vous ne pouvez plus nous représenter l'Ame, avant l'action des sens, *comme une table rase*. Cette substance, antérieurement à tout, est enrichie du desir d'être heureuse ; vous lui reconnoissez des principes de pratique qu'elle tient originairement de la main de la Nature ; & cependant vous nous la peignez, dans ces premiers commencemens, à peu près comme un bloc de bois. Par quel merveilleux secret pouvons-nous allier des maximes si opposées?

De plus, Monsieur, des inclinations préalables au ministere des sens, des principes véritablement innés, supposent nécessairement quelques notions ; car vous ne direz pas sans doute que l'Ame agit comme un pur automate, sans voir ni ce qu'elle aime, ni ce qu'elle desire. L'Ame par un penchant inné désire d'être heureuse ; vous en convenez, c'est un axiome que la force de la vérité vous arrache. Donc cette substance a un objet vers lequel elle tend : donc elle l'apperçoit au moins d'une maniere confuse ; mais appercevoir ainsi un objet, n'est-ce pas en avoir quelque idée ? Vos principes vous contraignent donc de reconnoître des idées innées. Cependant à chaque ligne, à chaque page, vous tâchez de les mettre en cendres : un tel enseignement n'est-il pas marqué au coin de la contradiction ?

SECONDE SECTION.

Du Syſtême de M. Locke, tel qu'il a été réformé par quelques-uns de ſes Diſciples.

LEs réflexions qui ont fait la matiere de la premiere Section, ne regardent que le ſyſtême littéral de M. Locke : mais n'outrons rien. Ce ſentiment eſt-il eſſentiellement vicieux ? Ne pourroit-on pas le refondre, en rejetter le mauvais, n'en garder que le fond, & lui donner l'air & les graces de la bonne Philoſophie ?

C'eſt le parti que quelques-uns de nos Auteurs François ont embraſſé : ils penſent que l'hypothèſe des idées originaires des ſens, à l'aide de quelques correctifs dont ils la modifient, eſt très-recevable, & qu'elle eſt même l'unique qu'on puiſſe adopter.

Je ſuis pourtant convaincu, Théodore, que ſi vous examinez ce nouveau système avec quelque attention, malgré toutes les modifications dont on le décore, vous appercevrez d'invincibles raisons qui ne permettent pas d'en faire usage. Avant d'entrer dans cette nouvelle discussion, je vais examiner ce que les deux hypothèses ont de commun & de différent.

CHAPITRE PREMIER.

Des principaux points qui différencient ou qui rapprochent le Système réformé, du Système de M. Locke.

I. Différence des deux systêmes.

L'HYPOTHÈSE réformée nous offre trois caracteres sensibles, qui la distinguent de celle de M. Locke. 1°. Celui-ci, qui n'avoit pas des idées fort nettes sur la nature de l'Ame, prétendoit qu'absolument parlant elle pouvoit être matérielle: il fait plus ; il la suppose telle, & raisonne presque toujours conséquemment à cette tacite prétention: mais les nouveaux Disciples de M. Locke, ou, si l'on veut, ses Réformateurs,

mateurs, l'abandonnent ouvertement sur cet article; ils soutiennent que l'Ame est spirituelle, & qu'elle ne sçauroit être d'une autre nature.

2°. En conséquence de ce principe ils enseignent, que les objets extérieurs n'agissent pas immédiatement sur l'Ame; ils ne regardent les corps que comme de purs instrumens, dont le Moteur supréme se sert pour couvrir ses opérations: cependant, comme les effets que les corps occasionnent, arrivent d'une maniere aussi immanquable que s'ils agissoient physiquement sur l'Ame, ces Auteurs adoptent sur cela le langage ordinaire, & communément reçu. Ils disent donc que les objets sensibles produisent certaines impressions dans l'Ame, quoiqu'à parler exactement ils ne fassent qu'y donner occasion.

3°. Les Philosophes dont il s'agit déclarent que l'hypothése des idées originaires des sens n'a lieu que pour l'état où nous sommes: il faut entendre sur cela celui d'entre ces Auteurs qui a manié cette hypothèse avec plus de célébrité. » L'Ame

Essai sur l'origine des connoissances humaines, Tome I, p. 9.

» peut abfolument, fans le fecours
» des fens, acquérir des connoiffan-
» ces. Avant le péché elle étoit dans
» un fyftême tout différent de celui
» où elle fe trouve aujourd'hui ;
» exempte d'ignorance & de concu-
» pifcence, elle commandoit à fes
» fens, elle en fufpendoit l'action, &
» la modifioit à fon gré. Elle avoit
» donc des idées antérieures à l'u-
» fage des fens. Mais les chofes ont
» bien changé par fa défobéiffance :
» Dieu lui a ôté tout cet empire ;
» elle eft devenue auffi dépendante
» des fens, que s'ils étoient la caufe
» phyfique de ce qu'ils ne font qu'oc-
» cafionner ; il n'y a plus pour elle
» de connoiffances que celles qu'ils
» lui tranfmettent ; de-là l'igno-
» rance & la concupifcence : c'eft
» cet état que je me propofe d'étu-
» dier. Ainfi, quand je dirai que
» nous n'avons point d'idées qui ne
» nous viennent des fens, il faut
» bien fe fouvenir que je ne parle
» que de l'état où nous fommes de-
» puis le péché «.

Ces trois articles font diamétralement oppofés à M. Locke ; & c'eft
une juftice que l'on doit aux Philo-

sophes dont je parle : on ne peut les soupçonner d'incliner ni pour la matérialité de l'Ame, ni pour l'influence physique & réciproque des deux substances qui composent l'homme. Mais le troisieme chef surtout est capital ; c'est un correctif qui différencie admirablement la nouvelle hypothèse de celle de M. Locke : car, il faut l'avouer, celui-ci ne parle pas plus du péché originel, que si c'étoit une pure chimere : il paroît que, selon lui, en quelque état que l'homme soit, les sens seroient toujours la source de ses idées ; au lieu que, dans le système réformé, l'empire des sens devenus le principe de toutes nos connoissances, est un état pénal, & contraire à la premiere institution de l'homme.

Souffrez que je le dise en passant, Théodore ; il eût été à souhaiter que quelques Auteurs qui ont écrit contre le système des idées originaires des sens, eussent fait attention à toutes ces différences, puisque dans cette nouvelle hypothèse on fait l'Ame purement immatérielle, qu'on y soutient que les objets extérieurs n'agissent qu'occasionnellement sur elle, & qu'on ajoute enfin que cette primatie des sens qu'on fait aujourd'hui source de toutes nos connoissances, n'a lieu que depuis le péché ; avec de tels principes on est fort éloigné du Matérialisme. La justice & la vérité demandoient qu'on leur tînt compte de ces importantes modifications.

II. Conformité des deux systêmes.

Mais après avoir vu ce qui différencie les deux hypothèses, envisageons ce qui les rapproche : la nouvelle admet le principe fondamental de celle de M. Locke : *Toutes les idées viennent originairement des sens* ; de façon que l'Ame n'en auroit aucune, si cette source lui manquoit. » Considérons un

Ibid. T. 1 p. 3.

» homme au premier moment de
» son existence ; son Ame éprouve
» d'abord différentes sensations, tel-
» les que la lumiere, les couleurs,
» la douleur, le plaisir, le mouve-
» ment, le repos ; voilà ses pre-
» mieres pensées. Suivons-le dans
» les momens où il commence à ré-
» fléchir sur ce que les sensations
» occasionnent en lui, & nous le

» verrons se former des idées des
» différentes opérations de son Ame,
» telles qu'appercevoir, imaginer :
» voilà ses secondes pensées. Les
» sensations & les opérations de l'A-
» me sont donc les matériaux de
» toutes nos connoissances ; maté-
» riaux que la réflexion met en œu-
» vre, en cherchant par des com-
» binaisons les rapports qu'ils ren-
» ferment «.

Les piéces fondamentales du Système Anglois se retrouvent ici. Toutes les connoissances de l'Ame, quelles qu'elles soient, l'Auteur les rapporte à deux sources générales ; la premiere est *la sensation*, qui a le glorieux privilege d'introduire la pensée dans l'Ame : ensuite vient *la réflexion*, propriété qui fait que l'esprit, en considérant ses propres opérations, se procure diverses idées que les choses extérieures n'auroient pu lui fournir. Quelque grandes, quelque sublimes que soient les connoissances de l'homme, il n'en a aucune qui n'émane de ces sources.

» Concluons, dit le même Auteur, *ibid.*
» qu'il n'y a point d'idées qui ne soient
» acquises. Les premieres viennent

» immédiatement des sens ; les au-
» tres sont dûes à l'expérience, &
» se multiplient à proportion qu'on
» est plus capable de réfléchir «.

De l'énoncé de ces principes naît une conséquence que le Lecteur le moins attentif ne peut manquer de saisir. Dans cette nouvelle hypothèse il n'est pas plus question des idées innées, que dans celle de M. Locke: *Toutes sont acquises, & les premieres que l'homme puisse avoir, lui viennent immédiatement des sens.*

Le Philosophe dont je parle, après avoir déployé tout ce qu'il a de sagacité pour prouver l'opinion réformée qu'il adopte, conclut ainsi son Ouvrage. » Enfin voici, je pen-
» se, à quoi l'on peut réduire tout
» ce qui peut contribuer au déve-
» loppement de l'esprit humain.
» *Les sens sont la source de nos con-*
» *noissances* ; les différentes sensa-
» tions, la perception, la conscien-
» ce, la réminiscence, l'attention,
» l'imagination ; ces deux dernieres,
» *considérées* comme n'étant point
» encore à notre disposition, en
» sont les matériaux ; la mémoire,
» l'imagination, dont nous dispo-

Tome 2.

DE LA NATURE DE L'AME. 463
» fons à notre gré, la réflexion &
» les autres opérations, mettent ces
» matériaux en œuvre ; les signes
» auxquels nous devons l'exercice
» de ces mêmes opérations, sont les
» instrumens dont elles se servent ;
» & la liaison des idées est le pre-
» mier ressort qui donne le mou-
» vement à toutes les autres «.

Telle est la nouvelle hypothèse que plusieurs de nos Auteurs modernes embrassent : elle n'est certainement pas sans défauts, comme on le va voir : cependant elle est fort différente du systéme littéral de M. Locke. Reconnoître la spiritualité absolue de l'Ame, ôter aux sens le pouvoir d'agir sur elle, comme cause physique & immédiate ; soutenir que l'empire dont ils paroissent aujourd'hui revêtus, est l'effet du péché originel, c'est de quoi donner aux idées originaires des sens tout le brillant & tout le relief qu'elles peuvent recevoir.

V iv

CHAPITRE SECOND.

Dans le nouveau Système il ne seroit guere possible de concevoir ce qu'est l'Ame avant l'action des sens.

À Ne juger du Système exposé que par les correctifs dont il modifie celui de M. Locke, on seroit tenté de croire qu'à quelque chose près, la saine Métaphysique en pourroit faire usage : mais ne nous laissons pas éblouir par ces éclatans dehors ; la façade d'un Palais peut être très-magnifique, sans que le dedans y réponde. C'est-là ce me semble, Théodore, ce qu'un peu de réflexion fait ici reconnoître : quand vous examinez attentivement les différentes piéces dont la nouvelle opinion est étayée, vous y découvrez divers défauts, les uns plus, les autres moins sensibles : en voici un, par exemple, qui ne peut guéres vous avoir échappé. Selon ce système l'Ame, dans les premiers momens de sa création, seroit un être presqu'inintelligible.

DE LA NATURE DE L'AME.

» Confidérons un homme au premier moment de fon exiftence; fon Ame éprouve d'abord différentes fenfations, telles que la lumiere, les couleurs, la douleur, le plaifir; voilà fes premieres penfées «. Il paroît clairement par cet énoncé, que l'Auteur confidére un enfant qui ne fait que de naître: celui-ci ouvre les yeux; la lumiere, les couleurs frappent fon organe; il en a la fenfation; c'eft-là la premiere date de fes idées. L'Ame pouvoit bien exifter auparavant, mais les fens n'étant point affectés, elle n'avoit encore ni connoiffance, ni fenfation: cependant cette hypothèfe reconnoît en même temps la pure fpiritualité de cette fubftance.

I. Pofé le fyftême, l'Ame au premier moment de fon être feroit fans aucune penfée.

Or comment tout cela s'accorde-t-il? Une fubftance fpirituelle dépourvue de toute idée & de toute notion; quel paradoxe! Un être de raifon, ce me femble, eft auffi facile à concevoir. Dans le corps humain le cœur éprouve une action perpétuelle; fes mouvemens alternatifs, de fyftole & de diaftole, ne fouffrent aucune interruption; voilà l'idée que j'ai de ce vifcere lorfqu'il

II. La fpiritualité de l'Ame feroit inintelligible.

V v

est dans son état naturel : cependant je puis le concevoir autrement. Quand un homme est dans le tombeau, je conçois fort bien l'être physique de son cœur, sans y joindre l'idée de son mouvement : mais à l'égard de l'Ame, telle que la nouvelle hypothèse nous la dépeint, dira-t-on la même chose ? Dès qu'on ne lui donne aucune ombre de pensée, on se met dans l'impuissance de marquer en quoi son être consiste ; car enfin cette substance spirituelle, dénuée ainsi de tout, mise pour ainsi dire à nud, conserve-t-elle quelque attribut essentiel qui nous en donne l'idée ?

III. Système littéral de M. Locke, plus supportable sur ce point.

Qu'on me permette de le dire, le système de M. Locke, dans son premier état, paroît moins choquant sur cet article : comme il admet tacitement l'Ame étendue, ou sémi-matérielle, on n'a pas de peine à concevoir qu'elle puisse être sans aucune idée : elle pourra même *dormir* assez profondément, ainsi que ce Philosophe le dit de l'Ame d'un enfant dans le sein de sa mere. Le système de son Apologiste est encore plus concevable : comme il suppose l'Ame purement matérielle, quand même les objets sensibles ne l'auroient pas encore rendue pensante, on ne laisseroit pas de concevoir en elle une substance véritable.

Je l'avoue, ce matérialisme fait horreur; cependant dès qu'on suppose que la matiere peut penser, on comprend sans peine ce qu'elle est, lors même qu'elle ne pense pas. Il en est alors de cette Ame matérielle & non pensante, comme d'une montre en repos : lors même qu'elle ne va pas, je conçois en elle une substance réelle, capable d'être mise en mouvement.

Mais la négation de toute pensée dans une substance immatérielle, c'est, ce me semble, une idée qui heurte de front les lumieres du bon sens. D'un côté, accorder à l'Ame une pure immatérialité, & de l'autre prétendre que dans les premiers momens de son existence elle n'a pas encore la plus simple nuance de la pensée, c'est dire en même temps qu'elle est spirituelle, & que néanmoins elle ne l'est pas. Je le répéte encore, quelque vicieux que soit le systême littéral de M. Locke, du moins cette abſurdité ne s'y fait point ſentir.

CHAPITRE TROISIEME.

Selon la même hypothèſe l'Ame, dans les premiers momens de ſon exiſtence, ne ſeroit pas même une faculté.

L'ARTICLE qui précéde eſt particulier à la nouvelle hypothèſe; mais celui que je vais examiner, convient également à M. Locke. Je n'en ai dit qu'un mot en parlant du ſyſtême de ce dernier : c'eſt ici proprement où cette diſcuſſion doit être placée.

Lorſqu'on demande aux nouveaux Diſciples de ce Philoſophe qu'eſt-ce que l'Ame peut être avant la premiere impreſſion des ſens, ils n'héſitent point à répondre que c'eſt une faculté deſtinée à penſer. L'Ame, ajouteront-ils, indépendamment de l'action des objets ſenſibles, eſt une ſubſtance ſpirituelle, une vraie faculté, capable de connoître & d'aimer ; telle eſt ſon eſſence : c'eſt ainſi que nous la concevons.

Mais il paroît, Théodore, que le principe sur lequel ces Messieurs se fondent, n'est rien moins qu'incontestable : ils supposent, plutôt qu'ils ne le prouvent, que l'Ame, de la maniere dont ils la font naître, seroit une véritable faculté : cette assertion, quand on l'examine de près, est réellement insoutenable.

Une substance, en quelque genre que ce soit, n'est une faculté, que parce qu'elle a un pouvoir réel de produire certains effets : un oranger, par exemple, en bon état, bien taillé, quand même il n'auroit encore que des fleurs, a néanmoins la faculté de produire des oranges : car il a toute la configuration des parties intérieures, nécessaire à ce méchanisme ; il contient le germe des oranges qu'il doit donner ; ou du moins, pour ne rien avancer que d'incontestable, cet arbre renferme actuellement les premiers élémens qui doivent servir à la formation des oranges.

On voit assez qu'il ne faut pas trop presser ces sortes de comparaisons en les appliquant à l'Ame : la substance spirituelle est essentiellement active ;

I. Caracteres d'une vraie faculté, soit dans l'ordre des corps, soit dans l'ordre des esprits.

elle agit lorsqu'il y a quelque action en elle : ce qui ne se trouve en aucune maniere dans les corps. L'arbre fruitier dont je parle étant dépourvu de toute activité réelle, n'a la faculté de produire du fruit qu'en la maniere d'un être matériel, c'està-dire d'une façon purement passive : cependant on peut toujours dire dans un certain sens, qu'il y a en lui une faculté véritable de produire tel ou tel effet. Ainsi le rosier le plus foible & le plus vil a réellement la faculté de porter des roses, & le plus beau diamant du monde ne l'a pas.

Quand on s'en tient aux vrais principes qu'il faut suivre touchant la nature de l'Ame, il n'est pas difficile de concevoir comment elle est une faculté, indépendamment de l'action des sens. Cette propriété consiste en ce que l'Ame a un pouvoir réel, intrinséque, présent, de penser, ou autrement de connoître & d'aimer : pouvoir essentiel, inséparable de l'Ame, qui ne pourroit non plus lui être enlevé que la rondeur au cercle.

Comment un esprit pourroit-il exister un moment sans ce précieux caractere? Ce qui fait le fond substantiel de l'Ame, ainsi que nous l'avons vu dans la premiere Partie, c'est la connoissance de l'être, & l'amour du bien ou de la félicité. C'est de cette source que découlent toutes les notions & toutes les volitions particulieres qui naissent dans l'Ame; & comme ce fond indestructible est toujours en elle, il s'ensuit que la faculté de produire les actes particuliers qui concernent ces deux opérations, je veux dire *connoître & aimer*, y est toujours résidente; elle y vit sans cesse: la soustraction de cette faculté entraîneroit avec elle l'anéantissement de l'Ame.

II. Confirmation de ces principes par S. Thomas & par M. Bossuet.

Ce que je viens de dire, Théodore, est puisé dans l'idée de l'Ame: il suffit de réfléchir sur la nature d'une substance spirituelle pour s'en convaincre. Mais quelqu'incontestable que soit cette doctrine, j'ai encore l'avantage de la pouvoir confirmer par deux illustres Personnages, S. Thomas & le grand Bossuet. Ce dernier, dans un Ouvrage contre M. *de Cambray*, montre que » l'essence de la volonté consiste à » aimer la béatitude en général; que

« c'est de cette *volition nécessaire*
« que naissent tous les actes parti-
« culiers & libres: car il faut, dit
« S. Thomas, que ce qui convient
« naturellement & immuablement
« à un être, soit le principe & la
« source de tout ce qui en émane,
« parce que tout mouvement dérive
« d'un point fixe & immobile. Or
« ce point fixe & immuable, par
« rapport à l'Ame, c'est le desir de
« la béatitude (a) «.

Tel est le principe de ces deux grands hommes par rapport à la volonté; principe sublime, incontestablement vrai, & qu'on trouve plus admirable à proportion qu'on l'approfondit davantage. Mais ce que Saint Thomas énonce à l'égard de la volonté, doit également s'appliquer à l'entendement.

(a) Ex his constituitur quæ sit natura voluntatis humanæ, quæ nempe est velle universim suam beatitudinem, atque ex hâc necessariâ voluntate proficere in omnes particulares actus liberos : oportet enim ut illud quod naturaliter alicui convenit, & immobiliter, sit principium & fundamentum omnium aliorum ; quia omnis motus procedit ab aliquo immobili : illud autem immobile, est *ipse beatitudinis appetitus*, qui se habet in voluntatis actibus, sicut se habent in intellectivis prima principia.

Comme donc, selon S. Thomas & M. Bossuet, quand la volonté se porte à quelque volition particuliere, elle ne le fait que parce qu'elle aime immuablement le bonheur en général ; de même, lorsque l'entendement a quelque connoissance particuliere, il ne l'a que parce qu'antérieurement il connoît l'être en général, c'est-à-dire l'Etre immense, l'Etre infini apperçu seulement d'une maniere sombre & indéterminée.

Mais cet amour invariable du bonheur, & cette connoissance de l'être, ainsi que je l'ai déjà dit, vivent essentiellement dans l'Ame ; c'est ce riche fonds qui la rend véritablement une faculté spirituelle. Il est donc aisé de concevoir comment l'Ame, avant toute action des sens, a tous les caracteres d'une faculté réelle, intrinséquement active, & capable de produire effectivement les actes qui doivent émaner d'elle.

En est-il de même de l'hypothèse que j'examine ? Supposons une Ame sur laquelle les sens n'ont encore fait aucune impression, au moins occasionnelle : qu'on daigne nous mar-

III. Posé le systême des idées originalres des sens, l'Ame n'auroit aucun des *caracteres d'une vraie faculté.*

quer en quoi consiste pour lors la faculté qu'elle a de penser. La question que je fais ne regarde pas moins M. Locke que ses nouveaux Disciples. La faculté de penser, si elle est véritable, n'est autre chose que la faculté de connoître & d'aimer: ces notions sont identiques.

Or l'Ame, dans ce premier état qui précéde l'action des sens, a-t-elle la faculté intrinséque de connoître & d'aimer ? Pour que cela fût, il faudroit qu'elle eût les premiers élémens de la connoissance & de l'amour ; il faudroit qu'elle connût l'être, & qu'elle aimât la félicité en général : mais, de l'aveu des Auteurs que je réfute, cette Ame, dans le moment présent, ne connoît & n'aime encore rien ; elle est même dans l'impossibilité physique de le faire. L'oignon d'une anémone, avant que le printemps ait paru, contient le germe de la fleur qui en doit éclore. M. Locke & ses Réformateurs ne diront pas sans doute la même chose de l'Ame, telle qu'ils la dépeignent : puisqu'elle n'est encore qu'*une table rase*, vuide de tous caracteres, quels qu'ils puissent être, renferme-t-elle le germe des pensées qu'elle doit produire ? A-t-elle le principe des connoissances & des volitions particulieres auxquelles elle se portera ?

Je dis plus, Théodore, non seulement cette Ame ne contiendroit point les prémices de la pensée, mais même il paroît que dans ces premiers instans de son être elle seroit purement passive : car une substance qui n'a pas le plus léger souffle de la connoissance & de l'amour, certainement n'agit point ; elle est dépourvue de toute activité. Or tel est, selon le système, la situation de l'Ame, lorsque les sens n'ont encore occasionné aucun sentiment en elle : la connoissance & l'amour, qui seuls la pourroient rendre active, lui manquent totalement. L'Ame n'a donc rien de l'essence d'une substance active. Par conséquent j'ai raison de dire qu'en ce cas elle sera entierement passive; tout son avantage consistera dans la simple capacité de recevoir les pensées qui viendront s'emplanter en elle.

Comme ces preuves sont fort intéressantes, je vais les présenter

IV.
L'Ame, posée cette hypothèse, ne seroit pas même active dans ces premiers momens.

V.
Autre preuve que, selon

Le système, l'Ame ne seroit pas une vraie faculté.

sous un autre jour. Ce qui fait que l'Ame, dès le premier moment de sa création, est une faculté réelle, c'est qu'elle a dans son fonds de quoi influer comme cause véritable dans les actes qu'elle doit produire : & ce qui doit influer dans ces actes, ainsi que je l'ai marqué, c'est la connoissance de l'être, & l'amour de la félicité : ce sont-là comme les deux pivots sur lesquels ses actes particuliers roulent uniquement. Or, selon le système des idées originaires des sens, l'Ame n'a rien de cela : car les objets sensibles ne l'ont pas encore métamorphosée en être pensant. Elle ne porte donc rien dans son fonds substantiel, par où elle puisse influer comme cause véritable dans le premier acte qu'elle exercera.

On trouve même dans les nouveaux Disciples de M. Locke, des assertions aussi précises qu'énergiques sur cette matiere : quelques-uns ne se contentent pas de dire avec le Philosophe Anglois, que l'Ame, avant l'intromission de la sensation en elle, seroit comme *une table rase.*

Apolog. de M. de P. 3e. p. Ils vont plus loin : ils prétendent que *sans l'efficacité des sens, elle se-*

roit toujours comme une bête brute, comme une machine en mouvement. Or qui s'avisera de soutenir qu'une Ame de cette trempe ait de quoi influer dans les actes qu'elle doit produire ? On ne peut donc la regarder ni comme active, ni comme une faculté proprement dite.

Il est vrai que M. Locke, & ses Réformateurs, lors même qu'ils considérent l'Ame dans la position dont il s'agit, lui donnent hautement le nom de *faculté :* mais le nom n'y fait rien ; que sert-il de décorer l'Ame de ce brillant titre, lorsque par des principes conséquens on lui en enleve la réalité ?

CHAPITRE QUATRIEME.

Autre inconvénient du Systême : l'Ame pendant plusieurs années seroit purement sensitive.

JE crois avoir fait voir que, selon la nouvelle hypothèse, l'Ame, au premier moment de son existence, ne seroit qu'un être inintelligible, & qu'elle seroit dépourvue de tous les apanages essentiels à une véritable faculté. Envisageons maintenant ce que cette Ame devient, lorsque l'impression des sens, immédiate ou occasionnelle, en a fait un être pensant.

I. Les Partisans du système réformé n'admettent dans les enfans que de pures sensations.

C'est un principe généralement avoué dans l'école de M. Locke, que l'Ame n'a, pendant plusieurs années, d'autres connoissances que celles que les sens lui transmettent. Ainsi l'Ame d'un enfant commence-t-elle sa carriere dans la pensée, c'est par une pure sensation qu'elle débute : il n'y a absolument en elle d'autres idées que celles *du chaud, du froid, &c.* C'est-là pour lors tout le magasin de ses perceptions : avec le temps néanmoins ce petit trésor s'augmente de plus en plus; après une sensation il en vient une autre ; la plupart de ces idées sensibles demeurent dans l'Ame, en sorte qu'imperceptiblement il s'y fait un amas de matériaux dont elle fera usage quand la saison de la réflexion sera venue : cependant, de l'aveu de ces Auteurs, les matériaux d'idées que l'Ame rassemble, sont uniquement pour le sensible. Cette substance n'a aucune connoissance, ni sombre, ni habituelle, du moindre objet qui seroit au-dessus des sens.

Eh! dans le fond, Théodore, cela ne doit-il pas être ? Puisque l'Ame en naissant n'apporte aucune connoissance innée ; que l'idée de Dieu, de l'infini, des premiers principes, ne se trouve non plus en elle que dans un pur animal, vous auriez beau disséquer tous les actes d'un enfant au berceau, vous n'y verriez assurément rien qui pût appartenir à un être intellectuel : ce ne seroient que des opérations purement animales qui s'offriroient à vos yeux. Ainsi les nouveaux Auteurs, en cette occasion, vont donner dans le même écueil que M. Locke.

Mais cet avilissement de l'Ame, envisagé sous un autre rapport, nous présente des traits bien plus horribles. Si les bêtes pensent, comme la plupart des Partisans de la nouvelle hypothèse le croient, il faudra convenir qu'elles ont des perceptions aussi nobles, aussi relevées, pour ne rien dire de plus, que les enfans, qui sont incapables de ré-

II. Dans ce système on n'accorde rien de plus sur ce point aux enfans qu'aux brutes.

flexion. Toutes ces idées vont de pair; elles sont toutes dans le genre sensitif: les perceptions de l'homme naissant ne s'élevent pas une ligne au-dessus de celles du vermisseau.

Triste, fatale conséquence! Le nouveau systême, malgré tous ses correctifs, ne sçauroit s'en défendre: mais ne trouve-t-on aucun inconvénient à l'admettre? Quoi! Ce Roi de la Nature, ce Chef d'œuvre du Tout-puissant, cette Ame qu'il a créée à son image, pour le servir & le posséder à jamais, vous la réduisez à l'état d'un vil animal! Vous soutenez d'une part qu'elle est purement spirituelle; & de l'autre, par l'avilissement où vous la jettez, vous lui enlevez tous les caracteres d'une vraie intelligence! Si je vous écoute dans la maniere dont vous faites naître toutes les idées de l'homme, je me vois dans l'impossibilité d'assigner la moindre différence entre un enfant qui vient de naître, & le puceron qui le pique. Le poste où vous vous placez est-il tenable?

III. Selon les mêmes prin- Les Défenseurs de la nouvelle hypothèse n'ôtent point la personnalité aux

aux enfans encore incapables de raison ; du moins cela ne paroît pas. Mais, s'ils sont conséquens, il faut nécessairement que cet apanage tombe en poudre. Dois-je regarder comme une personne véritable un être qui n'a pas la plus sombre idée de son Créateur ? Si vous lui accordez ce titre, dirois-je encore aux mêmes Auteurs, vous ne devez pas le refuser à la brute ; car puisque tout est purement sensitif dans l'un comme dans l'autre, ces deux êtres pour le présent doivent être du même calibre. Mais il seroit trop révoltant de reconnoître une vraie personnalité dans les mouches & dans les cirons; refusez-la donc aussi aux enfans qui naissent : &, pour couronner l'œuvre, ajoutez disertement, avec l'Apologiste de M. Locke, que leur Ame vient au monde en qualité d'*Animalcule* : vous ne pouvez reculer sans vous contredire.

Je le sçais, Théodore, les Partisans de la nouvelle hypothèse conviennent que l'avilissement où l'Ame est réduite dès sa naissance, est un effet du péché originel : rien de plus certain, la foi, la raison même

cipes on ne pourroit accorder la personnalité aux enfans.

nous en convainquent. Mais autre chose est de dire qu'il y a des perceptions sensitives dans les enfans, & même qu'elles y dominent, qu'elles les tyrannisent ; autre chose de soutenir qu'il n'y a rien de plus. Le premier est parfaitement vrai ; les enfans naissent coupables, naissent aussi dans la servitude des sens. Ainsi les premieres opérations qui se montrent en eux, peuvent être sensitives ; je dis plus, elles le sont.

Cependant lorsqu'on les anatomise un peu exactement, ces opérations, on y apperçoit des traits de grandeur qui annoncent un être intelligent, né pour le bien suprême, & qui en porte l'empreinte dans ses moindres actes. Cette impression que l'Ame a pour l'infini, l'accompagne par-tout, sans même qu'elle y pense : ainsi les perceptions d'un enfant qui vient de naître, quoique souillé du péché originel, ne sont pas totalement sensitives.

Mais, me direz-vous, pour qu'un enfant s'éleve au-dessus du genre animal, est-il nécessaire qu'il ait l'idée de Dieu & de l'infini ? Il a des sensations ; peu à peu il acquiert de la mémoire : les diverses perceptions, quoique simplement sensitives, s'élevent par divers degrés à la réflexion.

Je le veux bien, mais le nouveau systême, tout réformé qu'il est, en donne autant & même plus aux animaux : on y soutient que « les opérations des Ames des bêtes se bornent à la perception, à la conscience, & à une imagination qui n'est pas à leur commandement : » précieux avantages, si les brutes les avoient ! Les enfans ne sont pas si bien partagés ; car lorsqu'on les examine quelques jours après leur naissance, on ne leur trouve assurément *ni conscience, ni réminiscence, ni attention*. Si donc ces Philosophes accordent aux animaux une Ame capable de ces sublimes opérations, tandis que celle des enfans n'aura ni idée de l'infini, ni quelque impression que ce soit pour le souverain bien, ses actions seront encore plus matérielles, plus animales que celles des animaux même.

Par-là, Théodore, on retombe dans les inconvéniens justement reprochés à M. Locke, avec cette dif-

Essai sur l'origine des connoissances hum. t. 1. p. 75.

V.
Les inconvéniens du systême ré-

formé plus grands sur ce point, que dans celui de M. Locke.

férence néanmoins, que la nouvelle hypothèse les rend encore plus grands : comme le Philosophe Anglois ne s'explique pas nettement sur la nature de l'Ame, celle qu'il nous dépeint, tant par son être, que par ses opérations, tient extrêmement de l'animal : tout cela se suit assez. Mais le Systême réformé fait l'Ame purement spirituelle ; & malgré cela il en materialise, pour ainsi dire, toutes les opérations dans les enfans ; il la rend en même temps & inintelligible, & beaucoup inférieure à l'Ame des brutes. Ce Systême est donc en ce point plus défectueux que celui de M. Locke.

CHAPITRE CINQUIEME.

Selon les mêmes principes, les idées les plus claires viendroient des sensations.

JE crois vous avoir déjà dit, Théodore, que les réflexions que je fais ici ne concernent pas moins le Philosophe Anglois, que ses Réformateurs ; daignez vous en souvenir. Ainsi, quand je ne nommerois pas M. Locke, ce que je dirai des sensations, & d'autres articles semblables, tombe également sur son système.

Selon les Partisans de ce Philosophe, toutes les idées, même les plus claires, viennent originairement des sensations : ce point capital, chez eux, est moins un principe, qu'un axiome. » Les connois- » sances réfléchies, dit un Auteur » célebre, sont celles que l'esprit » acquiert en opérant sur les direc- » tes, en les unissant & en les com- » binant : toutes nos connoissances » directes se réduisent à celles que » nous recevons par les sens ; d'où il » suit que c'est à nos *sensations* que » nous devons toutes nos idées «.

» Il y a des Philosophes, dit un » autre Ecrivain, qui prétendent » que les sensations ne sont pas des » idées, comme si elles n'étoient » pas autant représentatives qu'au- » cune autre pensée de l'Ame ; la » plus légere attention doit nous » faire connoître que, quand nous » appercevons de la lumiere, des » couleurs, de la solidité, ces sen-

J. Exposé de la nouvelle hypothèse sur ce sujet.

2. Disc. sur l'Encyclop. p. 4.

Ess. sur l'orig. des connoiss. hum. T. 1, p. 11

X iij

« sations, & autres semblables, sont
« plus que suffisantes pour nous
« donner toutes les idées qu'on a
« communément des corps. »

II. Faux du principe énoncé: Les sensations sont incapables d'éclairer l'esprit.

Le vice de cette assertion vient de ce qu'on ne met aucune différence entre la sensation & l'idée ; cependant, Théodore, cette différence est prodigieuse : j'avoue bien que dans la sensation il y a quelque chose qui appartient à la connoissance. Si vous êtes dans un endroit plein de parfums délicieux, il s'élève en votre Ame un sentiment fort doux, que vous ne prenez assurément pas pour le sentiment qu'un bourbier infect vous causeroit : mais cette sensation vous éclaire-t-elle ? Définirez-vous nettement ce que c'est qu'une délicieuse odeur ?

Tel est le caractere de la sensation ; elle donne un sentiment vif & distinct de la modalité qui affecte l'Ame : elle nous procure même, si l'on veut, une certaine connoissance ; mais c'est plutôt une connoissance de sentiment, qu'une vraie lumiere : n'éclairant point l'esprit sur la nature de la chose qu'elle lui fait appercevoir, elle y laisse un fond d'obscurité que nous ne sçaurions dissiper.

J'ai déja touché cet article ; je le reprendrai encore ailleurs : mais je ne pense pas, Théodore, que vous en soyez surpris. Ce chef important dans la question de *l'origine des idées* est comme la base de tout ; c'est pour n'y avoir pas assez réfléchi, que M. Locke & d'autres se sont si prodigieusement égarés dans cette carriere.

Autant la sensation considérée en elle-même est obscure, autant l'idée est-elle pleine de lumiere : dès que l'esprit s'y rend attentif, il sent qu'elle l'éclaire. Demandez à un jeune homme qui a quelque teinture des Mathématiques, ce que c'est qu'un triangle ; & d'un autre côté, demandez-lui ce que c'est que le *violet* : vous répondra-t-il de la même maniere ? Touchant le violet, il ne vous assurera que de la seule modalité de son Ame, & il n'ira pas plus loin : mais pour le triangle, il en fixera la nature précise, en montrant que c'est une figure comprise en trois côtés, & qu'une de ses propriétés principales, c'est d'avoir les trois angles égaux à deux droits.

Lorsque vous entendez ce jeune homme parler ainsi, vous concluez qu'il a une connoissance claire & distincte du triangle ; ce qui lui manque totalement sur la nature du *violet*. Il y a donc une différence extrême entre les sensations & les idées : les premieres nous laissent dans l'obscurité, & les secondes nous en tirent : les unes ne produisent dans l'Ame qu'un sentiment vif & distinct, mais qui ne nous découvre point l'essence de l'objet apperçu ; les autres nous montrent clairement cette essence même, & nous enrichissent des connoissances les plus lumineuses.

Ce que je viens de dire, Théodore, fait voir que le systême opposé n'est pas moins foible sur ce point que sur les autres. Le Philosophe que j'ai cité regarde » les sen- » sations *comme aussi représentati-* » *ves qu'aucune pensée de l'Ame :* elles » sont plus que suffisantes pour nous » donner toutes les idées qu'on a » communément des corps «. Cette preuve, ce me semble, n'est rien moins que solide. Soutiendroit-on jamais que la sensation qu'un homme éprouve en sentant une rose, est *aussi représentative* que la perception intellectuelle qu'il a d'un cercle ? Il n'y a gueres d'apparence qu'on en vienne là, à moins qu'on ne confonde un sentiment vif, mais essentiellement confus, avec une connoissance rayonnante & lumineuse; ce qui seroit assurément peu digne d'un Philosophe.

CHAPITRE SIXIEME.

Différences plus détaillées entre les opérations des sens, & celles de l'entendement pur.

LEs raisons générales que je viens d'exposer, pourroient absolument suffire; cependant il ne sera pas inutile d'entrer dans un plus grand détail. Les Auteurs qui préconisent tant l'efficacité de la sensation, paroissent avoir oublié que l'Ame a des sensations infiniment plus sublimes, qui sont celles du pur entendement : mais, comme je l'ai déjà marqué, un tel oubli, dans une matiere aussi importante, ne peut se faire impunément ; il est communément suivi des plus grands écarts. C'est ce dont on sera plus convaincu, si l'on fait attention à l'énorme différence qui est entre ces deux sortes d'opérations, je veux dire celles des sens, & celles de l'entendement pur. Je n'en rapporterai que trois preuves, mais je compte qu'elles suffiront pour éclaircir cette matiere.

PREM. DIF-FERENCE.

Les sens ne nous représentent qu'une légere partie des corps que nous voyons.

Les sens ne nous représentent jamais qu'une légere partie des corps qu'ils nous font voir. Quand je jette les yeux sur un groupe de marbre, je n'en apperçois que la superficie, l'intérieur échappe à mes regards : ma raison néanmoins me le fait percer : l'entendement pénétre le tissu interne de ce marbre où mes yeux ne peuvent aller ; il s'y promene, il en examine toutes les veines secrettes ; une partie insensible qui sera au centre, mon esprit la suit dans toutes ses divisions & sous-divisions jusqu'à l'infini.

Or cette admirable opération, Théodore, est-elle du département de la sensation ; du moins en est-elle immédiatement dérivée ? L'évidence montre à tous ceux qui ne veulent point s'aveugler, que cette fonction ne sçauroit appartenir qu'à l'entendement pur. Celui-ci franchit dans un corps tous les obstacles que l'impénétrabilité de ses parties lui oppose ; il conçoit dans un grain de matiere ce que l'imagination ne peut saisir : cette premiere différence est frappante, elle est palpable : en voici une seconde qui, quoique moins sensible, n'en est pas moins réelle.

Les sens non-seulement ne nous font voir qu'une partie des corps que nous regardons, mais de plus, le peu qu'ils nous en découvrent, ils ne nous le font voir que d'une maniere indéterminée. Lorsque je compare les tours de Notre-Dame avec celles des autres Eglises de Paris, je m'apperçois bien que les premieres sont plus hautes ; mais de combien précisément ? C'est ce que mes yeux ne peuvent m'apprendre.

Pour le sçavoir au juste, il faut appeller d'autres témoins ; & c'est à quoi les regles de la trigonomé-

Sec. Difference. Les sens ne nous font voir les objets que d'une maniere indéterminée.

trie serviront. Ces opérations étant fondées sur des idées purement intellectuelles, m'apprendront combien les tours que je veux mesurer ont de pieds, & même de lignes. Ainsi, pendant que les sensations ne nous peignent la grandeur des objets que d'une maniere indéterminée, les idées pures font disparoître cette indétermination, & nous procurent les dimensions, les mesures les plus précises.

Trois. Différence. Les sens ne nous montrent les figures sensibles que d'une maniere fort imparfaite.

Les sens nous représentent les figures sensibles : c'est un privilege qu'on ne sçauroit leur contester, mais ils le font très-imparfaitement : ils trouvent souvent fort régulieres des figures qui ne le font nullement. On me montre un corps sphérique; mes yeux n'y apperçoivent aucune inégalité : avec une excellente loupe je vois qu'il en est tout rempli. Ainsi ma réflexion m'apprend que la sphére qui est présente à mes yeux, fourmille de défauts; d'où je conclus que si je veux faire quelques opérations exactes en cette matiere, c'est sur une sphere intellectuelle, & non sur la sensible, que je dois me régler.

Il y a encore bien d'autres différences entre les opérations des sens, & celles de l'entendement pur ; mais celles que je viens de marquer sont incontestables, & je m'y borne : elles nous montrent évidemment que l'esprit a quantité de perceptions que la sensation ne donne point, & qu'elle ne sçauroit même donner. Répondons néanmoins en peu de mots à une raison qu'on apporte pour appuyer le sentiment contraire.

» Qu'importe, dit un Auteur, *Ess. sur l'o-*
» qu'on puisse, par les sens, con- *rig. des con-*
» noître avec certitude quelle est la *noiss. hum.*
» figure d'un corps ? La question est *T. 1, p. 187*
» de sçavoir si, même lorsqu'ils nous
» trompent, ils ne nous donnent
» pas l'idée d'une figure : j'en vois
» une que je juge être *un pentago-*
» *ne*, quoiqu'elle forme dans un de
» ses côtés un angle imperceptible :
» c'est une erreur ; mais enfin me
» donne-t-elle moins l'idée d'un
» pentagone « ?

Ce raisonnement n'est rien moins que péremptoire : je conviens bien que quand un homme regarde un pentagone, la figure sensible expotée à ses yeux lui en donne une idée, ou, pour mieux dire, une sensation : mais puisqu'on avoue que ce pentagone sensible est défectueux, qu'il y a une erreur, par-là même on reconnoît que l'homme dont il s'agit, apperçoit un autre pentagone qui est sans défaut. C'est par l'idée de celui ci qu'il corrige la figure défectueuse que ses yeux lui présentent.

Car pourriez-vous, Théodore, appercevoir qu'une toise n'est pas exacte, si vous n'en voyiez une autre infiniment plus parfaite ? Ce n'est qu'en contemplant ce modele, que vous vous assurez de l'erreur de vos sens, & que vous corrigez leur faux énoncé. Ainsi quand un Philosophe, en voyant un pentagone, y trouve quelque défaut, il est clair qu'il n'en juge avec tant de certitude, que parce qu'il apperçoit un pentagone très-régulier. Or si cette figure parfaite vient immédiatement de la sensation, en ce cas il faudra dire que le parfait peut naître de l'imparfait, le plus peut être produit par le moins, & qu'enfin l'être peut avoir le néant pour principe;

conséquences, ou plutôt extravagances, que les nouveaux Auteurs n'avoueront jamais.

On ne peut donc soutenir que les sensations suffisent pour nous donner *toutes les idées qu'on a communément des corps* : des opérations qui ne nous font voir les objets qu'avec tant d'imperfection, ne sçauroient être notre lumière. On s'abuse lorsqu'on les regarde comme aussi représentatives qu'aucune pensée de l'esprit. Mettre de niveau ces fonctions, & celles qui les rectifient, les faire naître les unes & les autres de la même source, c'est répandre les plus sombres nuages sur les connoissances de l'Ame.

CHAPITRE SEPTIEME.

Autre Vice: Les connoissances les plus importantes de la Morale auroient les sensations pour principe.

LES connoissances qui font la richesse de l'homme, ce sont les intellectuelles, surtout celles qui appartiennent à la Morale & à la Religion. Qu'il y ait plusieurs de ces vérités claires, distinctes, pleinement convainquantes, il faudroit être impie, ou insensé, pour n'en pas convenir..

Quoi de plus évident que ces principes : *Il faut plutôt servir le Créateur, que la créature : La vertu doit être préférée au vice ?* Pour peu que l'homme pense, il apperçoit une lumiere irrésistible dans ces deux vérités : tout lui crie qu'il renonceroit à sa raison, s'il les révoquoit en doute.

Absurdité de la nouvelle hypothèse sur ce point.

Mais dans le système des idées originaires des sens, si l'on ne veut pas se contredire, on doit avouer que, cette éclatante lumiere, ce sont les sensations qui la font éclore; car, comme on leur fait honneur de tout, conviendroit-il de leur enlever un si brillant morceau ? Si elle ne vient pas de quelque sensation actuelle, du moins ce sera de quelque autre qui aura précédé. Les objets sensibles, en produisant dans l'Ame certains sentimens, y ont laissé des idées qu'on regarde comme inhérentes : l'esprit peut à son gré les repasser en revue, &, pour ainsi dire, les remâcher ; ou bien il se replie sur ses propres opérations, & par ce moyen il acquiert d'autres idées qu'il ne trouve pas dans les sens. Telle est la source foncière de l'évidence qu'on nous promet, même pour les plus importantes vérités de la Morale.

Ainsi, Théodore, parce que l'organe du goût chez moi aura été agréablement frappé par quelque aliment savoureux, ou que j'aurai fait quelque réflexion sur le plaisir que j'ai ressenti dans cette sensation, de là je ferai jaillir une idée toute nouvelle ; à son flambeau je connoîtrai qu'il n'y a rien de plus doux que de servir Dieu : ainsi d'une sensation pleine d'obscurité sort un rayon lumineux, qui me rend palpable une vérité qui fait les délices du Ciel, & la joie des Saints de la terre. Quelle admirable génération ! quel prodige !

On auroit beau dire que la réflexion épure ces sortes d'idées venues des sens ; qu'elle en exprime comme une espece d'elixir, à l'aide duquel l'Ame devient capable de ces lumineuses connoissances qui nous frap-

II. Quelqu'épurées que fussent les réflexions qui naîtroient de la sensation, elles ne pourroient jamais *donner la connoissance des vérités morales.*

pent tant ; c'est une petite subtilité qui s'évanouit dès qu'on l'envisage : car 1°. on doit convenir que les idées provenues des sensations, doivent toujours conserver leur être primitif, &, pour ainsi dire, un goût de terroir. 2°. Il en est de même des réflexions que l'Ame fait sur ses propres opérations, comme de *connoître*, de *sentir*, d'*imaginer*. Les réflexions que je fais sur ce corps que j'ai vu, sur cette fleur que j'ai sentie, tout cela est pleinement analogue aux sensations que j'ai eues.

Or je voudrois bien qu'on m'expliquât quel rapport des idées de cette espece ont *avec la beauté de la vertu, ou la laideur du vice.* Que MM. Bacon, Locke, & leurs Partisans, analysent ces notions, qu'ils les composent & les décomposent, qu'ils les fassent passer comme par diverses filieres, ils ne viendront jamais à bout de changer leur essence. L'idée que j'ai acquise en réfléchissant sur les merveilles du corps humain, n'est & ne sera jamais autre chose que la notion du corps humain. J'en dis autant des autres pensées réfléchies qui se bornent aux

DE LA NATURE DE L'AME. 499
êtres créés. Quelle imagination donc de prétendre qu'étant épurées, ces idées deviendront l'élément des connoissances les plus parfaites & les plus divines ! Je ne pousse pas plus loin ces réflexions : les absurdités sensibles qui naissent ici de toutes parts, m'en dispensent.

Il n'y a pas moins d'harmonie dans les opérations de l'Ame, que dans les parties du corps. Attribuer les fonctions les plus nobles aux membres qui ne doivent exercer que les plus viles, tout le monde le voit, ce seroit troubler toute l'économie animale. Ne tombons-nous pas dans le même désordre, lorsque nous étendons trop certaines opérations de l'Ame ?

III. Une telle génération d'idées détruiroit toute l'harmonie des opérations de l'Ame.

Les sensations, quoique spirituelles pour le fond, sont pourtant destinées à ce qu'il y a pour ainsi dire de plus méchanique dans l'homme. Elles sont par rapport à l'Ame ce que les pieds & les mains sont pour le corps : Servir aux perceptions des objets, fournir à l'Ame quelques sentimens vifs, quoique sombres, afin que sans aucune discussion elle soit promptement avertie de ce qui se passe ou dans son corps, ou dans dans ceux qui l'environnent, découvrir à l'homme cette foule de merveilles dont la nature est remplie, à l'occasion desquelles l'entendement pur s'éleve à la comtemplation des biens invisibles, tel est le véritable ressort des sensations. Mais les Auteurs qui prétendent qu'elles peuvent devenir pour l'Ame une source de lumiere, renversent toute l'harmonie de ce monde spirituel : c'est vouloir que les mains entendent, & que les pieds soient les yeux du corps.

CHAPITRE HUITIEME.

L'idée de Dieu, dans le nouveau système ainsi que dans le système littéral de M. Locke, seroit le pur ouvrage de l'esprit humain.

I.
Idée de Dieu.

LEs Articles précédens, Théodore, n'ont pas dû vous prévenir favorablement en faveur de la nouvelle hypothèse : voici un autre chef qui ne la réhabilitera sûrement point dans votre esprit. L'idée de

Dieu, l'idée de sa Loi naturelle, seroient uniquement l'ouvrage de l'esprit humain. Les nouveaux Disciples de M. Locke s'accordent pleinement en ce point avec lui.

Ils distinguent deux sortes d'idées, les unes simples, les autres complexes. Les premieres ne sont pas proprement de nous ; car quoiqu'elles se trouvent réellement en nous, cependant notre Ame est purement passive en les recevant : il n'en est pas de même des idées complexes ; celles-ci viennent de notre Ame, & c'est en les rassemblant qu'elle fait usage de l'activité dont Dieu l'a revêtue. » L'esprit, dit un » de ces Auteurs, est purement » passif dans la production des » idées simples : il ne pourroit se » donner l'idée d'une couleur qu'il » n'auroit jamais vue. Il est au con- » traire actif dans la génération des » idées complexes : c'est lui qui en » réunit les idées d'après les mode- » les, ou à son choix : en un mot » elles ne sont que l'ouvrage d'une » expérience réfléchie.... *Les idées* » *complexes sont l'ouvrage de l'esprit.* » *Si elles sont défectueuses, c'est*

Ess. sur l'orig. des conn. hum. T. 1. p. 166.

» que nous les avons mal faites : » le seul moyen de les corriger, c'est » de les refaire «.

De ce principe naît, ce me semble, une conséquence bien claire : la formation de l'idée de Dieu ne se doit attribuer qu'à l'homme : en effet une notion qui est l'assemblage de plusieurs idées simples, que nous réunissons ou sur un modele, ou à notre choix, doit être regardée comme le seul ouvrage de l'esprit humain : vouloir remonter à une autre source, ce seroit une prétention déraisonnable. Or telle est, selon le systême, la nature de l'idée de Dieu, & la maniere dont elle se forme : c'est un amas de diverses perfections que l'homme a eues, comme *de sa propre existence, de sa propre spiritualité, de sa sagesse, &c.* De ces perfections conglobées l'Ame fait un tout, qui est l'idée complexe de Dieu. Cette génération une fois admise, on ne peut nier que le fruit, l'idée de Dieu qui en est éclose, ne vienne totalement de l'homme : tranchons le terme, *elle est l'ouvrage d'une expérience réfléchie*. J'abrége tout ceci, pour ne point répéter ici ce que j'ai dit touchant M. Locke.

La conséquence que je viens d'exposer s'étend également à la Loi naturelle, « *puisqu'il n'y a point d'idées qui ne soient acquises ; que les premieres viennent immédiatement des sens, au lieu que les autres sont dues à l'expérience, & se multiplient à proportion qu'on est capable de réfléchir* ». Il est évident que la Loi naturelle, même quant à ses premiers principes, doit subir cette malheureuse condition : l'homme en acquerra la connoissance à mesure que sa raison se formera. Comme les idées complexes qu'il a combinées viennent de son crû, « *si elles sont défectueuses, c'est parce qu'il les a mal faites : le seul moyen de les corriger, c'est de les refaire* » : c'est-à-dire, de se former des combinaisons nouvelles, plus exactes, & mieux déterminées.

Quelle étrange doctrine ! le vrai en pourroit-il jamais être le principe ? Voilà donc votre adorable idée, grand Dieu, devenue l'ouvrage de l'homme ! La notion de

II.
Il en seroit de même de la Loi naturelle.

Ibid. T. 1. P. 4.

votre Loi sainte est réduite au même avilissement : toutes les deux, dans leur formation, dépendront du vain caprice de l'esprit humain.

Cependant, Théodore, il faut en convenir ; le Philosophe dont je parle ne tire pas ces odieuses conséquences : quoiqu'il soutienne que *toutes les idées sont acquises*, & que *les idées complexes sont l'ouvrage de l'esprit*, il ne dit pourtant pas que l'homme produise ni l'idée de Dieu, ni celle de la Loi naturelle : sa plume sans doute n'auroit pu se prêter à ces horreurs. Ainsi ce que j'ai marqué ne regarde que les principes ; principes néanmoins tellement clairs & précis, qu'en les admettant on ne peut se refuser aux inductions que j'ai tirées.

CHAPITRE NEUVIEME.

Preuve plus détaillée de la même doctrine expressément enseignée par un nouvel Auteur.

MAIS voici un nouvel Auteur moins timide. Quoique zélé Partisan de M. Locke, il admet à peu

peu de choses près, les mêmes correctifs que le précédent : il suppose l'Ame spirituelle ; il déclare hautement que M. Locke, en doutant si cette substance ne pourroit pas être un amas de matiere, a été trop loin : mais en admettant la nouvelle hypothèse, il ne se borne pas à des principes généraux, comme le Philosophe que j'ai cité ; il en fait l'application à l'Etre suprême & à la Loi naturelle.

J'ai dit qu'il admet à peu de choses près les correctifs du Philosophe dont il s'appuie ; car son langage n'est pas constant : en quelques occasions il reconnoît que les sens n'agissent qu'occasionnellement sur l'Ame ; en d'autres il semble marquer que cette action est physique & immédiate. » Pourquoi, en reconnoissant la matiere *comme cause immédiate de nos sensations*, prononcerions-nous anathême, &c «. Si la matiere est cause immédiate de nos sensations, comment n'agit-elle sur l'Ame que comme cause occasionnelle ? Ces deux enseignemens paroissent contradictoires.

En disant nettement qu'à cet

Apol. de M. de P. sec. P.

égard les corps ne sont que des causes occasionnelles, ce ne seroit pas, ce me semble, comme l'Auteur le prétend, *tournoyer dans un cercle vicieux* : on croit apparamment remédier à tout, en substituant aux causes occasionnelles je ne sçais quel *instinct* qu'on n'explique pas, & qu'on ne sçauroit même expliquer : il faudroit être bien simple pour se payer d'une telle réponse, Comme on doit pourtant interpréter les termes d'un Auteur de la maniere la moins défavorable qu'il soit possible, j'aime mieux croire que ce sont des paroles échappées : heureux si nous en pouvions faire autant sur d'autres articles bien plus importans ! Venons au fait, & commençons par l'idée de Dieu.

Troif. Part.

1. Maniere dont l'Auteur fait naître l'idée de Dieu.

» Les objets extérieurs excitent
» en nous une foule de sensations....
» notre esprit en prend nécessaire-
» ment connoissance. Sentant com-
» bien il est borné, il cherche à
» connoître son Créateur. Il veut
» donc s'en former une idée : ne pou-
» vant sortir de lui-même, il transf-
» porte à ce divin être toutes les
» perfections dont il est orné ; &

» excluant de ces perfections toutes
» limites, il se forme l'idée d'un
» être infiniment parfait.... Don-
» nez la torture à votre esprit, je
» vous défie d'imaginer en Dieu
» quelque perfection dont vous
» n'ayez pas pris l'idée des créatu-
» res «. Ailleurs cet Ecrivain s'exprime d'une maniere encore plus décisive. » Je ne vois pour moi, ni
» danger, ni hérésie, ni incom-
» préhensibilité, à ce que la créa-
» ture se donne à elle-même l'idée
» de son Créateur «.

Même Apol. sec. Partie.

Il n'est pas besoin, Théodore, de vous faire observer que cette marche est précisément la même que celle de M. Locke. La différence seulement, (je ne le dis qu'avec peine) c'est que le Philosophe Anglois est beaucoup plus réservé ; car quoiqu'il donne clairement à entendre que l'idée de Dieu est l'ouvrage de l'esprit humain, il faut l'avouer néanmoins, ces scandaleuses expressions : *pour moi je ne vois ni danger, ni incomprehensibilité à ce que la créature se donne à elle-même l'idée de son Créateur*, ces expressions, dis-je, ne se lisent point chez lui.

Mais quelles sont les preuves triomphantes sur lesquelles cette assertion est appuyée ? Daignez les entendre.

II. Réflexions sur ces principes.

L'esprit sentant combien il est borné, cherche à connoître son Créateur. Rien de plus certain : tout nous montre à chaque instant notre imperfection & notre néant ; mais ce principe peut-il être vrai dans le système que l'Auteur adopte ? Si l'esprit ne voit que lui-même, peut-il appercevoir les bornes de son être ? Un Pigmée ne se reconnoît petit, que parce qu'il se compare à d'autres hommes plus grands que lui : s'il n'avoit vu que des gens de sa taille, sa petitesse lui seroit inconnue.

Il en est de même de l'Ame ; puisqu'elle sent sa propre finitude, il faut qu'elle apperçoive un être où cette finitude ne se trouve point ; & quel est-il cet être, sinon l'Infini même ? Parole précieuse ! L'Auteur admet indirectement cette idée de l'Etre infini, lorsqu'il s'escrime le plus contre elle ; c'est ainsi, ô divine Vérité, que vous vous jouez de ceux qui vous rejettent : on veut vous tenir captive, & vous vous montrez au plus grand jour sous la plume de ceux-mêmes qui vous combattent.

L'esprit voudroit s'élancer dans le sein de cet être pour le pénétrer. Cela est encore bien : mais d'où naît ce sublime désir ? Selon l'Auteur, l'Ame en ce moment n'a pas encore l'idée de Dieu. Elle desire donc de s'élancer dans le sein d'un être dont elle n'a pas la moindre connoissance : car, remarquons-le bien, l'idée de Dieu ne viendra qu'après. Il seroit difficile de voir plus de contradictions en moins de mots.

Ne pouvant sortir de lui-même, (l'esprit) il attribue à cet être toutes les perfections dont il est orné. L'admirable présent ! Toutes les perfections de cette Ame, auprès de celles de l'Etre suprême, ne sont qu'un point, & encore moins. Cependant dans cet être imparfait, appauvri, plein d'indigence, l'Ame verra des perfections immenses, innombrables, infinies.

Si je disois à un enfant qu'il peut voir tout l'Univers entier dans un atome imperceptible, il croiroit, & avec raison, ou que je me moque de lui, ou que la tête m'a tourné.

Eh ! raisonnerois-je mieux, si je disois avec le nouvel Auteur, que ces foibles ombres de perfections qui sont en moi, peuvent me faire découvrir l'océan immense de celles de Dieu ? Du néant de l'homme à l'Etre des êtres, la distance est infinie : celle du plus petit grain de poussiere à dix millions de mondes, est moindre.

Il voit comme un néant tout l'Univers ensemble,
Et les foibles mortels, vain jouët du trépas,
Sont tous devant ses yeux comme s'ils n'étoient pas.

Ainsi parle un grand Poëte : cependant le Bachelier avance avec confiance que quand l'Ame veut réussir à concevoir cet Etre infini, elle lui attribue toutes les perfections dont elle est elle-même ornée; & que par ce rare moyen elle parvient pleinement à son but.

Excluant de ces perfections toutes limites, l'Ame se forme l'idée d'un être infiniment parfait. Vous revoyez encore ici, Théodore, le même sophisme que j'ai déjà marqué : pour que l'Ame ne se méprenne point dans la formation de l'idée de Dieu, il faut qu'elle en exclue toutes sortes de limites : mais d'où l'a-t-elle appris ? Si l'Ame apperçoit qu'elle doit procéder ainsi dans cette opération, elle a donc l'idée de Dieu. Si elle ne l'apperçoit pas, au moins sombrement, comment se formera-t-elle cette *idée*? Qui lui montrera qu'elle rencontre juste ? Ainsi, qu'il me soit permis de le dire, ou le Bachelier ne s'entend pas, ou il reconnoît ce qu'il prétend combattre.

CHAPITRE DIXIEME.

Suite de la même Matiere.

LE nouvel Auteur peu content de dire avec M. Locke, que l'Ame attribue à Dieu toutes les propriétés qu'elle découvre en elle-même, ou dans les choses créées, soutient qu'il est impossible qu'elle lui en attribue d'autres. » Donnez » la torture à votre esprit, je vous » défie d'imaginer en Dieu quelques » perfections dont vous n'ayez pas » pris l'idée des créatures «.

1.
Preuves qu'il y a des perfections divines dont nous ne pouvons trouver l'idée dans les créatures.

Je ne me pique assurément pas d'être aussi versé dans la Métaphysique que cet Auteur : il paroît néanmoins, Théodore, qu'on pourroit, sans beaucoup de frais, remplir son défi. Combien de perfections dans l'Etre suprême, dont nous ne voyons pas la moindre trace dans les êtres créés !

1°. L'*aséité*, cet attribut qui fait que Dieu ne doit qu'à lui-même tout ce qu'il est, sans doute le Bachelier soutiendra que l'homme en emprunte l'idée de quelque créature ; mais on pourroit ici le défier de remplir son engagement. Parcourez, Monsieur, tous les corps, lui pourrions-nous dire, épuisez la nature toute entiere, nous sommes bien sûrs que vous n'y trouverez rien qui fournisse la notion de la vraie *aséité*.

Les êtres créés, même les plus parfaits, portent comme gravée sur leur front cette grande vérité : *Nous ne nous sommes pas faits nous-mêmes.* Ils nous crient tous que le néant est leur source ; qu'ils y retomberoient infailliblement, si la main toute-puissante qui les en a tirés, ne les créoit à chaque instant. Voilà,

Monsieur, ce que tous les êtres finis vous diroient aussi-bien qu'à moi, si vous daigniez écouter leur langage. Ils vous démontreroient que l'*aseïté* est un attribut incommunicable à la créature ; & que le son éclatant de la voix suffiroit seul pour mettre tous vos raisonnemens en poudre.

2°. La *création* nous présente les mêmes caracteres : quel est l'objet fini qui puisse nous en donner l'image ? Il est vrai que dans l'usage ordinaire on applique souvent le terme de *création* à des ouvrages humains, comme lorsqu'on dit que le fameux Pierre Alexiouits créa un nouveau peuple dans ses états : mais ce ne sont-là que de pures métaphores. Créer proprement, c'est tirer une substance du néant, c'est donner l'être à ce qui ne l'avoit en aucune maniere. Ces principes sont incontestables ; mais, je le répéte encore, que le Bachelier étudie, consulte tous les corps & tous les esprits créés, il ne pourra certainement en assigner aucun qui nous éleve à ce divin attribut ; en un mot, qui nous fasse concevoir la *création*.

3°. On doit y joindre aussi l'*éternité*: je ne parle pas, Théodore, de cette éternité improprement dite, composée de momens successifs, que bien des Auteurs imaginent en Dieu: j'entends la véritable éternité, qui est, selon que le dit admirablement *Boëce*, *la possession totale & parfaite d'une vie perpétuelle & interminable* (a). Voilà encore un terrible défilé pour le nouvel Auteur: nous ne le défions pas, mais nous le prions ardemment de nous faire voir dans le nombre des esprits créés une substance où cet attribut se rencontre, une substance qui possède son être tout entier, de tout temps, & tout à la fois: qu'il en montre une seule, & cela suffit. Mais jamais il n'y réussira; ses efforts seront aussi vains que les raisonnemens sur lesquels il se fonde.

4°. Je dis la même chose de l'*infinité actuelle*: vous avez bien l'idée d'un nombre infini d'unités; mais vous le sçavez mieux que moi, Théodore, ce n'est-là qu'un infini en puissance; vous pouvez toujours

---

(a) Vita interminabilis, tota simul & perfecta possessio. *Boëtius de consolat. Philosop.*

y ajouter, ou en retrancher. De plus, cet infini est réellement composé; distinguées les unes des autres, les unités qui le forment sont des touts différens: ce n'est donc pas un infini véritable. Il en est de même des autres especes d'infini qu'on rencontre dans l'Univers; elles n'ont toutes qu'une foible apparence de l'infinité actuelle: elles sont donc incapables de nous en donner l'idée.

Que dirai-je de l'*immensité*, de l'*indépendance*, de l'*immutabilité* ? Nous avons des idées de ces divins attributs; mais que les Partisans de la nouvelle hypothèse nous expliquent leur génération: ils diront apparemment que l'immensité de la mer, l'indépendance d'un puissant Monarque, l'immutabilité de quelques points célestes, produisent en nous ces divines notions: ils soutiendront que ces propriétés apperçues dans les créatures, sont pour l'homme un fidele tableau où les perfections de l'être infiniment parfait sont pleinement représentées.

Mais ces beaux songes ne doivent être débités qu'à des enfans: les personnes sensées n'y verroient que puérilité & qu'extravagance. Non, disent-elles, les êtres créés, quels qu'ils soient, ne nous offrent rien qui soit même l'ombre de ces adorables perfections. Les créatures demeurent toujours ce qu'elles sont; essentiellement bornées, essentiellement dépendantes, essentiellement sujettes au changement ; comme il n'y a en elles qu'un néant d'*immensité*, on n'y trouve non plus qu'un néant d'*indépendance*, & un néant d'*immutabilité*. Or des néants multipliés à l'infini feront-ils éclore la notion d'un être immense, indépendant, immuable, infini en tout genre?

II. Les perfections qui sont réellement dans les créatures ne peuvent produire en nous l'idée de Dieu.

Enfin, Théodore, quand même je me bornerois aux perfections dont nous voyons quelque image dans les créatures, le nouveau Disciple de M. Locke ne pourroit pas chanter victoire : je dis plus, il se trouveroit toujours dans un abyme dont il lui seroit impossible de sortir ; car ces perfections, telles que l'homme les possède, l'*intelligence*, la *sagesse*, la *puissance*, &c. sont essentiellement finies ; l'empreinte du néant s'y fait sentir de toutes parts : au contraire, en Dieu elles ont l'infini pour caractere. Or le fini, comme je l'ai déjà marqué, quelque étendue qu'on lui donne, ne peut jamais être que fini ; il est donc impossible qu'il devienne le générateur de l'infini, ni même de son idée.

Prenons un de ces attributs en particulier, la *sainteté*, par exemple : » Cette perfection en Dieu, » dit un grand Evêque, est une » incompatibilité essentielle avec » tout péché, avec tout défaut, » avec toute imperfection d'enten- » dement & de volonté. Dieu est sa » regle, il est bon par essence ; il » ne connoît, il ne veut que ce qu'il » faut connoître & vouloir : comme » il est indéfectible par son être, il » est également infaillible dans son » intelligence & dans sa volonté « ;

* Elevations sur les mystères, onzieme Elévation.

Telle est la sainteté de Dieu, celle des créatures même les plus parfaites ne présente aucun de ces admirables traits : car enfin les hommes saints que nous voyons, sont-ils bons par essence ? sont-ils indéfectibles dans leur être ? sont-ils infaillibles dans leur intelligence ? sont-ils impeccables ? On ne voit donc point reluire en eux une *incompatibilité essentielle avec tout défaut & toute imperfection*. Par conséquent leur sainteté n'est qu'un foible crayon de celle de l'Etre suprême ; ainsi ces perfections-là même, dont nous appercevons quelque trace grossiere dans les êtres finis, doivent être mises au nombre de celles dont l'homme n'auroit jamais d'idée, s'il ne considéroit que son propre être, ou les autres aussi tirés du néant.

<small>III. Fausseté du principe de l'Auteur sur l'idée de l'Infini.</small>

Ce qui a jetté le nouvel Ecrivain dans l'erreur, c'est la fausse notion qu'il s'est formée de l'infini : en zélé Partisan de M. Locke, il soutient que nous n'en avons pas une idée positive. » Il est si faux, dit-il, » que l'idée de l'infini soit l'ancienne » & la génératrice de celle du fini, » que nous n'avons *aucune idée positive de l'infini* «.

<small>Apologie, troisième Partie.</small>

J'ai déjà répondu, au moins en partie, à ces petits sophismes : mais voici un illustre Prélat qui va le faire d'une maniere infiniment plus énergique & plus complette. » Le » parfait, dit-on, n'est qu'une idée » de notre esprit qui s'éleve de l'im-

<small>Elévat. sur les & 2e. sec. Elévation.</small>

DE LA NATURE DE L'AME. 519
» parfait qu'on voit devant ses yeux,
» jusqu'à une perfection qui n'a de
» réalité que dans la pensée. *C'est le
» raisonnement que l'impie voudroit
» faire dans son cœur insensé* : il ne
» songe pas que le parfait est le pre-
» mier & en soi, & dans nos idées ;
» & que l'imparfait n'en est qu'une
» dégradation. Comment enten-
» dons-nous le néant, sinon par l'ê-
» tre ? Comment entendons - nous
» la privation, sinon par la forme
» dont elle prive ? . . . L'homme
» ignorant croit connoître le chan-
» gement avant l'immutabilité,
» parce qu'il exprime le change-
» ment par un terme positif, &
» l'immutabilité par la négation du
» changement même : l'aveugle ne
» voit pas qu'être immuable, c'est
» être ; & que changer, c'est n'être
» pas. L'être est, & est connu avant
» la privation, qui est le non-être.
» . . . . Quand recueillis en nous-
» mêmes nous nous rendrons at-
» tentifs aux idées immortelles que
» nous portons en nous-mêmes,
» nous trouverons que la perfection
» est ce qu'on connoît le premier,
» puisqu'on ne connoît le défaut,

» que comme une déchéance de la
» perfection «.

Que le nouvel Auteur daigne réfléchir sur ces sublimes vérités ; il y verra son principe sur l'idée de l'infini entiérement renversé : car il est visible que le parfait & l'infini sont la même chose. Puis donc que *le parfait est le premier, & en soi & dans nos idées*, & que l'imparfait n'en est qu'une dégradation, disons-en de même de l'infini. Il est le premier non-seulement en être, mais dans notre connoissance : l'infini est connu avant le fini, qui est la privation de l'infini, parce qu'on ne conçoit le défaut que comme une déchéance de la perfection, ou de l'infini.

Comme les preuves de ces deux Chapitres sont éparses, j'en vais faire ici une espece d'analyse qui les rapprochera les unes des autres.

1°. L'Ame ne sçauroit se donner à elle-même la connoissance d'une chose dont elle n'a pas la moindre notion : ainsi un sourd de naissance ne peut se donner la connoissance des sons. Si un homme n'a jamais vu l'Empereur de la *Chine*, il lui est impossible de se le représenter au naturel : ce seroit un vrai miracle, s'il y réussissoit. Or selon l'hypothèse du Bachelier, l'Ame, dans le moment où nous la considérons, ne connoît aucunement Dieu, puisqu'il suppose qu'elle cherche à le connoître, qu'elle n'en a pas même la plus foible notion : il est donc absolument impossible que cette Ame se donne l'idée de Dieu.

2°. Quand on mettroit dans un esprit une foule prodigieuse d'idées venues par les sens, & qu'on y joindroit la réflexion la plus épurée, cet esprit, avec toutes ses richesses, seroit toujours dans l'impuissance physique de s'élever jusqu'à la vraie notion de Dieu : car la réflexion d'un esprit créé, quelque parfaite qu'elle soit, ne peut rien produire que de fini. Or le fini & l'infini sont deux termes infiniment distans, & qui ne pourront jamais s'approcher de la millionieme partie d'une ligne. Quand donc on supposeroit une Ame enrichie de tous les trésors que les idées des sens & la réflexion pourroient lui procurer, elle seroit toujours infiniment loin de l'idée de

Dieu : après avoir assemblé pendant plusieurs siécles des millions & des milliards de perfections finies, elle ne seroit pas plus avancée que si elle n'avoit rien fait.

3°. C'est une erreur manifeste, de prétendre que le parfait & l'infini ne viennent à notre connoissance qu'à la lumiere de l'imparfait & du fini : rien de plus contraire à ce que le vrai nous apprend sur ce point. *Le parfait est le premier & en soi, & dans nos idées : l'imparfait n'en est que la dégradation*, ou le retranchement. Il en faut dire de même de l'infini : *Il est, & nous le connoissons* avant le fini, qui n'est qu'un être participé, & par conséquent une privation de l'infini. J'abrége ce dernier article, parce que je serai contraint d'en parler ailleurs, & avec plus d'étendue.

CHAPITRE ONZIEME.

Doctrine du même Auteur par rapport à la Loi naturelle.

VOus venez d'entendre le Bachelier sur l'idée de Dieu: passons à ce qu'il enseigne touchant la Loi naturelle. Quand même on ne voudroit pas examiner en détail ce qu'il en dit, il est évident que sa doctrine sur ce point ne peut être que vicieuse. En effet, Théodore, puisque dans son systême les idées, quelles qu'elles soient, sont acquises, il n'y a pas plus d'exception pour la Loi naturelle, que pour les couleurs, les sons, les odeurs, &c. Celles-ci même sont les premieres en date, au lieu que les notions qui sont les plus essentielles à l'homme, ne viendront qu'avec la réflexion.

Mais d'une autre part ces riches connoissances, dans les principes du systême, sont des idées complexes, que l'esprit rassemble à son choix: la connoissance de la Loi naturelle sera donc son ouvrage : l'homme sera le créateur de la lumiere qui le doit éclairer dans toutes ses voies. Cette preuve, quoique générale, est incontestable ; entrons pourtant dans un plus grand détail.

I. Exposé du sentiment de l'Auteur.

L'Auteur, dans la fameuse thèse de 1751, avoit avancé que, » plus » la tyrannie est violente, plus la » foiblesse se révolte contre un joug » qu'elle sent que la raison ne sçau- » roit imposer. De-là nous vient la » connoissance du juste, & par con- » séquent du bien & du mal moral : » de-là aussi la connoissance de la » Loi naturelle, &c «.

Apologie, sec. Partie.

Cependant, Théodore, cette proposition dont toute la France, où plutôt toute l'Europe Chrétienne avoit été révoltée, l'Auteur en a pris la défense. » Peut on, s'écrie- » t-il, être plus décidé que je le » suis sur la différence essentielle » du bien & du mal, & sur l'im- » mobilité de la Loi naturelle ?... » Après avoir fixé les notions de » l'injuste, j'observe que le bien & » le mal sont séparés par des limi- » tes qu'on ne doit jamais franchir ; » & que les nations les plus sauva-

» ges, en réclamant contre une
» telle violation, font sentir que
» c'est le cri de la Nature, qui nous
» apprend à distinguer le bien du
» mal «. Le Bachelier insiste principalement sur ce qu'ayant marqué en propres termes que la Loi naturelle est profondément gravée dans nos cœurs, *Hinc Lex naturalis quam menti nostræ altius inscriptam inspicimus, &c.* malgré cela on l'accuse de soutenir que cette Loi n'est ni invariable, ni indépendante de nos idées.

II. Insuffisance de l'Apolog. sur ce point.

Rien de plus spécieux qu'une telle justification, quand on se borne aux paroles que nous venons d'entendre ; mais si vous les confrontez avec d'autres points que le même Ecrivain soutient aussi disertement, vous reconnoissez que ces preuves ne sont que des mots brillans ; en effet, qu'est-ce que cette *Loi naturelle gravée profondément dans nos Ames*? Dois-je entendre des notions primordiales que l'homme a reçues en sortant des mains de son Créateur? Le Bachelier n'a garde d'en convenir, il admettroit pour lors des idées innées ; & non-seulement

il n'en veut pas, mais il les traite par-tout de chimeres. Qu'entend-il donc ? Le voici. « Chez moi ces ex-
» pressions, *la Loi naturelle est gra-*
» *vée profondément dans notre Ame,*
» n'expriment que la faculté que
» Dieu a donnée à notre esprit pour
» connoître ces idées primitives «.

Apol. sec. Partie.

Cela n'est-il pas fort satisfaisant ? Le Bachelier prétend que *la Loi naturelle est profondément gravée dans nos Ames;* lui imputer un sentiment contraire, c'est lui faire un sanglant outrage : & ces beaux caracteres à quoi se réduisent-ils ? à la simple faculté de connoître le bien & le mal : c'est-là tout, le Créateur n'y a rien mis de plus. On seroit tenté de croire que cette justification n'est qu'un jeu; du moins elle n'a pas assurément de quoi séduire.

Après un si étrange énoncé, on voit clairement quel est le sens de ces fameuses paroles: *Plus la tyrannie, &c. De-là vient la connoissance de l'injuste.* Il est visible que l'Auteur ne met les premieres notions de la Loi naturelle dans l'homme, qu'à la suite des bons ou des mauvais traitemens sensibles qu'il a reçus. Un *Huron* tombe-t-il dans l'indigence, lui refuse-t-on les secours qui lui sont absolument nécessaires, un si cruel refus fait naitre en lui l'idée de l'injuste : lui fait-on éprouver un traitement contraire, l'ordre de ses connoissances changera ; il connoîtra d'abord le juste & le bien, le mal ne viendra qu'après. Telle est la brillante généalogie des principes de la Loi naturelle ; vous ne me condamnez pas sans doute à les réfuter.

Ici néanmoins s'éleve une petite difficulté qu'il ne faut pas laisser en arriere. » Le mal que nous éprou- » vons par la malice de nos sembla- » bles, dit l'Auteur, produit en » nous la *connoissance réfléchie* des » vertus opposées à ces vices «. Ces expressions donnent clairement à entendre qu'il ne s'agit-là que d'une connoissance distincte, explicite, en un mot réfléchie : ce qui n'empêche pas qu'auparavant la Loi naturelle n'existât réellement dans l'Ame.

Cela seroit parfaitement bon, Théodore, si le Bachelier, antérieurement à la connoissance qu'il préconise, & qu'il nomme *connois-*

sance réfléchie, en admettoit une autre qui, quoique sombre, fût néanmoins très-réelle : c'est en effet ce que les défenseurs des idées innées reconnoissent : mais pour l'Auteur, ne lui en déplaise, il ne sçauroit avoir recours à cette explication, les principes dont il s'étaye la lui interdisent. Il déclare positivement que la Loi naturelle gravée profondément dans l'Ame, n'est autre chose que la *faculté* de connoître les idées de cette Loi ; mais cette faculté n'est pas une notion réelle. Par conséquent, selon son système, avant la connoissance qu'il appelle *réfléchie*, il n'y a dans l'esprit de l'homme aucune connoissance véritable, pas même sombre, de la Loi naturelle.

De plus, un Critique ne manqueroit pas de faire observer qu'il y a ici un leger artifice : le terme de *connoissance réfléchie* n'est que dans la traduction de la thèse, & non dans la thèse même : mais j'aime mieux fermer les yeux sur ce petit artifice ; aussi n'aboutit-il à rien : le vicieux de la premiere assertion demeure toujours le même.

Poussons

DE LA NATURE DE L'AME. 529

Poussons enfin l'Auteur dans son dernier retranchement : qu'est-ce que cette faculté qu'il exalte avec tant d'emphase ? Si l'Ame ayant que d'acquérir une connoissance distincte de la Loi naturelle, avoit quelques notions préexistantes, qui fussent comme le germe de celles qui naîtront ; si ces heureuses semences devoient y verser une influence réelle, & par-là rendre intrinséquement l'Ame capable de s'élever à la connoissance réfléchie du bien & du mal, l'expression du Bachelier seroit exacte : Dieu auroit réellement donné à notre esprit la *faculté de connoître les idées primitives* de la Loi naturelle, & des autres importantes vérités.

Mais puisque, de son propre aveu, il n'y a pour lors dans l'esprit aucune idée, de quelque nature que ce soit, qui puisse influer dans ces précieuses connoissances, convient-il de décorer du brillant titre de *faculté* un si maigre pouvoir ? Je suis même trop indulgent ; car au fond cette prétendue faculté est un vrai néant de pouvoir. Ainsi, Théodore, quand le Bachelier se pare de

tit. Dans le Système de l'Auteur, l'Ame n'auroit pas même la faculté de connoître les idées primitives de la Loi naturelle.

Tome I. Z

ces termes éclatans : *Le vrai produit en nous la connoissance réfléchie du bien ; Dieu accorde à notre esprit la faculté de connoître les idées primitives ; c'est en cesens, que la Loi naturelle a été profondément gravée dans notre Ame* : lors, dis-je, qu'il emploie ces belles expressions, ou il cherche à faire illusion, ou il ne s'entend pas lui-même.

CHAPITRE DOUZIEME.

Suite du même Sujet.

LE nouvel Auteur, après avoir soutenu, Théodore, (& vous venez de voir comment,) que la Loi naturelle a été profondément gravée dans nos Ames, entreprend de défendre ses autres caracteres ; il enseigne qu'elle demeure invariable, & indépendante de nos idées ; mais il faut voir comment il prouve cette importante assertion.

I. Maniere dont l'Auteur explique l'immutabi-

» Il y a des liaisons d'idées si na-
» turelles, & si faciles à saisir,
» parce que l'Auteur de la nature l'a
» voulu ainsi, qu'il n'est pas possible

DE LA NATURE DE L'AME. 355

» de s'y méprendre : telles sont cel- *lité de la Loi*
» les qui nous font connoître les pre- *naturelle.*
» miers principes de la Loi naturel-
» le ; un Dieu Créateur, & le culte
» que nous lui devons. ... Le sys- *Apol. sec*
» tême des idées originaires des sens *Partie.*
» ne rend point arbitraire ce qui re-
» garde la vertu & la Loi naturel-
» le. Tout homme ne peut pas mê-
» me se tromper sur la liaison des
» idées qui donnent la connoissance
» des premiers principes «.

Le Bachelier, sans doute faute *II.*
d'y réfléchir, passe d'une extrémité *Contradic-*
à l'autre : se trouve-t-il vis-à-vis des *tion mani-*
idées innées, il les poursuit à feu & *feste du Ba-*
à sang : à l'entendre, il y a une *chelier sur ce*
foule innombrable d'hommes qui *sujet.*
n'ont aucune notion ni de Dieu, ni
de sa loi : le célèbre fait de *Chartres*,
dont je parlerai dans la suite, lui
paroît une démonstration de son
système.

Mais d'un autre côté le presse-t-on
sur l'existence de la Loi naturelle ;
lui soutient-on que cette Loi a été
gravée dans le cœur de l'homme,
alors il fait quelques pas en arriere :
changeant de batteries, il attribue
la connoissance de la Loi naturelle

Z ij

à tout le genre humain, il n'excepte personne; & quand même il le voudroit, il ne le pourroit: car s'il y a des liaisons d'idées si naturelles, si faciles à saisir, qu'il n'est pas possible de s'y méprendre, comme sont celles qui font connoître un Dieu Créateur, & le culte que nous lui devons, comment y auroit-il quelqu'un au monde qui n'eût pas cette connoissance?

Ainsi, Théodore, ces Peuples barbares que nous sommes tentés de prendre plutôt pour des brutes que pour des hommes, connoissent Dieu, & le culte qu'on lui doit: la Loi naturelle fait aussi partie de leurs connoissances; ces grands objets leur présentent des idées dont la liaison est immanquable. C'est pourtant un fait avéré, qu'ils paroissent croupir dans l'ignorance la plus grossière; mais ces contradictions, quoique manifestes, ne sont point un embarras: on niera par provision les idées innées; & puis quand on se trouvera en presse, pour se tirer d'affaire, on accordera à tous les hommes plus que des idées innées. L'échappatoire n'est-elle pas bien merveilleuse!

Cependant, comme l'Auteur se

sert de quelques expressions assez captieuses pour prouver que la connoissance du bien & du mal est invariable, il convient de les éclaircir. » Les hommes en se formant « l'idée du juste & de la vertu, ne « déterminent pas plus ce que c'est « que la justice & la vertu en elle-« même, qu'un Ouvrier qui en construisant un cercle, lui attache « la propriété d'être rond. Les conventions arbitraires ne peuvent « avoir lieu, parce qu'on ne peut « convenir de ce qui ne dépend pas « de soi «.

Apol. sec. Partie.

Eblouissante maxime! magnifique langage! Mais quiconque est au fait des sentimens de l'Auteur, n'en sera point la dupe; il s'apperçoit que ces pompeuses assertions se réduisent à rien: car afin que l'homme déterminât le juste & l'injuste d'une manière invariable, il faudroit qu'il eût quelques notions claires, toujours les mêmes, sur lesquelles il se réglât; ou qu'il fût conduit dans cette opération par une action prédéterminante de l'Etre suprême.

III. L'Auteur ne peut dire en aucune façon que la différence du juste & de l'injuste est invariable.

Or le Bachelier bien certainement n'admet ni l'un ni l'autre. Réconnoître des notions immuables, antérieures à toute action des sens, ce seroit admettre des idées innées. Il n'est pas moins éloigné de reconnoître l'Action prédéterminante du souverain Agent, ou la prémotion physique. L'étrange maniere dont il construit l'idée de Dieu, en soutenant qu'il ne voit aucun danger à ce que la Créature se donne à elle-même l'idée de son Créateur, pourroit-elle s'allier avec la nécessité de cette puissante opération ? L'Auteur ne sçauroit donc soutenir que quand l'homme se forme l'idée *du juste & de la vertu*, il le fait d'une maniere invariable : les armes dont il se couvre ne peuvent lui servir ; elles le laissent à découvert de toutes parts.

Ce que je viens de marquer fait voir combien la comparaison qu'il emploie est défectueuse, du moins relativement à son hypothèse. Lorsqu'un Ouvrier construit un cercle, il n'en détermine pas la nature, il opére sur l'idée invariable qu'il en a ; & comme cette idée, antérieure à son opération, est le modele sur lequel il se régle, ce qu'il fait en construisant ce cercle, n'est qu'une copie du cercle intérieur intellectuel dont il apperçoit les propriétés: il ne faut donc pas s'étonner si son opération est immanquable. Mais dans l'hypothèse des idées originaires des sens il est palpable que la marche de l'esprit est toute différente ; car lorsqu'un homme se forme pour la premiere fois l'idée du juste, où est son modele ? A-t-il un exemplaire invariable qui le guide ? La comparaison du Bachelier est donc visiblement fausse.

Jugez par-là, Théodore, de la valeur de ces autres expressions ! » Les connoissances primitives de » la Loi naturelle ne peuvent » éprouver de variations suivant les » temps, les pays, & les circonstan- » ces, parce que l'Auteur de la Na- » ture a donné à tout homme une » si grande facilité de lier les idées » simples dont ces connoissances » résultent, qu'il n'est pas possible » qu'un homme non-seulement les » ignore, mais encore qu'il puisse » les altérer «. *Apol. sec. Partie.*

Si l'Auteur ne nous avoit pas accoutumés aux plus grands paradoxes, en lisant ceci, à peine en pourrions-nous croire nos yeux. Son illustre Maître, M. Locke, faisoit aussi peu de grace que lui aux idées innées ; mais, n'en déplaise au nouveau Disciple, il s'y prenoit bien différemment : il appuyoit sa thése sur ces principales raisons : 1°. Les regles de Morale ont besoin d'être prouvées : 2°. On voit chez certains Peuples barbares des crimes énormes, commis sans aucun remords ; 3°. Il y a des Nations entieres qui rejettent plusieurs regles de Morale : 4°. On reçoit dans le monde des principes qui se détruisent les uns les autres. Ces preuves, quoique peu solides, ont pourtant quelque chose de captieux pour les personnes peu accoutumées à réflechir.

Heureusement, Théodore, le nouvel Ecrivain ne nous expose pas à ce péril : il trouve le secret d'unir les choses les plus incompatibles. Ici il foudroie les idées innées ; là il les fait renaître. Parle-t-il de la Loi naturelle, en quelques endroits il en attribue la formation à l'esprit humain ; l'idée de cette divine Loi dépendra du caprice & des passions de l'homme ; en d'autres il la retire de la fange où il l'avoit plongée. Tous les hommes, sans exception, ont une si grande facilité d'acquérir ces connoissances, qu'il n'est pas possible qu'ils les ignorent, ou qu'ils puissent les altérer.

Telle est la triste destinée de ceux qui s'égarent ; soit qu'ils avancent, soit qu'ils reculent, on les voit toujours dans l'excès. Lorsque le Bachelier ne plaçoit dans l'homme l'idée de Dieu & de la Loi naturelle, qu'après que la raison l'a mis en état de réfléchir, il étoit dans le faux : mais il n'y est pas moins lorsque, passant à l'autre extrémité, il rend ces augustes connoissances si faciles, que personne ne sçauroit s'y méprendre. Sa voiture étoit malheureusement versée d'un côté ; il entreprend de la relever, & il la renverse de l'autre.

Cependant quel sera le fruit de toutes ces variations ? Les précieuses notions pour lesquelles nous nous intéressons, nous resteront-elles ? La moindre attention nous fait voir que, selon le systême de l'Auteur, cela ne peut être, malgré tous les brillans correctifs dont on se pare,

Il est évident 1°. que l'idée de Dieu ne sera pas réellement gravée dans nos Ames: 2°. Cette idée, & les notions primitives de la Loi naturelle, ne viendront à l'homme que quand il pourra réfléchir. 3°. Lorsque le temps de la réflexion sera venu, il acquerra l'idée de Dieu & de la Loi naturelle, sans qu'il ait d'autre guide & d'autre modele que lui-même. D'où, en derniere analyse, il faut conclure que la connoissance de Dieu & de la Loi naturelle est totalement l'ouvrage de l'esprit humain.

Au reste, ce n'est que par occasion que j'ai parlé de la fameuse Thèse, & de l'Apologie que l'Auteur en a donnée: cette matiere a été parfaitement bien traitée par d'excellens Ecrivains; vouloir la remanier, ce seroit une folle témérité: *In sylvam ne ligna feras*. Mais comme le Bachelier embrasse expressément le systême de M. Locke, dans le nouvel état où on l'a mis depuis quelque temps; comme d'ailleurs il fait naître les plus augustes idées de l'homme d'une maniere encore plus étrange que le Philosophe Anglois, je ne pouvois, ce me semble, me dispenser d'en parler.

CHAPITRE TREIZIEME.
CONCLUSION.

QUOIQUE je me sois assez étendu sur les défauts de la nouvelle hypothèse, il s'en faut bien pourtant que j'aie relevé tout. 1°. Que n'aurois-je point à dire sur ce principe : *Ce n'est jamais que notre propre pensée que nous voyons ?* Si cet axiome prétendu a lieu, l'homme est à lui-même un monde universel ; il y verra tout ce que l'Univers contient ; &, qui plus est, le Créateur lui-même. Si je veux en ce moment me représenter une nouvelle terre, mon Ame la tire aussitôt du néant, & me la met sous les yeux ; ou si dans cet autre instant je desire appercevoir l'Etre infiniment parfait ; je le vois ; mon esprit, sans sortir de lui-même, le trouve dans son propre fonds. Enfin l'Ame n'a qu'à replier ses regards sur les riches trésors qu'elle renferme, elle est sûre

I. Abſurdités qu'on n'a pas relevées.

Eſſ. ſur l'orig. des, &c. T. 1. p. 9.

d'y appercevoir tout ce qu'elle voudra : quel immense pouvoir ! Quelle abondance de richesses ! Un être décoré de tant de perfections n'est-il qu'une simple créature ? c'est plutôt une véritable Divinité.

2°. J'aurois pu encore faire quelques observations sur la contrariété de sentimens qui se trouve entre les principaux Défenseurs du nouveau systême. Les uns prétendent, que » les connoissances réfléchies sont » celles que l'esprit acquiert en opé- » rant sur les directes, en les unis- » sant, & en les combinant « : tel est aussi le sentiment de *Bacon*. Les autres soutiennent que » ces riches » idées naissent de la réflexion que » l'Ame fait sur elle-même ; selon » que nous réfléchissons sur les opé- » rations que les sensations occa- » sionnent dans notre Ame, nous » acquérons toutes les idées que » nous n'aurions pu recevoir des » choses extérieures «.

Ainsi, selon les premiers, ce sont les idées venues des sens, mais unies, comparées, combinées en diverses manieres, qui deviennent l'objet de notre connoissance réfléchie. Les

[marginalia: *Disc. préliminaire sur l'Encyclop.*]

[marginalia: *Ess. sur l'orig. des connoiss. hum. T. 1.*]

images des objets extérieurs, dit Bacon, étant reçues par les sens, y demeurent d'abord toutes entieres; mais après l'esprit travaille sur elles, il les compose, il les sépare, il les unit; & il en fait divers assortimens. Il est donc visible que dans cette hypothèse, les idées sensibles sont les matériaux des connoissances réfléchies. Mais, si j'en crois les seconds, la source de ces sublimes idées, c'est la réflexion de l'Ame sur ses propres opérations; ou autrement, ce sont des idées toutes nouvelles, que la réflexion fait naitre. Or n'y a-t-il pas en cela une véritable contradiction? Mais j'omets ces défauts, & d'autres semblables: ceux dont j'ai parlé ne suffisent que trop pour remplir les vues que je m'étois proposées.

Ainsi, de quelque côté qu'on envisage le système des idées originaires des sens, il est impossible d'en faire aucun usage. Le considérons-nous dans le premier état où M. Locke l'a mis, la nature de l'Ame, la maniere dont les corps agissent sur elle; la source d'où ce Philosophe tire l'idée de Dieu & de la

II. De quelque façon qu'on considère le système des idées originaires des sens, il est insoutenable.

Loi naturelle; toutes ces horreurs doivent nous la faire rejetter. L'Ame n'y pourroit être que matérielle; au dessous des animaux au commencement de son existence, elle seroit même hors d'état d'exercer les opérations purement animales: les objets sensibles agiroient immédiatement sur elle, & seroient le principe de toutes ses connoissances. Enfin la Morale seroit toute conforme aux sens.

Examine-t-on ce système avec les correctifs que quelques Modernes y mettent, je l'avoue, l'on n'y trouve plus certains écarts, qui révoltent dans le système original: les nouveaux Auteurs y admettent quelques vérités essentielles, qui donnent à leur hypothèse un air bien plus philosophique qu'à celle de M. Locke. Mais à combien d'assertions fâcheuses, inadmissibles, ces vérités ne sont-elles pas jointes? Hors deux ou trois points, tous les défauts qui vicient le Système Anglois, s'y produisent ouvertement.

Mêmes inconvéniens du côté de l'Ame, qui naîtroit dans un état simplement animal: cette substance, avant la premiere impression des sens sur elle, n'auroit aucun des caracteres d'une vraie faculté : elle seroit incapable de connoître & de penser. Mêmes inconvéniens du côté de nos connoissances : les idées les plus évidentes auroient la sensation pour mere ; celles que la réflexion produit, nous ne les devrions qu'à nous-mêmes : l'homme tiendroit de son Créateur ce qu'il connoît de plus vil, & de lui-même ce qu'il connoît de plus grand.

Que conclure de tant de vicieux traits, sinon que l'hypothése qui les renferme, malgré tous ses correctifs, n'est pas plus marquée au coin du vrai, que le systême original qu'elle a prétendu réformer ?

Fin du Tome Premier.

www.ingramcontent.com/pod-product-compliance
Lightning Source LLC
Chambersburg PA
CBHW072020240426
43667CB00044B/1548